课读经典①

11讲精读

《世说新语》

SHI SHUO
XIN YU

- -

肖 能／著

复旦大学出版社

要趁年轻时啃几部经典
——"课读经典"系列丛书序

戴建业

"屁股下要坐几本书"是曹慕樊师对弟子的告诫。他强调一个人要趁年轻时啃几部经典,这几部经典今后会成为其看家本领,一生都将受用无穷。

去年"世界读书日"前一天,《光明日报》刊发了拙文《阅读习惯与人生未来》。在这篇文章中,我谈到经典阅读常常是挑战性阅读。我把阅读分为消遣性阅读、鉴赏性阅读和挑战性阅读。消遣性阅读就是上网看看明星八卦、海外奇谈,好像无所不看,其实一无所看,不过是打发无聊的时光。下班之后,工作之余,看看文字优美的游记,听听悦耳动人的音乐,翻翻赏心悦目的画册,既能让身心放松,又能陶冶情操,还能获得各种知识,这就是鉴赏性阅读。挑战性阅读就是阅读经典,经典是经过时间淘汰留下来的作品,它们都是人类智慧的结晶。要想挑战自己的智力极限,要想攀登灵魂的珠穆朗玛峰,最佳选择就是挑战性阅读,去阅读那些伟大的经典,去与智者进行精神交流。

在快节奏的时代,人们不仅匆匆忙忙吃快餐食物,也同样匆匆忙忙地品尝精神快餐;不仅中小学生只读节选"名篇",大学生也只读教材上的"名篇"。我甚至遇到一位研究杜甫接受史的博士,他竟然没有通读过任何一种杜诗注本。如果只读课本上的几首杜诗,你对杜诗可能一无所得,连浅尝辄止也谈不上。明人王世贞在《艺苑卮言》中说:"十首以前,少陵较难入。

1

百首以后，青莲较易厌。"读李白诗百首以后"易厌"，纯属他个人的奇怪感受，但读杜甫诗歌十首以前"难入"，倒是道出了实情。读少数节选名篇"难入"，是阅读经典名著的普遍现象。如果读文学名著，只读几篇或几首名文名诗，便难以走进作家的精神世界，难以把握原著的艺术特征；如果读哲学、历史、经济等学术名著，只读几篇节选段落，那肯定不能了解原著的框架结构，不能明白作者的基本思路和逻辑论证。

读一部经典，不仅要知道经典"说了什么"，还要知道作者是"怎么说的"。有时候后者比前者更重要。只知道"说了什么"，而不知道"怎么说的"，那就像俗话说的那样："知其然而不知其所以然""只知其一而不知其二"。这种学习方式，在聚会时夸夸其谈、对别人炫耀博学尚可，但对自己的思维、想象和写作不会有什么帮助。

五六年前，就"死活读不下去的书"这一话题，一家出版社在网上做过一次问卷调查，统计的结果让所有人大吃一惊。在"死活读不下去"的经典名著中，中国四大古典小说赫然在列，其中《红楼梦》竟然高居榜首，而四部名著中数它的艺术成就最高，也数它被公众吐槽最多。这倒印证了一位西方作家的"昏话"——所谓"经典著作"就是大家都说好，但大家都不读的那些书籍。

谁都知道经典中有无数宝藏,可经典常常"大门紧闭",大家苦于不得其门而入,不知如何在经典中探宝,如何让经典"芝麻开门"。由于时代的隔阂、情感的隔膜、知识修养的不足、审美趣味的差异,加上时间的紧迫和心境的浮躁,对如今许多中小学生来说,经典简直就是"天书"。

怎样给中小学生打开经典宝藏的大门?

复旦大学出版社的"课读经典"系列丛书,就是一把打开经典宝藏的万能钥匙。

"课读经典"系列丛书中谈到的"经典",都是语文教材中涉及的经典作家和经典作品,或只"课读"一部经典作品,如《课读经典1:11讲精读〈世说新语〉》;或"课读"经典作家及其代表作,如《课读鲁迅》《课读李商隐》。

顾名思义,"课读经典"系列丛书主要面向中小学生,语言像课堂口语那样亲切易懂,一翻开"课读",就像老师亲临课堂,传授学生自学经典的门径,示范阅读经典的方法。只要让学生初尝了经典的"滋味",他们就会终生爱上经典;一旦先生把他们"领进了门",学生自然会"各自去修行"。教师在传授学生自学经典诀窍的同时,也激起了他们自学经典的热情。孔子早就说过:"知之者不如好之者,好之者不如乐之者。"(《论语·雍也》)学生一旦真正喜欢上了经典,他们一生就离不开经典。

许多学生和家长心里会犯嘀咕：政府和教育界的"整本书阅读"计划，初衷当然非常好，但结果不一定妙。花那么多时间在整本阅读经典上，影响考试成绩怎么办？

"课读经典"系列丛书的编者，早就考虑到了这个问题。在每本经典的"课读"之外，还截取了若干代表性章节与片段，模拟现行阅读考试的方式，设计了系列阅读"思考题"，让沉浸式的经典阅读与注重文本阅读的考试无缝对接。这也让学生养成开卷动笔的好习惯，读经典原著务必要做笔记，学生时代还应该做习题。做笔记和习题的目的，是加深对经典的理解和记忆。

想想看，假如具备了对经典的"穿透力"，同学们以此来应付考试简直就是"降维打击"——思维能力提高了，阅读能力提高了，写作能力提高了，考分自然也就升上去了。一个百米赛跑冠军，还担心他不会走路？

乐为序。

2021年5月1日

目录

第一讲

导　论

第一课

《世说新语》的前世今生

一、《世说新语》的编撰

《世说新语》是魏晋南北朝时期的一部重要文献,是一部经典之作。该书的著者,旧题为南朝宋临川王刘义庆(403—444,字季伯)。

刘义庆是刘宋开国皇帝刘裕的侄子,由于这层特殊的关系,他自十多岁起便身居要职。刘裕死后,继位的宋少帝旋即被几个辅政大臣联手废掉,接着刘裕的第三个儿子刘义隆被拥立为帝,是为宋文帝。文帝的不安全感非常强烈,他为了维护其统治地位,开启了血腥残酷的杀戮模式,而他在位的时间又长,所以众多朝廷重臣以及皇族成员接连不断地被杀掉,这就在统治阶层中造成了很大的压力。在这种严峻的形势下,刘义庆自然是战战兢兢、如履薄冰,根本不能也不敢有所作为。据《南史》记载,刘义庆少时本善于骑乘,但成年后,反而"不复跨马"。不跨马,是个颇有意味的象征性行为——向世人表明他根本无意于世事。

刘义庆爱好文辞,尽管他只活到42岁,但归于其名下的著作也不算少。除了《世说新语》,还有《徐州先贤传》《典叙》《江左名士传》《宣验记》《幽明录》《集林》等多种。可见在艰难的世路中,相对淡出波谲云诡的权力圈后,他把精力和心血投入其素有兴趣的文史领域,去建立名山事业,所以取得了较为可观的创作成绩。当然，在他的所有著作中，唯独《世说新语》是不朽的。

在刘义庆的周围，聚集了一批当时负有盛名的文士，如袁淑、陆展、何长瑜等人，此外还有南朝最出色的文学家鲍照。所以，很多研究者认为：《世说新语》应非刘义庆独著，极有可能是在他的主持下，由这些才士们集体编撰而成。这个推断虽然没有确凿的证据，但很合理；且这种著述模式在中国历史上较为常见，像战国时吕不韦的《吕氏春秋》、西汉淮南王刘安的《淮南子》，均由门客们出力协助，乃集体智慧的产物。

即使有众多名手参与，《世说新语》也不是全新的创作，正如鲁迅《中国小说史略》所言："然《世说》文字，间或与裴、郭二家书所记相同，殆亦犹《幽明录》《宣验记》然，乃纂辑旧文，非由自造。"[1]

上面提到的"裴、郭二家书所记"，指的是东晋裴启的《语林》以及郭澄之的《郭子》两部著作。《续晋阳秋》记载："晋隆和中，河东裴启撰汉、魏以来迄于今时言语应对之可称者，谓之《语林》。时人多好其事，文遂流行。"裴启好评论人物，搜罗了不少汉魏以来几百年间名流们的隽语、逸事，著成《语林》。这书迎合了时人对此类话题的兴趣，所以问世后便迅速流行开来，仰慕风流的时流年少，无不传抄，人手一份。不过，名高望重的谢安指出记载有失实之处，该书于是乎身价大减，渐渐失去了关注。据相关研究，现存《语林》的180多条佚文中，《世说新语》袭用了60多条。郭澄之的生活年代稍晚于裴启，他曾任刘裕的相国参军，随刘裕北伐，攻下了长安。郭澄之有文名，入

---

1 鲁迅：《中国小说史略》，载《鲁迅全集（第九卷）》，北京：人民文学出版社，2005年，第63—64页。

《晋书·文苑传》。《郭子》一书与《语林》性质相类,现存的80多条佚文中,有70多条见于《世说新语》。

除了《语林》《郭子》这两部著作外,《世说新语》还采撷了诸多正史、别史、杂传中的材料,其中值得一提的是袁宏的《名士传》。

袁宏是东晋文士,著有《后汉纪》《名士传》等。《名士传》记载了魏晋以来名士这一最受瞩目的人物类型的事迹,同时对名士进行了分类:以夏侯玄、何晏等为正始名士,以阮籍、嵇康等为竹林名士,以裴楷、乐广等为中朝名士。这个分类也被后人沿用。《名士传》已佚,《世说新语》究竟从它里面采用了多少材料,已经不可细考(据余嘉锡先生考订《赏誉》第34条系出该书)。但《世说新语》传达的魏晋名士所特有的精神风貌,与该书是一致的。总之,鲁迅说《世说新语》乃“纂辑旧文,非由自造”,可谓允论。

当然,这不是说《世说新语》就是把从前著作中的材料加以编选,实际上《世说新语》有它的纂辑眼光以及对于原始材料基于其特定立场的加工。也就是说,《世说新语》虽非全新创作,但也不是简单因袭,而是有剪裁、加工和改编,因此带有著者的叙述意图、审美偏好,从而有了创造性。章培恒、骆玉明两位先生主编的《中国文学史新著》里,就举了《规箴》第一条东方朔为汉武帝乳母脱罪的故事及《西京杂记》中的原始记载来对比、分析,并得出结论:“《世说新语》作者对于把文章写得动人这一点相当重视;为了达到这一目的,不惜稍稍改动事实。由此言之,它是一部文学性的小品而非历史性的著作。”[1]

---

[1] 章培恒、骆玉明主编:《中国文学史新著》,上海:复旦大学出版社,2007年,第405页。

《世说新语》的原始名称是"世说"。在流传的过程中，为了避免与西汉刘向的同名著作发生混淆，于是被改成了"世说新书"或"世说新语"。这两个名字在唐代的时候曾经并行于世，而到了北宋，"世说新语"才作为通行书名被最终确定下来，并一直延续到今天。

二、《世说新语》的注释和版本

《世说新语》问世不久，就有人开始为它作注。

先是南朝萧齐时的敬胤，他的注基本上已经散佚，保存下来的只寥寥几十条。其后又有萧梁时的刘孝标的注。刘孝标是位渊博的学者，据统计，他所做的注总共征引了400多种书籍。这些书籍大多已经失传，所以刘孝标的注因保存了丰富的史料，还有极大的文献价值。后人把它和裴松之的《三国志注》、郦道元的《水经注》以及李善的《文选注》合称为"四大古注"。

刘孝标是抱着很严肃的态度来为《世说新语》作注的。唐代史学家刘知幾很看重刘孝标的注，说："孝标善于攻缪，博而且精，固以察及泉鱼，辨穷河豕。嗟乎！以峻之才识，足堪远大，而不能探赜彪、峤，网罗班、马，方复留情于委巷小说，锐思于流俗短书，可谓劳而无功，费而无当者矣。"（《史通·补注》）刘知幾深为刘孝标可惜，认为他有史才、史识，足以像司马迁、班固一样撰写历史，遗憾的是他把心思全放到了街谈巷议的不经之谈上，为"小说"作注。刘知幾的评论否定了"小说"的价值，但也无形中肯定了刘孝标注的史学价值。

刘孝标的工作，大略表现在如下几个方面：

第一，补充材料，还原背景。《世说新语》原文简略，如果对背景不是很了解，往往不明所以。刘孝标广引典籍，增补了大量材料，对原文所涉及的背景尽可能地还原。例如《德行》第二条就一句话，周子居感叹："吾时月不见黄叔度，则鄙吝之心已复生矣。"刘孝标引用《典略》，交代了黄叔度的生平以及时人对他的欣赏、敬仰。有了这样的背景介绍，那么周子居的感慨就好理解了，不至于让人觉得突兀。

第二，辨析史实，匡正讹误。《世说新语》所记的许多名人逸事虽然富于趣味，但以讹传讹，难免失实。刘孝标则从史学的角度加以审慎、严密的考辨，力求真实。例如《品藻》第12条，"王大将军在西朝时，见周侯，辄扇障面不得住"。王敦在西晋时见到周颢（袭封成武县侯），不停地用扇子遮住面孔。显然，该故事是要说明王敦对周颢颇为忌惮。但刘孝标认为这条记载不合情理，因为王敦为人的强横是一贯的，对石崇当着他的面斩杀佐酒的婢女都无动于衷，像王敦这样傲狠的人，很难想象会畏惮周颢。

第三，解释语句，疏通文意。魏晋名流爱好玄学清谈，追求语言的简练，他们的许多言论言约而意深，这为后人的理解造成困难。刘孝标对此也有所解释。例如《品藻》第31条，"简文云：'何平叔巧累于理，嵇叔夜俊伤其道。'"这是东晋简文帝司马昱对何晏（字平叔）和嵇康（字叔夜）两人被杀的一个点评。刘孝标注解："理本真率，巧则乖其致；道唯虚澹，俊则违其宗。所以二子不免也。"司马昱是玄学家，出语过于简约、抽象，刘孝标则揭示两人的为人、性格有违各自学说的宗旨，由此认为这是两人遇害的根本原因。

由于刘孝标注的这些特点，使得该注与原书相得益彰，两者已经一体化了，共同构成经典，流传后世。

现存《世说新语》最早的版本，是唐代的写本，该本19世纪末在日本被发现，后由学者罗振玉影印。这个版本尽管古老，但是残缺不全，只留下了《规箴》《捷悟》《夙惠》《豪爽》四门中的51则故事。

北宋晏殊对他以前的各版本《世说新语》做过整理，其整理本已经失传。南宋绍兴八年（1138年）董弅对晏殊本进行了加工，是为绍兴刻本，不过在明清时也失传了，后于清末民初经日本传回国内。

南宋还有两个版本，一个是淳熙十五年（1188年）陆游刻本，一个是淳熙十六年（1189年）湘中刻本。这两种刻本均已失传，不过在明清时均有过翻刻、整理，演化为后来的各类版本。

当今市面上通行的《世说新语》版本有不少，如余嘉锡先生的《世说新语笺疏》、徐震堮先生的《世说新语校笺》、朱铸禹先生的《世说新语汇校集注》、龚斌先生的《世说新语校释》等，各有特点，皆有很高的学术价值，在此就不详细介绍了。

第二课
《世说新语》讲什么

　　刘义庆当初在编著《世说新语》时，可能没有想到此书的性质在他身后会有很多的争议。因为学术本身的发展，开启了更多的视角，使此书呈现出不同的意义。"横看成岭侧成峰，远近高低各不同"，文学家看到了精彩绝伦、意味隽永的故事，史学家看到了丰富的史料。视角的多样，正说明该书的面目不一，这恰好是其魅力所在。

一、作为小说的《世说新语》

　　我们今天的文学史一般把《世说新语》定义为"志人小说"，以有别于魏晋南北朝时期的另一类型小说——以《搜神记》等为代表的"志怪小说"。

　　在传统文学中，小说内涵比较宽泛，与我们今天作为以虚构为主的叙事性文体的小说概念尚有一定的差异。在汉代以前，大抵而言，小说指的是篇幅短小、内容琐屑，不同于大道、无关乎政教，多来自传闻，且有娱乐性和观赏性的不经之谈。这也就是小说之所以为"小"的缘故。到了魏晋，从以上所说的小说中逐渐发展出两类：一种主要记载怪异、奇特之事，一种主要关注人物的言行。《世说新语》就是后一类型的代表性著作，它并不完全符合今天人们对小说的定义，但它已经开始有意识地站在文学的立场、运用文学的手法来记叙人和事。所以，我们也可以从当今小说的视角来看待这本书。

《世说新语》以凝练、简洁的文字塑造了一大批个性分明、形象生动、极有神韵的人物。如登车揽辔、有澄清天下之志的陈蕃，器量深不可测的黄宪，床头捉刀人曹操，在王粲葬礼上令人学驴叫的曹丕，放诞不羁、蔑视礼法的阮籍，临刑东市、视死如归的嵇康，秋风起时因思念故乡美食挂冠而去的张翰，悔恨再也听不到华亭鹤唳的陆机，闻鸡起舞的刘琨和祖逖，眼观六路、应酬自如的王导，坦腹而卧的王羲之，被小小的鸡蛋捉弄到抓狂地步的王述，乘兴而来、兴尽而去的王徽之，宠辱不惊、胜败得失能置之度外的谢安等。就是这些活灵活现的历史人物，共同演绎了令后人嗟叹不已的魏晋风流。

《世说新语》志人，不同于史传的翔实、完整，往往只取人物的只言片语、细行琐事，但不止于简单摹写，而能进入人性、世相的深处。例如《任诞》第47条王羲之之子王徽之雪夜访戴的故事，形象地表现了王徽之的率性、放达，他的生命完全抹去了世俗的色彩而呈现出空灵、美妙的姿态，他完全沉浸在自己当下涌现的兴致中，只有诗意和远方；也反映了王徽之所开拓出来的、作为生命本性的自由，不仅仅是一种可能，亦为活生生的现实。但我们同样能看到：王徽之能行于所欲行、止于所欲止，能如行云流水一般毫无滞碍舒展他自己，是有前提的。"夜大雪，眠觉，开室命酌酒"，"忽忆戴安道。时戴在剡，即便夜乘小船就之"。如果没有门阀士族的身份所给予他的优越的生活条件，在自由从可能变为现实的过程中，世俗琐事便会淡化或者消解自由的诗性。

还要说明的一点是，《世说新语》志人尽管是片段式的，但反映人物性格特点的有意味的片段又散见于性质不同的事类中，这就从不同侧面建构起相对完整、复杂的人物形象。还是以王徽之为例，他的雪夜访戴浪漫之至，好像是没有烟火气的神仙中人，但他身上也有世故、势利、刻薄的一面，他的舅舅郗愔对他这一面就极为恼怒。

总之，作为小说的《世说新语》有鲜明的艺术风格和特点，具有很强的趣味性，所以深受后世文人才士的喜爱。晚明小说家、"二拍"的作者凌濛初《世说新语鼓吹序》就说："盖稗官家独《世说》称绝。"

二、作为史书的《世说新语》

中国古代图书在隋唐以后形成了经、史、子、集四部的分类方式，《世说新语》在各类书目中基本上被归入"子部小说家类"，但也有被归入史部的情况，清代藏书家孙星衍就把该书归为"史学传记类"。唐人修《晋书》，大量采用了《世说新语》中的材料。柳士镇先生指出："《晋书》采录《世说》入书共四百余事，超过《世说》全书的三分之一。"[1] 钱穆先生说他撰《国史大纲》，"有时不根据陈寿《三国志》，不根据《晋书》宋齐梁陈《书》，只就根据《世说新语》，举出几件故事来讲当时人的观点和风气"[2]。

尽管《世说新语》的许多故事有浓厚的小说色彩，存在有意夸张和虚构的成分，有的故事来自道听途说，有的故事张冠李戴，不一定都是史实，但它的史学价值，尤其是史料价值，不容忽视。书中包罗宏富、栩栩如生的细节几乎涵盖了魏晋社会

---

[1]　柳士镇：《〈世说新语〉〈晋书〉异文语言比较研究》，《中州学刊》1988年第6期，第99页。

[2]　钱穆：《中国史学名著》，北京：生活·读书·新知三联书店，2000年，第120页。

的各个层面,为读者提供了巨细靡遗的材料。

《世说新语》是生活史。举凡魏晋士人的饮食、出行、衣着、游戏、娱乐、嘲谑、聚会等,在书中都有所呈现。如《排调》第57条,刘孝标注"苻朗初过江"言,此人是位美食家,精于饮馔,对食物的鉴赏达到了匪夷所思的精准地步,从中足见当时饮食的发展水平。《世说新语》中多见酒和五石散,它们在名士们的生活中占有重要的地位,甚至人所共知的魏晋风度也与这两个东西有关。鲁迅1927年在广州做了著名的演讲《魏晋风度及文章与药及酒之关系》,揭示了魏晋的文学、名士的风度是如何受到服药、饮酒风气的影响。

《世说新语》是社会史。魏晋时代门阀士族大行其道,阶层上下之间对立的现象非常突出。从《世说新语》中可以看到处于社会上层的士人对待下层的傲慢、轻蔑和歧视,以及下层向上流通之难。在对上层士族的描写中,也有他们在婚姻、社交等方面的细节。另外,从横向来看,魏晋社会还有地域差异的问题,像南北之间就存在着若隐若现的矛盾。

《世说新语》也是政治史。虽然对魏晋间的重大政治事件着墨不多,但是书中的某些篇章还是从侧面为读者带来了一些政治事件的现场感。如《宠礼》第一条,晋元帝司马睿在元旦朝会上拉着丞相王导的手要同登御床。这可是中国历史上空前绝后的一幕,典型地反映出东晋皇权和士权在特定历史条件下的相互关系。

《世说新语》还是艺术史。许多人说魏晋是艺术自觉的时代,因为中国艺术的各个门类,如音乐、书法、绘画、围棋等,都获得了极大的发展,不仅名家层出不穷,而且对相关艺术的理论认识也在探索和深化。书中与大画家顾恺之有关的故事共有14条,虽然数量不是太多,但其中涉及的一些关于绘画艺术的见解很有价值,例如他的传神之论,可谓点睛之笔。

《世说新语》更是思想史。魏晋玄学是继先秦诸子和两汉经学后,中国思想学术发展的另一个高峰。玄学家们关于有、无的辩论,使中国哲学超越了两汉的相对朴拙的宇宙论而进入了更显精微的本体论领域,这标志着中国人理论思维的发达。《世说新语》保留了当时名士们在哲学活动中的许多材料。如名士们对《庄子》"逍遥义"的研讨,从中就能看到《庄子》哲学思想的影响。著名历史学家陈寅恪独具慧眼,从《文学》门"锺会撰四本论始毕"中,挖掘出由这个思想命题所产生的四种观点背后各方所持的不同政治态度。

所以周一良先生说:"(《世说新语》)涉及的时代从后汉直到刘宋,近三百年。它的内容包括政治、经济、社会、文学、思想、宗教等许多方面。《世说新语》是魏晋南北朝史的一部重要资料,也是研究这一时期思想史必不可少的资料。"[1]

三、作为《世说新语》的《世说新语》

从小说、史书的角度来看《世说新语》,还是过于单一,尚不足以把握该书的整体意蕴。学者余英时先生说:"《世说新语》为记载魏晋士大夫生活方式之专书。"[2]这是从历史、文化的角度来定性该书,视角宽阔了许多。

我们就从这个定义出发,略做引申,初步解释《世说新语》该书。余先生的观点,可以解析为三个关键词:一是士大夫,二是生活,三是专书。该书的主角是士大夫,固然也涉及才子、贤

[1]　周一良:《〈世说新语〉和作者刘义庆身世的考察》,载《周一良学术论著自选集》,北京:首都师范大学出版社,1995年,第32页。
[2]　余英时:《士与中国文化》,上海:上海人民出版社,1987年,第307页。

媛、高僧、隐士等其他类型的人,但他们都与士大夫有交集,或者说不过是士大夫的另一身份而已,所以士大夫是该书当仁不让的主角。但《世说新语》所关注的,不是士大夫们在军国大事上的表现,而是包括赏玩山水、清谈文艺、妙语隽言、服药饮酒、戏谑调侃、人物品鉴等无关国计民生的琐闻趣事。而且,士大夫们诸如此类的种种琐闻趣事,也不是作为闲笔附带提及,而是以专书的形式刻意呈现,明确表达了编撰者的某些意图、主旨。

何以要用专书来集中叙述士大夫的生活呢?这应与该时代特殊的历史背景有关。东汉以来,出现了一个显著的社会现象——士大夫阶层成长、壮大起来。士在汉代一般指认同、接受了儒家价值体系的知识人,大夫指他们作为政府官员的政治身份。简言之,士大夫一词,意味着这类人兼容两种角色:儒家价值观的践行者及以皇权为中心的政权的成员。当然,也有的士人不愿加入政府,与其保持距离,甚至还有的持激烈的批判态度,但这种情况并不妨碍他们士的角色定位。士、士大夫群体逐渐壮大。他们数量庞大,彼此之间交游、联系、呼应,且在政治斗争中强化了自身的身份感和认同感。在往后的历史中,特别是在东晋时期,他们的力量更加强大,甚至发展到与皇权比肩而立的地步。他们是政治和文化精英,是事实上的贵族,是社会风气的引领者。

《德行》第六条描写东汉末颍川陈寔造访荀淑,令其长子陈纪赶车,次子陈谌拿着手杖跟随车后,孙子陈群放在车中;到达后,荀淑命其第三子荀靖迎客,第六子荀爽斟酒,其余六个儿子则上菜。荀彧当时还小,坐在荀爽膝前。另一面,太史上奏:"真人东行。"这里记载的仅仅是陈、荀两家的一次普通来往,但居然引起了负责天文的太史的关注,认为天象显示人间有非同寻常的人东行,为此特意上奏朝廷。太史的陈奏当然是无稽之谈,却正好说明了陈、荀两家的互动,在人们心目中乃值得大书特书的美事!

问题是,此事之"美"究竟在哪里,以至于被人们津津乐道,特意列入《德行》中?对此钱穆先生有分析:"此事下距刘义庆作世说,已越两百年,而世说又重加以纪载。今试问此一故事,究含何等意义,值得当时如此张大传述?就实论之,陈寔在当时,仅官太丘长,在政治上无所表现,荀淑亦非显达人物,而两人一时相会,两家子弟随侍,吃一顿家常饭,而如此惊动流传,大书特书,传诵不辍,此中必有一内在意义可寻。今问当时人所重视于此者究何在?后代人所怀念于此者又何在?当知此中正有魏晋南北朝人内心深处一向蕴蓄之一番精神向往与人生理想,所以异于范滂、郑玄,而为当时乱世人生求出路者。"[1]

简言之,钱穆先生认为该事的意义在于,显示了当时人在努力寻求人生的出路。这个出路,不落于外,而落于内;不落于国,而落于家。所以,此事虽普通,但反映的意义不平凡。《世说新语》专门记载诸如此类的士人事迹,所传达的就是士人在此特殊的历史阶段所怀抱的人生理想、志趣。

这种理想、志趣,就反映在士人们的日常生活的各个层面中,所以他们的日常生活显得意味隽永、情趣悠长,也因此对后世形成了强大的吸引力,令人虽不能至却心向往之。《世说新语》便成了别具一格的著作,甚至自身便成了具有典范意义的"世说体"。这也引发了后人的模仿,自隋唐以来,几乎历代皆有类似的著作,如唐刘肃的《大唐新语》、宋王谠的《唐语林》、

---

[1] 钱穆:《略论魏晋南北朝学术文化与当时门第之关系》,载《中国学术思想史论丛(三)》,台北:东大图书公司,1977年,第154页。

明何良俊的《何氏语林》、明李绍文的《明世说新语》、清王晫的《今世说》、民国易宗夔的《新世说》等。但时移世易，时代理想转变了，特定历史阶段下产生的魏晋风流便是空谷绝响，而不可能再复制出来。所以后人的许多仿作，整体上失去了魏晋士人特有的神韵。而这也正好说明，《世说新语》作为《世说新语》的难以复制的价值与魅力。

《世说新语》全书共分36门，每门以两个字为标题，也就是按照36个关键词来把从东汉末年到东晋200多年间的遗闻逸事分门别类。这似乎体现出编撰者的统摄、涵盖历史的意图。

为什么要分成36门呢？可能与古人残留在记忆里的对神秘数字的崇拜有关。古人把三和四视为天地之数——三为天数，四为地数，所以由天三地四乘积而来的数字具有神秘意义，乃天地的象征。36，便是这样的神秘数字。[1] 如果这个推论成立，那么我们可以进一步说，刘义庆撰《世说新语》特意用36个门类来组织人和事，或许他是想立足于天地之道来观察士大夫们的风采。因此，即使他们的某些行为表现看起来好像出于人固有的弱点，但也不是没有欣赏的价值。

不过，任何先定的思路落入实际中，总会遇到挑战。在成书的过程中，为适应36这个先定的数字框架，著者进行了如今在我们看起来不是很合理的编排。

首先，有的门类内容庞大。如《赏誉》门一共有156则故事之多；而有的门类，如《自新》，仅仅两则。而且，内容分量呈递减之势，到最后几门，基本上都不多。对比之下，结构显得不均衡，显得前重后轻、头长脚短。很明显，著者是削足以适履，有

---

[1] 杨希枚：《中国古代的神秘数字论稿》，《"中研院"民族学研究所集刊》1972年第33期。

拼凑之嫌,好比《西游记》里如来佛祖最后人为安排了一起灾难,以凑足八十一难之数。

再者,全书缺乏统一的、自洽的逻辑标准。全书前四门《德行》《言语》《政事》《文学》来自"孔门四科"。《论语·先进》载:"德行:颜渊、闵子骞、冉伯牛、仲弓。言语:宰我、子贡。政事:冉有、季路。文学:子游、子夏。"这是把孔子的几个高弟按照各自的专长来分类。这个分类也是古人心目中的实践知识的分类。德行,即道德品行;言语,即语言词令;政事,即行政能力;文学,即学术文化。这四类,是四个专业方向。以四科为首,表明了编者尊重传统的用意。其后的门类,如《方正》《雅量》,一是讲述名流们自恃身份、对某种重大原则的坚守,一是表明魏晋时代所普遍推崇的从容淡定的理想人格。《识鉴》《赏誉》《品藻》三门大体上类似,反映的是东汉以来士人中的人物品评风气。《夙惠》叙述的是天资聪颖的少儿,《栖逸》侧重于该时代的隐逸之风,《贤媛》渲染女性的风采,《伤逝》则大多反映的是魏晋名流们面对死亡时的情感反应。《排调》记述当时种种诙谐、幽默的趣事,显示出时人"不正经"的一面。《任诞》与《简傲》两门带有鲜明的时代色彩,记的是名流们的蔑弃名教、率任放肆的行为。最后的如《俭啬》《汰侈》《忿狷》《谗险》《尤悔》《纰漏》《惑溺》《仇隙》分别关注了人性中的某些弱点。从以上大略的分析可见,该书的分类显得较为凌乱,但也恰好说明该书正视了一个思想活跃的时代中人的多样性。

而且,尽管把人物言行事迹分门别类,但门类的定性也不那么严格。如第一门《德行》,顾名思义本应是列叙儒家所推崇的仁义孝悌、清正廉洁之类的德行,但著者的叙述角度并未放在道德宣传上。第14条的主角是著名孝子王祥,他卧冰得鱼的故事在层累的传说中逐渐神乎其神,变得不合人情、怪诞异常。

但是在以上的这个故事中，王祥并不是一个愚孝的形象。他很有智慧，在被后母嫌弃的情况下，小心自处，甚至都能止住几乎公开化了的、不可调和的矛盾，促成后母自行收手，很好地维护了他与后母的关系，既保全了家族的和睦，也成就了个人的孝道。所以，王祥的德行并非偏离了人性，而是闪烁着智慧的光辉。第18条是表彰裴楷能救济穷亲戚。但用来救济的几百万钱来自裴楷向梁王、赵王的请求，是拿别人的钱行自家的善，所以有人讥讽裴楷"乞物行惠"，裴楷不介意，引用老子的观点，把"损有余而补不足"视为理所当然的"天之道"，以证明自己行为的合理性。裴楷所为，不可谓不德，但理据是道家的理论，少了儒家的诚笃，而多了道家的旷放。

总的说来，我们不必持单一视角来看待《世说新语》这本书，也不必拘泥于该书的门类设定。其内容的丰富、驳杂，足以给我们提供多样的启示，让我们能立体地感知、认识魏晋这个多姿多彩的时代。

第三课
《世说新语》怎么读

　　今天我们已经把《世说新语》(包括刘孝标注)归入文化经典之列。所谓文化经典，无疑就是一个民族文化精神的本原。

　　魏晋是秦汉向隋唐转折、过渡的一个特殊时代，依托于雄厚家族实力的士阶层是这个时代的中坚，他们生自两汉的社会土壤，在三四百年的历史进程中，一直居于社会顶端，直至隋唐还有其流风余韵。他们的生活方式、神采风貌、人格理想、审美趣味等凝聚成了"魏晋风流"这个鲜明而独特的精神现象，已经深深地定格在民族的历史记忆中，作为不可企及的典范，永供后人追慕、体味和效仿。鲁迅说《世说新语》是"一部名士底教科书"[1]，冯友兰认为"这部书可以说是中国的风流宝鉴"[2]。合言之，《世说新语》可谓魏晋名士风流集大成的载体，而这就是该书的价值之所在，是不可被取代而能入经典之林的缘由。

　　但《世说新语》不容易读。原因之一，是语词的隔阂。毕竟该书产生于中古时代，该时代的语言与今天有较大的差异。原因之二，是书中所涉及的名物、制度，在今天已没有对应的现实基础。原因之三，是历史背景的悬置。该书记事简雅，往往省略了具体的背景。不了解故事发生的背景，对故事的指向以及实质就如同雾里看花般模糊不清。原因之四，是该书所传达

---

[1]　鲁迅：《中国小说的历史的变迁》，载《鲁迅全集(第九卷)》，北京：人民文学出版社，2005年，第319页。

[2]　冯友兰：《论风流》，载《南渡集》，上海：东方出版中心，2017年，第89页。

的整体上的精神气韵玄妙难解，不易准确把握。

《世说新语》中有很多生僻、奇怪的语词，作为一部记载时贤名流风采的书，还保留了不少当时的口语，以增强人物的形象性，所以读起来特别费解。

有的语词看起来似乎是常用词，但往往有该时代的特殊用法。如《任诞》第12条载："诸阮皆能饮酒，仲容至宗人间共集，不复用常杯斟酌，以大瓮盛酒，围坐相向大酌。时有群猪来饮，直接去上，便共饮之。"该故事很有名，常被用来说明魏晋名士的旷达。对于"直接去上"，通常的解释是猪也直接凑到酒瓮前，由此可见阮咸（字仲容）等人的确思想解放，他们在狂欢中抹除了人和猪的界限，人猪共饮。但阎步克先生认为这是望文生义，误解了"直接去上"，经过细密、详切的考证，他指出："'直'是'径直'，'接去'是'酌而去之'，'上'或'其上'指被猪弄脏的酒的表面部分。"[1] 所以，所谓"共饮"，乃诸阮而非人与猪共饮。

该书下笔简约，追求玄澹的风格，有的语词别有意蕴，不经过仔细揣摩和体会，难得确解。程千帆先生举"韵"字为例，说："若夫六代文笔，习用其字，籀览所及，亦复猥多；而索其义训，不出刘书之外。又义庆之作，孝标之注，甄录当时话言，最为近真。"《世说新语》包括刘孝标注在内，用"韵"之处很多，如"高韵""大韵""不韵""思韵""天韵""性韵"等，经综合研究，程先生得出结论："韵之一字，其在晋人，盖由其本训屡变而为风度、思理、性情诸歧义，时或用以偏目放旷之风度与性情，所谓愈离其宗者也。"[2]

1　阎步克：《阮咸何曾与猪同饮》，《文史知识》2007年第1期，第90页。
2　程千帆：《陶诗"少无适俗韵""韵"字说》，载《唐代进士行卷与文学；古诗考索》，北京：商务印书馆，2017年，第440—442页。

随着社会生活本身的演变，许多名物、制度也随之而变，时过境迁，后人不一定了然。《品藻》第九条刘孝标注引《兖州记》："（闾丘）冲字宾卿，高平人，家世二千石。……性尤通达，不矜不假。好音乐，侍婢在侧，不释弦管。出入乘四望车，居之甚夷。不以亏损恭素之行，淡然肆其心志。"闾丘冲为人通达，他的通达典型地反映于他对待"四望车"的态度——"出入乘四望车"。四望车是四面有窗、可以远望的车，到一定级别才可以乘坐，否则为僭越，《晋书·舆服志》说此车"诸王三公有勋德者特加之"。中国传统社会，服饰、车马等器物在官僚阶层中往往作为身份、级别的标志，有严格的规定，是为"名器"。名器是社会政治、伦理秩序的象征，名器被滥用，意味着社会的失范。闾丘冲只做到了太傅长史，按理说本无资格乘坐，但他是达人，索性不管了，想坐就坐，且坐得心安理得，他就是要"淡然肆其心志"，以平淡的心态从心所欲。可见，出入乘四望车与闾丘冲的达人形象紧紧联系在一起。闾丘冲的做法，在礼法松弛的魏晋时代颇为常见。所以清楚了四望车等名物的特殊意义，对魏晋名士习以为常的通达就能有比较直接的体悟。

《世说新语》往往截取的是人、事的片段，正如春秋时的九方皋相马，忽略玄黄，只取其俊逸的神采。不确切地说，历史背景好比是马的玄黄，如果不把相关历史背景弄清楚，对于一些故事可能就无法准确领略其"俊逸"。孟子说："颂其诗，读其书，不知其人可乎？是以论其世也。"（《孟子·万章下》）知人须论世，了解时世，有助于更好地理解其人。

如《德行》第15条载："晋文王称阮嗣宗至慎，每与之言，言皆玄远，未尝臧否人物。"司马昭称赞阮籍极其谨慎，每与阮籍谈话，阮籍所说的都很玄虚、抽象，从不褒贬人物。该故事置于《德行》门中，好像是要说阮籍有审慎的德行，对人没有意见。

但如果知道了阮籍所生活的时代环境，对阮籍的"至慎"可能会有设身处地的理解。当时正值政权由曹氏向司马氏转移，是个祸福难测的微妙关口，所谓"魏晋之际，天下多故，名士少有全者"（《晋书·阮籍传》）。为了自己以及家族的安全，阮籍只能尽说些大而化之、笼而统之、并不针对具体是非的话。所以，阮籍的"至慎"不仅仅是一种德行，更是在险恶的环境下保全自己的智慧。

《世说新语》的文风与它所叙述的士人的风流在精神上是一致的。许多篇章如诗，文约而意丰，言浅而旨深。《言语》第73条言："清风朗月，辄思玄度。"这是东晋清谈名家刘惔对名士许询（字玄度）人格的形容，它也没有什么深刻、复杂的时代背景，就是日常生活里的一个简单片段，尽管只有八个字，但意蕴丰美，有悠然不尽的情韵。在这种情况下，很难用语言来解释这句话的含义，语言简直是多余的；费力解释，反而会破坏读者对这美妙意境的感受。

以上简单分析了该书的阅读难点，所以要比较好地理解《世说新语》，做到开卷有得，须有多方面的知识准备。好在目前学界在语言、名物、制度、史实等领域均取得了丰硕的成果，这些都有助于普通读者跨越专业的障碍，从而更便利地阅读这部经典著作。

本书主要面向一般社会读者，定位是对经典的解读、普及。笔者在撰写时，打破了原书的结构，没有逐章逐篇注释、解析，而是把《世说新语》中相对散漫的故事重新组织，在介绍魏晋时代的一般特点之外，转以特定的人物类型为经纬，通过不同类型人物的活动，简要地了解这个时代的文化、思想和价值取向。这个撰写目的能否达成，取决于对原书文本的解读。而解读之难，前面已有充分的说明。除了参考、借鉴学界的研究成果外,笔者在解读时,尤愿采取"体验的方法"。

对于"体验的方法",哲学家贺麟先生有精辟的阐释:"体验方法即是用理智的同情去体察外物,去反省自己。要了解一物,须设身处地,用同情的态度去了解之。体验法最忌有主观的成见,贵忘怀自我,投入认识的对象之中,而加以深切沉潜的体察。"[1]简言之,就是自觉地搁置预设、成见,设身处地地玩味、揣摩和体验文本,以同情的态度追踪人物的活动,与人物对话,甚至重建特定条件下的人物的内心,从而达到理解之目的。笔者绝不敢自诩实现了这一初衷,但尽量往这个方向努力。

最后交代一下,本书中《世说新语》原文采用余嘉锡先生的《世说新语笺疏》(中华书局,2007年),在引用时都标明原文所属门类和序号。至于引用的《三国志》《晋书》等史料,均采用通行版本,就不再注明了。

---

[1]　贺麟:《读书方法与思想方法》,载《文化与人生》,北京:商务印书馆,2017年,第190页。

第二讲

魏晋的时代状况

魏晋时代有个显著的现象，而这种现象在中国历史的其余时期较为少见，就是门阀士族当道。有的历史学家认为严格意义上的门阀政治是在东晋时期，甚至还不能完全覆盖整个东晋王朝。这当然是有道理的。我们可以说门阀在东晋时臻于鼎盛，是它最辉煌、煊赫的时候。而它能达到如此高度，绝非一蹴而就，而有它的发生、发展的过程。

　　我们将从宽泛的意义上，从《世说新语》中，撷取相关材料，描述自东汉以来迄于东晋末的门阀士族的流变脉络。由于《世说新语》是遗闻逸事的集合，我们撷取的材料，基本上是具体情境下的历史人物的活动片段。这些片段，从故事的角度来讲，妙趣横生，所以被记录下来，作为谈资供读者欣赏。我们把这些片段串联起来，试图勾勒出当时社会的概貌。

第一课
皇权暂退，士族方兴

士族（高门大族、阀阅世家）的崛起，意味着打破了社会结构原有的均衡。士族的力量大张，相对地，皇权就衰退，两者呈此消彼长之势。

我们先从士族和皇权的关系来简略地巡视这个过程。《世说新语》的记载，除极个别门类可以追溯到西汉，基本上都是始于东汉后期。这也说明，士人的真正活跃，在此时已很显著，他们如涓涓细流，终于在魏晋汇聚成汪洋恣肆的士族。

> 陈仲举言为士则，行为世范。登车揽辔（pèi），有澄清天下之志。为豫章太守，至，便问徐孺子所在，欲先看之。主簿白："群情欲府君先入廨（xiè）。"陈曰："武王式商容之闾，席不暇暖。吾之礼贤，有何不可！"（《德行》1）

> 李元礼风格秀整，高自标持，欲以天下名教是非为己任。后进之士，有升其堂者，皆以为登龙门。（《德行》4）

陈蕃，字仲举，东汉汝南平舆人，为桓帝、灵帝时代的重臣，是士林中众望所归的领袖。后任太傅，曾与外戚、大将军窦武谋诛宦官，反为宦官所害。

陈蕃少年时就表现得不同凡响，他不屑于打扫住所，任其脏乱。在汉代，对未成年人的教育内容之一是"洒扫"，就是要做好个人和家庭的卫生。陈蕃不讲卫生,还有道理:"大丈夫当为国家扫天下。"他的志向是为国家打扫清洁。言外之意是顾不上自己了,或者说顾自己的话,就妨碍为国。这话确实不是一般人说得出的。只是,为国家打扫卫生,乃将来之事;而为自己打扫卫生,是当务之急。两者并不冲突。如果有朝一日,真有机会为国家服务,日理万机,顾不上个人卫生,也就罢了;可在说此话时,陈蕃尚默默无闻,每天做个卫生实际上并不耽误他的时间。如果他不是存心借此偷懒,那么他如此说只有一个原因,就是有意用这个非比寻常的举动来引起人们对他的关注。如果这个判断合理,足见陈蕃很追求存在感,不怕反常,不怕被非议。而这正是人能成为政治、舆论领袖的主观条件之一。此言表明,陈蕃自少年时代起,便对自己有远大的期待。

以上所引第一则故事,开头便说陈蕃的言行均为世人的楷模、典范。"登车揽辔",字面上的意思是登上车、持缰绳,用以形容赴任。古人好用驾车比拟治政。陈蕃出任豫章太守(豫章是郡级行政单位,治所在今江西南昌),有如一方诸侯,获得行政权力,"有澄清天下之志"。"澄清天下"就是把天下当成一所房子,要去污除垢,打扫得干干净净。这几个字交代了陈蕃踌躇满志、跃跃欲试的心态。他一到豫章,便打听徐孺子的所在,要先去探望他。孺子是徐稚的字,徐稚是当地名人,很有社会影响力。

这就有点不合常理。所以豫章郡政府负责文书事务的主簿禀告:"大家的意思,还是希望府君(汉代对太守的尊称)先进官署(廨,官署)。"陈蕃和以主簿为代表的官僚们的意见相左,说明陈蕃的举动很出格——一郡最高行政长官不先进衙门,严格来讲,尚未正式就任,居然去拜访当地社会知名人士,有点置正常的行政程序于不顾了。

陈蕃解释了他大反常规的用意:"武王式商容之间,席不暇暖。吾之礼贤,有何不可!"他用了周武王的典故。周武王灭商后,坐车经过贤人商容所居住的里巷,俯首扶着车厢前的横木,以示对商容的礼敬。商容遭商纣王的贬斥,据周人树立的政治观念,疏远贤人是纣王失德的表现。君王失德,就要被上天厌弃。既然天厌之,商便失去了合法性,所以武王才能成功取代纣王。本着这一观念,武王在经过商容家门口时,必须表示适当的敬意,以展示他顺应天命的合法性。陈蕃用周武王礼敬商容的故事,来强调他不及正式就任便先访贤士徐稚有依据,而非肆意妄为。

陈蕃本应先就任,却要先拜访徐稚,看来是有意做出的姿态。他不过是一郡之太守,却引周武王以比拟其行动,振振有词,毫不以为不妥。可见他并没有把自己定位为一个仅仅禀命治民、食朝廷俸禄的职业官僚,他抱有更重大的"澄清天下"的价值理想。换言之,陈蕃是有强烈、明确的使命意识的士大夫。该使命意识,渊源于儒家构建的以周武王等圣贤相继的历史叙事。陈蕃把自己看成是这一传统的继承者和弘扬者。

第二则故事讲的是李膺。

李膺,字元礼,东汉颍川襄城人,出身于官宦世家,祖父李修是汉安帝时的太尉,父亲李益曾任赵国相。李膺与陈蕃同为声望卓著的士林领袖,也身居高位,任过司隶校尉。这是个权力很大的职位,监察首都地区。当时宦官恃宠而骄,横行不法。许多宦官的亲戚子弟狐假虎威,倚仗权势,做出许多伤天害理的事。李膺正义凛然,不畏强暴,率人闯入大宦官张让的府第。因为张让的弟弟张朔杀了孕妇,怕被李膺追究,躲进张让府里。李膺把张朔揪出来,取得供词后直接杀掉。张让跑到皇帝面前,告李膺的状,说他不先请示便杀人。皇帝也没有办法,说:"此汝弟之罪,司隶何愆?"经此一事,宦官们知道了李膺的厉害,自觉收敛,甚至连放假也少出宫门。皇帝觉得奇怪,他们说:"畏李校尉。"

在本则中,"风格秀整,高自标持",是描述李膺的立身特点。"风格",就是风度;"秀整",就是俊秀、整饬;"高自标持",是说他自视甚高。简言之,这八个字形容李膺颇有风度,为人严谨,对自己有很高的要求。据说李膺不轻易与人交往,他不是那种与各色人等都打交道的人,择交的门槛极高。正因为如此,后进之士以能与李膺有亲密的交往而很有成就感,犹如登龙门。

李膺与陈蕃是同志,有类似的使命——"欲以天下名教是非为己任"。名教,在宽泛的意义上同于礼教。所谓名,是名分。按照儒家的思想观念,人生在世,都背负着一定的名分,如君臣、父子、夫妻、兄弟等。君臣父子之名,规定了人与他人交往的正确准则。如"子"这个名,就规定了作为一个儿子,对待父母,在任何情况下,须尽其孝。按这来做,就对了,才不负"子"之名,才是一个好儿子。用儒家的理论来讲,"子"这个名,使现实中的儿子自觉向理想看齐,做到位,如此才成了一个符合要求的"子",这就是"子子"的意思;否则,行为就错了,就是"子不子"。这种思想观念,在今天影响还在。如学生们要是作为先进典型来发言,有个习惯的表态模式,张口即来:"作为一名新时代的学生,我们应该……"这个"作为什么"的话语,背后起作用的就是"名"的力量。

据此,如果人人都意识到了自己要扮演的角色以及承担的义务,并自觉去做,社会便井然有序,和谐融洽;反之,社会失序,混乱不堪。李膺等人认为:之所以出现了社会危机,本质上还是名分的问题,人们找不准自己的定位,言所不当言,为所不当为，全乱了套。因此，李膺把摆正天下人在伦理关系中的位置，即重新定义是非的内涵，看作是自己义不容辞的责任。也就是说，他要给天下人树立做人的标准。这个理想是很高远的，他不是要改良政治，而是要重塑人心；不是从政，而是教化——教天下人如何来正确为人。或者说，他要用政治的手段来达成教化的目的。

类似于陈蕃、李膺的士人，在东汉末还有一大批。他们的抱负、志向趋同，如《后汉书·党锢列传》里记载，颍川杜密，"少有厉俗志"；汝南范滂，"慨然有澄清天下之志"；南阳岑晊，"慨然有董正天下之志"。

士人们相互联络，彼此呼应，形成了遍及全国的网络。当然，他们并非结成了有着明确纲领和严密组织的政治集团，但有共同的价值观为基础，并愿付诸实践，甚至不惜投以性命。而且，他们在与被其视为罪恶渊薮的宦官集团的对立和斗争中，强化了自身的归属感和认同感。他们拥有知识和道义的力量，通过制度性的渠道进入政府，上取政治权力，下与地方宗族势力结合，隐然成了打通民间和朝廷、有雄厚的社会基础、集权力和文化于一身的精英阶层。著名的两次党锢事件，其实是皇权针对该阶层的隐然坐大而采取的遏制措施。

但历史的演进不以皇权的意志为转移，该阶层羽翼已成，皇权也无可奈何。待黄巾事起，摇摇欲坠的东汉政权最终轰然倒塌，天下乱得一团糟，皇权需要足够的时间和条件才能从沉沦中重建、振兴，许多时候，它甚至只剩下了一具空壳。在这个漫长的历史过程中，支撑、维系社会的力量，便是士族。

　　武帝语和峤曰："我欲先痛骂王武子，然后爵之。"峤曰："武子俊爽，恐不可屈。"帝遂召武子，苦责之，因曰："知

愧不?"武子曰:"'尺布斗粟'之谣,尝为陛下耻之。它人能令疏亲,臣不能使亲疏,以此愧陛下。"(《方正》11)

　　晋武帝是开国之君,他的太子司马衷不慧,不堪继位。朝野呼声最高的人选,是武帝之弟齐王司马攸。武帝忌惮这个弟弟,借故把他驱回封地。武帝的这个举措,直接关系到晋室后来的命运,埋下了王朝覆灭的诱因。当时为司马攸奔走的积极分子中,有文帝的驸马、出身于太原王氏的王济(字武子)。据此则刘孝标注,武帝向王戎抱怨:"我兄弟至亲,今出齐王,自朕家计,而甄德、王济连遣妇入来,生哭人邪?"武帝说:"令齐王归藩,是他的家事,而王济却让老婆(文帝女常山公主)入宫哭哭啼啼,太不像话了。"所以把王济贬官。

　　当然,武帝这么做只是薄惩王济,要他不再张罗齐王的事。武帝对王济的姐夫和峤谈起打算,预备痛骂王济一顿,然后封爵。还是和峤了解小舅子的性格,说王济为人豪爽,恐怕不吃这一套。武帝对自己有信心,召见王济,狠狠地责骂,然后问:"知道羞愧了吗?"王济则说:"汉代曾经有'尺布斗粟'的民谣,我常为陛下感到羞愧。""尺布斗粟"指的是西汉文帝和他兄长淮南厉王的故事。被文帝流放至蜀的厉王绝食而死,民间流传有歌谣:"一尺布,尚可缝;一斗粟,尚可舂。兄弟二人,不能相容。"王济拈出这个故事,讽刺武帝容不下亲弟弟。武帝本想骂醒王济,结果反遭王济抢白,自讨没趣。

　　齐王的地位问题,在武帝看来,是他们司马家的家事。而王济敢于深度介入,敢于当面顶撞、嘲讽武帝,所凭借的,显然不是他作为文帝女婿的身份,也不是如和峤所言的"俊爽"的性格。王济觉得,他的积极努力和争取,并非出于一己之私,而是考虑晋祚的久长。这就是《世说新语》的编纂者把王济的表现定性为"方正"的缘由。而王济之所以如此方正,又在于他把自己看成这个政权的一分子,没把自己当成外人。晋武帝身为开国君主,却不说出齐王归藩的决策,乃他乾纲独断,明令臣下不可妄议,只说这是他们司马氏的家务事,要让王济等识趣,自觉见外。

处在复兴中的皇权,嫌士族越界,干预自家的事。而这一点却不被士族认同,他们认为,这是分内事。武帝欲屈王济而不得,可见西晋统一之初,皇权和士权的微妙关系。

> 元帝正会,引王丞相登御床,王公固辞,中宗引之弥苦。王公曰:"使太阳与万物同辉,臣下何以瞻仰?"(《宠礼》1)

西晋末年,政局不稳,内部发生八王之乱,外部有匈奴、鲜卑等几个强悍的民族趁机起事,他们基本上控制了北方。坐镇建康(今南京)的宗室琅琊王司马睿,在高门士族的代表人物王导及王敦的支持下称帝,建立了东晋王朝。东晋政权的基础是司马氏的名分和士族的实力,所以当时就有"王与马,共天下"的说法。王,即以琅琊王氏为代表的士族;马,即代表正统的司马氏,两者相互依存,分享政治权力。当然,这种态势是不正常的,是在皇权衰微之时,王与马因各取所需而达成的相对均衡。

上面这段中,晋元帝司马睿在正月初一举行朝会。正月初一,是一年中有特殊寓意的政治时刻。元帝拉着王导的手,要同登御床。这可能是中国历史上空前绝后的举动了——一年之始的朝会上,冠盖云集,皇帝居然执意要和他最倚重的大臣并肩而坐。这当然是元帝对王导的破格的"宠礼",是对王导力助他维系晋祚的巨大功勋的承认,但也未尝不是"王与马,共天下"的实际政治格局的体现。后来王导的堂兄王敦率兵犯阙，攻进首都建康，司马睿很屈辱地表示："如果你王敦想替代我就直接干吧，何必劳苦百姓呢？"不敢以君臣名分谴责王敦为逆，只得以苍生为借口，这反映了司马睿及皇权在士权凌逼下的真实处境。

我们再回到正月初一的朝会上来。面对司马睿的罕见的盛情，王导没有被冲昏头脑，坚决推辞。司马睿好像也不是在用这个方式来观察和试探王导，反而更加诚恳地拉着他。王导发话了："假如太阳和万物一起发光，臣下怎能仰视太阳？"皇帝是太阳，即便光亮不足，也只能是他独居中心，以供瞻仰。这个位置，是不能由两人分享的。王导很睿智，他在"共天下"的格局中，谨慎地把握着他可行的边际。

> 王导、温峤俱见明帝，帝问温前世所以得天下之由。温未答。顷，王曰："温峤年少未谙(ān)，臣为陛下陈之。"王乃具叙宣王创业之始，诛夷名族，宠树同己。及文王之末，高贵乡公事。明帝闻之，覆面着床曰："若如公言，祚(zuò)安得长！"（《尤悔》7）

王导和温峤一起面见东晋的第二代皇帝明帝。明帝抛出了一个问题：司马氏是如何建立政权的？王导说温峤年纪还轻，对这段历史不熟，抢着回答。他具体讲述司马懿（宣王）创业开始之时，诛除反对他的名门望族，扶植同党，以及司马昭（文王）晚年放纵部下杀害高贵乡公曹髦的往事。明帝听说后，掩面伏在坐床上说："如果像您所说的，晋室哪得长久！"

一个大臣，当着皇帝面，大讲本朝建立政权的种种"黑幕"、得国之"不正"，同上面所引的元帝拉着王导要同升御座的事一样,在历史上是极为罕见的。要是放在明清,试想,在这类情况下,有哪个大臣不是热情讴歌本朝顺天应人、解民于倒悬的辉煌创业史?

有趣的是,明帝本人听后,"覆面着床",并感叹晋祚难长。明帝不是勃然大怒,痛斥王导,而是"尤悔"——因有错而悔恨。很明显,明帝的尤悔,是在以王导为代表的士族更为强势的现实背景下,因缺乏足够的力量,维护不了符合皇权利益导向的历史叙事,而产生的悔恨。

> 孝武属王珣(xún)求女婿,曰:"王敦、桓温,磊砢之流,既不可复得,且小如意,亦好豫人家事,酷非所须。正如真长、子敬比,最佳。"珣举谢混。(《排调》60)

孝武帝司马曜嘱托王珣物色女婿。交代了筛选标准,有反面教材,有正面典型:"像王敦、桓温才大之流,既然已经不可再有,而且他们小有如意,就喜好干预人家事,这不是我想要的人。像刘惔、王献之这类人最好。"

孝武帝时,已近东晋末年了。他趁着门阀士族人才凋零、声势衰微之际,力求复振皇权,亦有些起色。皇权和士族之关系,也反映在司马曜选择女婿的倾向之中。他反感王敦与桓温,这两人是英雄,均有篡位的企图和实际动作,同时他们也都尚主,是驸马。孝武帝对两人当初凌压、操纵皇权的事耿耿于怀,所以特意声明,不要他们这类"好豫人家事"的人当女婿,即便他们非常有才华(磊砢,指人才的杰出)。相对而言,刘惔(字真长)和王献之(字子敬)这样除了风流蕴藉再别无所长的名士,既好看,又安全,足堪入选。王珣按孝武帝的心意举荐了谢安之孙谢混。孝武帝在女婿选择上的态度,说明皇权仍然离不开士族,两者是依存的关系。另一方面,皇权对士族的防范之心始终未曾放下。

通过以上几条《世说新语》中的相关记载,我们可以得知:东汉以降至于东晋这两三百年间,士人作为一个社会阶层,呈现出不断壮大的历史趋势,在其鼎盛期,如东晋之时,他们几乎拥有了能与皇权比肩并行的地位。他们势必要维护和延续自己的利益,把他们的特权在代与代之间传递下去。在这种形势下,士族越发牢固成型。拥有种种特权的士族的成型,意味着社会阶层的分化形成了定势。

第二课
世胄高位,寒门下僚

上一课是就皇权和士族来讲,皇权与士族此消彼长,皇权相对告退,士族适时崛起。这一课再看高门和寒门的关系。

在魏文帝曹丕时,士族的代表人物颍川陈群,提出了九品中正制。在战乱的非常时刻,原有的人才选拔方式难以为继,所以做出相应的调整,但该制度的推行,客观上保障了世家大族的政治特权。晋武帝太康元年(280年),国家正式规定官僚依据品级可以占田、荫客及荫族,保障了世家大族的经济特权。所以,尽管王朝有更迭,但是世家大族的各类特权更加稳定,造成了这个阶层对社会政治资源的近乎垄断,形成了所谓"上品无寒门,下品无势族"的现象。

西晋时的文学家左思有《咏史诗》,其中有句"世胄蹑高位,英俊沉下僚",贵族子弟占据了高位,俊才俊杰却沉沦底层,左思以诗人的敏感对这种不合理的社会现象进行控诉。当然,社会上下之间的流动通道,不能说完全堵塞,但至少狭窄了很多。寒门上升之辛酸和艰难,自不待言。

我们选择几个典型事例来说明。

> (张)既世单家,为人有容仪。少小工书疏,为郡门下小吏,而家富。自惟门寒,念无以自达,乃常畜好刀笔及版奏,伺诸大吏有之者辄(zhé)给与,以是见识焉。(《三国志·张既传》裴松之注引《魏略》)

张既是曹操手下的一员干将。他最后确实是发达了，但过程较为艰辛。尽管张既家富有，但他世代"单家"，就是没有什么政治势力。可见贵和富作为两种不同性质的社会力量有明确的区别，贵家必富，富家不一定贵。张既在郡政府里担任小吏，他有自知之明，知道自家"门寒"（门第不高），向上升的路仅靠自己是难走得通的，必须仰仗贵人们的提携。于是他充分利用自家有钱的优势，随时准备了好的书写工具，伺机送给那些有需要的"大吏"，凭着这样做小伏低、见缝插针的细致工夫，张既获得了"大吏"们的赏识，仕途才真正起步。张既的经历证明了寒门上升之难。

嵇中散语赵景真："卿瞳子白黑分明，有白起之风，恨量小狭。"赵云："尺表能审玑衡之度，寸管能测往复之气。何必在大，但问识如何耳！"（《言语》15）

这则故事涉及嵇康（曾任中散大夫）和赵至（字景真）两人。赵至很有文才，唐人修《晋书》，把赵至归入《文苑传》，便是对他的文学成就的认同。但赵至出身很不好，他是"士家"子。

士家，是曹魏时代的一项特殊的制度安排。曹魏为了保障兵源及粮食供应，把士兵及其家属专门编籍，称为士家。按照法律规定，士息（士家子）到了一定年龄，必须服役当兵，不能改入他途，女性只能在士家中通婚。曹魏政权对士家控制极严，士兵们在前线打仗，他们的妻儿老小实际上在后方充当了人质，如果在战场上逃亡，家属是要被严惩的。

赵至祖上本是官宦出身，后来逐渐沦落为士家，在首都洛阳附近缑氏县落户居住。赵至12岁时，和母亲在路旁亲见当地县令就任时的赫赫威风，他母亲说："汝先世非微贱家也，汝后能如此不？"赵至说可以。回家后，他就求师读书——唯读书，才有改变身份的可能。有天早上，他听见父亲耕田时呵斥牛的声音，弃书而泣。老师问他哭泣的原因，他说："自己很伤感不能获取荣华富贵，而使老父亲不能免于劳累。"14岁时，赵至至洛阳太学观，结识了大名鼎鼎的嵇康。15岁时，赵至装病，屡屡发狂奔走三五里，还自残，炙烤了身上十多处。赵至这样做，是有意为之的。按照曹魏法律，士息到16岁便要入伍，一旦正式当兵，意味着他命运已定。所以他预先装病，用残酷的自残示人以精神失常，为赶在16岁前逃亡做准备。到16岁，他终于逃亡了。但这个世界还有什么路可以给他走呢？他想起了曾有过一面之缘的嵇康，他觉得嵇康可能提供庇护他、帮他改变命运的机会，于是直接到洛阳去找嵇康。茫茫洛阳，哪能轻易碰到嵇康？不得已，他到了邺城，依附一个叫史仲和的人，并改名赵翼。改名的目的，是避免被官府追捕后连累到父母。其后，他在邺城居然遇到了嵇康，赵至提起几年前在太学相识的那段因缘，便随嵇康到了山阳。

其时赵至"长七尺三寸，洁白黑发，赤唇明目，鬓须不多，闲详安谛，体若不胜衣"，这哪里是"出身士息"的赳赳武夫所该有的神情、体态，简直就是嵇康之类名士的特有风范。足见赵至是有意以嵇康等名士为模子，来塑造自己的举止。

从赵至的一系列行为来看，他遭遇出身的严酷限制，有着极其强烈的改变身份以出人头地的意愿，所以他行事激进，不怕走极端，只要有一丝可能的机会，就不放过。他看起来好像神态平和、举止从容，但骨子里是亢奋和偏激的。嵇康当然看得一清二楚，点评赵至"瞳子白黑分明"，有战国时秦将白起之风，很可惜器量狭窄了些。赵至不服气，反驳嵇康："很短的标杆可以用来检查玑衡(古代测量天象的设备)所测天象的精度,很短的律管能测出往复之气。器量何必大?只要有才识即可。"

器量,是魏晋时代最受名士重视的一种品行。人在重大变故前淡定、安静的反应,往往可以表示其内心的超脱、通达。这才是名士之所以为名士的精神特征。在嵇康看来,赵至学做名士,徒然形似,实则神违。而赵至的回应,可谓机警、雄辩,非常漂亮、精彩。

恃才而骄,既是赵至的自信,也是他的无奈。赵至的出身,决定了他在境遇未有重大变化之前内心根本无法彻底安静下来,所以他无论如何修养,也掩饰不了深入骨髓的易于躁动、好走极端的行事作风。他只能靠才识,不断以偏激的行动,从开拓出来的一点点夹缝中寻求和争取境遇改善的可能。

赵至的故事,读起来令人倍觉酸楚,反映了当时不合理、不公平的社会制度,以及对寒门的无形的束缚和压抑。

> 袁虎少贫,尝为人佣载运租。谢镇西经船行,其夜清风朗月,闻江渚间估客船上有咏诗声,甚有情致。所诵五言,又其所未尝闻,叹美不能已。即遣委曲讯问,乃是袁自咏其所作咏史诗。因此相要,大相赏得。(《文学》88)

袁宏(小字虎)算起来不是平民出身,他们陈郡袁氏也曾经阔过,其七世祖袁滂在东汉灵帝时任司徒。不过袁氏慢慢失去了显赫的地位,袁宏的父亲袁勖只任过县令,到袁宏,家道基本上败落了。袁宏少年时代家贫,曾经被人雇佣去运送租粮。有天夜晚,名士、镇西将军谢尚坐船出游,此时正值风清月朗,景色可人。谢尚听到江洲边商船上传来朗诵诗歌的声音,很有情致。而所诵的五言诗,又是他平生所未尝听过的。谢尚叹赏不已,当即派人过去打听,原来是袁宏在吟诵自作的《咏史诗》。于是谢尚邀请袁宏过来交谈,两人非常投契。经谢尚的揄扬,袁宏由此显名。

凭借着文才,袁宏赢得了谢尚的赏识,挤入了东晋上流社会。这故事之所以特别美妙,就是给了沉沦于底层的人一个向上的希望,尽管很微茫。

高门大族的名士,自然会有很强的身份感和优越感,从"我辈"这个常用的词语或者说口头禅便可以看出来。所谓"我辈",就是我们这类人。该词的流行,说明了高级士人们的"类"意识已经相当自觉了。

譬如:

阮籍嫂尝还家,籍见与别。或讥之,籍曰:"礼岂为我辈设也?"(《任诞》7)

和尚天姿高朗,风韵遒(qiú)迈。丞相王公一见奇之,以为吾之徒也。(《言语》39刘孝标注引《高坐别传》)

既然自居、自重为"我辈",显而易见,普遍"不交非类"——与其身份不类的人,是不屑于交际的。

(王)述体道清粹,简贵静正,怡然自足,不交非类。(《赏誉》62刘孝标注引《晋阳秋》)

王献之性甚整峻,不交非类。(《忿狷》6刘孝标注引《晋纪》)

反过来，一个名流显贵，如果不计较"类"的差异，不在意身份的距离，能与非其类者打成一片，在舆论看来就是通达、旷达。

> 刘公荣与人饮酒，杂秽非类，人或讥之。答曰："胜公荣者，不可不与饮；不如公荣者，亦不可不与饮；是公荣辈者，又不可不与饮。"故终日共饮而醉。(《任诞》4)

刘昶（字公荣）仕至兖州刺史。他嗜酒，喝起来"杂秽非类"，就是不管身份，喝到一起去就是酒友了。有人讥笑他，公荣坦言："胜过我公荣的，不能不喝；不如我公荣的，也不能不喝；和我公荣同辈的，更不能不喝。"正儿八经地胡扯一通，无非是说，喝酒就是喝酒，不必讲究身份，也没道理可讲。不用讲道理，就是喝酒时最大的道理。

通达，从不愿循规蹈矩的名士来看，自当如此；而从世俗的眼光来看，就是不像样、不像话。酒徒刘昶喝起酒来不像话，正好说明了注重身份、注重影响、时刻不忘其"类"，才像话。

我们再看几个具体的事例：

> 刘真长、王仲祖共行，日旰（gàn）未食。有相识小人贻其餐，肴案甚盛，真长辞焉。仲祖曰："聊以充虚，何苦辞？"真长曰："小人都不可与作缘。"(《方正》51)

> 王子敬数岁时，尝看诸门生樗（chū）蒲。见有胜负，因曰："南风不竞。"门生辈轻其小儿，乃曰："此郎亦管中窥豹，时见一斑。"子敬曰："远惭荀奉倩，近愧刘真长！"遂拂衣而去。(《方正》59)

刘惔和王濛(字仲祖)同行,天色很晚了,还没吃饭。有个相识的"小人"(平民百姓)为他们送了餐,菜肴丰盛。刘惔辞掉,说:"绝不可与小人交往。"他宁愿饿肚子,也不想给其轻视的"小人"搭理的机会。他自矜身份,绝不放弃"不交非类"的原则,可谓"方正"。

王献之才几岁,观看王氏门生们玩樗蒲的游戏。门生,是魏晋时代依附于高门大族的人,供其役使。樗蒲,则是盛行于魏晋间的一种棋类游戏。王献之看出将决出胜负,发表评论。门生们轻视他不过是个小孩子,就说:"此小郎也只是管中窥豹,偶然看见一点斑纹而已。"子敬生气了,瞪大眼睛:"远则自惭不如荀粲(字奉倩),近则愧对刘惔!"于是甩袖而去。

荀粲是曹魏时荀彧之子,以不与俗人交往而出名。刘惔的事如上所见,也是不乐交非类。王献之后悔轻易开口,令自己遭到门生的羞辱,所以觉得比不上荀粲、刘惔。小小年纪,居然如此敏感。他们这类人的尊严意识的确强烈。

这种强烈的尊严意识以及优渥的生活条件所陶冶出来的容止,使名流们在神情气度上大别于平民百姓。

> 庾长仁与诸弟入吴,欲住亭中宿。诸弟先上,见群小满屋,都无相避意。长仁曰:"我试观之。"乃策杖将一小儿,始入门,诸客望其神姿,一时退匿。(《容止》38)

庾统(字长仁,庾亮从子)与诸弟过江到吴地,想在驿亭留宿。几个弟弟先进去,看见满是"群小"(平民百姓),他们也没有回避贵人的意思。庾统说:"我试着去看看。"他拄着手杖,扶着一个小儿,甫入门,诸人望见他的神采,自惭形秽,一下子都自觉躲开。庾统不发一言,遂使驿亭自动清场。他的神采自有凌人的力量。

　　其实,这神采虽为庾统所有,但同时也是由他高贵的门第所熏染出来的。而门第,乃经上百年的历史运动才逐渐形成,铸就了上下悬隔、尊卑有序的社会结构,并作为意识形态贯注于大众的心中,凝聚为一望即知的、象征身份的神情风度。所以,庾统的神采背后自有一种历史的合理性在支撑。"群小"所慑服的,就是这股巨大的历史力量。

第三课

儒道衰颓,老庄继起

在学术上,儒家经学衰微,老庄思想开始兴起,乃至成为这一时期的主流。

老子思想从战国到秦汉,都是显学。不过,人们是把《老子》当成君人南面之学,即是一部政治哲学著作。而且,与《老子》并列的是冠在黄帝名下的一系列书,合称"黄老"。到魏晋时代,庄子的地位上升,重要性日渐凸显,开始取代黄帝而与老子并称,从此有了"老庄"一说。对《老子》《庄子》这两部书的认识,也不再局限于政治哲学的狭小范围,而延伸到广阔的人生价值世界,并上升至更为抽象、玄远的本体论领域。老庄思想的丰富内涵、精妙思辨,便在魏晋时代被开掘出来。

所以,这两部书几乎是魏晋士人的必读之书。例如:

(阮籍)博览群籍,尤好《庄》《老》。(《晋书·阮籍传》)

(王弼)十余岁便好《庄》《老》。(《文学》6刘孝标注引《弼别传》)

(山涛)好《庄》《老》。(《政事》5刘孝标注引虞预《晋书》)

(庾敳)自谓是老、庄之徒。(《文学》15刘孝标注引

《晋阳秋》)

(支遁)雅尚《庄》《老》。(《文学》36刘孝标注)

(褚爽)好老、庄之言。(《识鉴》24刘孝标注引《续晋阳秋》)

为《庄子》作注的人也多起来。《文学》第17条载:"初,注《庄子》者数十家,莫能究其旨要。"注释《庄子》的有数十家之多,这部书受重视的程度可见一斑了。我们今天通行的《庄子》,就是经由西晋名士郭象整理而来。而郭象的注既是郭象本人的哲学,也是庄学的经典著作。

中国传统的学术在不同的时期呈现出不同的风貌、特点。

春秋战国,诸子争鸣,各种思想顺势而生,多姿多彩,反映了中国人对于宇宙人生理解的广度和深度,奠定了中国思想文化的根基。到汉代,儒家在思想竞争中脱颖而出,获得皇权的认同和首肯,被确立为大一统帝国的国家意识形态,所以两汉时的主流学术是阐发儒家经典的经学。东汉政权解体后,经学也从独尊的地位上跌落,道家学说兴起,构成了魏晋间最有时代精神的学术——玄学——的主体。玄学围绕着《周易》《老子》《庄子》这三本书展开,这三本书又称"三玄",乃中国本土思想中最有纯粹哲学意味的。

老庄并不仅仅具有学术的意义,同时也是士族们高雅、精致生活的一个重要内容及点缀。

(向)秀与嵇康、吕安为友,趣舍不同。嵇康傲世不羁,安放逸迈俗,而秀雅好读书。二子颇以此嗤之。后秀将注

44

《庄子》，先以告康、安，康、安咸曰："此书讵(jù)复须注？徒弃人作乐事耳！"（《文学》17刘孝标注引《秀别传》）

　　向秀要为《庄子》作注，这是纯粹的学术性工作。好友嵇康、吕安虽然同样是善读《庄子》的行家，但他们都嘲笑向秀的计划："此书难道需要你向秀来注解？只是妨碍了人家作乐而已。"嵇康和吕安是抱着欣赏和谈论的态度对待《庄子》，从这个角度来讲，《庄子》精粹的思想、瑰玮的想象、浪漫的情致、妙绝的寓言、吊诡的构思等，都能极大地调动和刺激人的头脑，这是无与伦比的赏心乐事，足以给人理智的快乐。而注解工作则属于做学问的范畴，自有其严谨甚至刻板的内在规范，相比前面的方式，没什么趣味可言。嵇、吕不赞同向秀，其实是不赞同把《庄子》由鲜活、灵动的智慧处理成僵化、琐细的学问。

　　由此老庄便成了清谈的好材料。

　　魏晋士族普遍热衷清谈，鲁迅先生为好友许寿裳之子开列书单，其中就有《世说新语》，并特别标明该书的特点为"晋人清谈之状"。

　　清谈，是魏晋高级士人间盛行的一种文化现象，最能代表魏晋的时代特色。清谈，首先是谈。不过，谈的内容可不一般，是带有理论性、哲学性的抽象玄远的题目。如东晋名臣王导热衷清谈，过江后只谈三个题目：养生、言尽意及声无哀乐。这三个题目好像主旨明确，即保养生命、语言能否穷尽意思、声音有没有哀乐之情，但据说牵连范围极广，几乎人、事无所不囊括于其中。

　　可见，清谈脱离了实用范畴，与现实几无关联，又多采取辩论的形式，所以它是哲理的研讨，是智慧的交锋。由此，它也就具有了游戏的性质——纯粹的精神游戏。正因如此，清谈极契合名流的高贵身份，是他们这类人高雅、显赫和优越的标志。它令名流们乐此不疲，以极大的热情投入其中，甚至还有专以清谈为本业者。

清谈是名流们生活中不可或缺的项目，必须谈得有深度，还要谈得有鲜度，否则就没多少谈下去的意思。但真正富于深度和鲜度的题目不容易凭空提出。所以，像《庄子》之类的极具启发性的哲学著作，有许多丰富、精深的内容，可作为无限辩驳、引申、发挥的契机。

> 《庄子·逍遥篇》，旧是难处，诸名贤所可钻味，而不能拔理于郭、向之外。支道林在白马寺中，将冯太常共语，因及《逍遥》。支卓然标新理于二家之表，立异义于众贤之外，皆是诸名贤寻味之所不得。后遂用支理。（《文学》32）

> 支道林、许、谢盛德，共集王家。谢顾谓诸人："今日可谓彦会，时既不可留，此集固亦难常。当共言咏，以写其怀。"许便问主人有《庄子》不？正得《渔父》一篇。谢看题，便各使四坐通。支道林先通，作七百许语，叙致精丽，才藻奇拔，众咸称善。于是四坐各言怀毕。谢问曰："卿等尽不？"皆曰："今日之言，少不自竭。"谢后粗难，因自叙其意，作万余语，才峰秀逸。既自难干，加意气拟托，萧然自得，四坐莫不厌心。支谓谢曰："君一往奔诣，故复自佳耳。"（《文学》55）

上述两则材料，是对一代高僧支道林及诸名士谈《庄子》的记录。

《庄子·逍遥游》是当时人很感兴趣的一个题目，西晋时向秀、郭象对逍遥的阐释得到人们的普遍认同。到了东晋，支道林在向、郭之外，开掘出了又一个阐释角度，与向、郭之义截然不同，赢得了时人的钦服，于是转用支道林的思路。这个故事说明，庄子的逍遥具有多重阐释的可能，不同的历史条件下其中所蕴含的各种可能会被人们引申出来，成为引领时代价值认同的主流解释。这也是人们用于吸收外来的佛学的一个入口，同时，通过对逍遥的重新阐发，佛学也找到了让自身被接受的通道。

　　另一则是支道林、许询及谢安等"盛德"、名流齐聚于王濛家。群贤毕至，时光不可留，机会难得，遇上一次就是一次，谢安提议清谈，抒发各自怀抱。许询的第一反应就是找《庄子》，恰得《渔父》篇。谢安看起来是主持人，请四座诸人阐发见解（通，阐释）。支道林率先讲了700多句，理辞俱佳，众人称善。诸人逐次阐述各自见解完毕，谢安来总结，先简略反驳先前观点，然后陈述己见，洋洋洒洒有万言之多。既有秀逸挺拔的才华，又有萧然自得的意气，给众人以多重的审美享受。支道林拜服："君一往奔诣，故复自佳耳。"

　　共谈《庄子》，是名流们雅聚的一个主题。特别是谢安说到"时既不可留，此集固亦难常"，包含着对于人生"无可奈何花落去"的浓厚伤感，此时论《庄》，则更有珍惜人生的形而上的意味。在人生无常的感慨中，带着个人的生命体验来阐发《庄子》中的哲理，抒发怀抱，以尽兴致。《庄子》，于名士而言，不是抽象的文本，而是他们借以展开对生命理解的素材。此外，我们看谢安在此次清谈中做的总结性陈词，折服了一时之英，他"作万余语"，能精细、玄妙地长篇大论。显然，经过清谈的反复训练，名士们的思辨能力得到了锻炼。

　　必须指出，魏晋名士中有部分人走得较远，行为放纵，有违世俗的礼节和规矩。从当时起以至于后世，都有将此归咎于老庄思想的，把老庄视为败坏世道人心的歪理邪说。东晋名士王坦之便著有《废庄论》，顾名思义，是批判庄子的。

实际上，老庄思想至多起个推波助澜的作用，而非"罪"之魁、"祸"之首，如果非要把破坏礼教看成是一种"罪"或"祸"的话。

嵇康反儒家正统的言辞最为激烈、大胆，后来这成了他致祸被杀的罪证之一。他说他自己"非汤武而薄周孔"，质疑和批判儒家所尊崇的圣王、圣人。嵇康好《老》《庄》，他说："老子、庄周，吾之师也。"他对老庄的具体看法究竟为何呢？

《与山巨源绝交书》中有言："又读《庄》《老》，重增其放。"放，是放达，是天性的解放；重，是加重之意。嵇康的意思是，他本就渴求天性的自由，不愿被烦琐、森严的规矩所束缚，自读过《庄子》《老子》以后，加重了原有的倾向。也就是说，老庄的思想促使嵇康对其所向往的人生有了更高的自觉，为其价值取向提供了思想上的有力支持。

再看二例。

诸葛玄（hóng）年少不肯学问。始与王夷甫谈，便已超诣。王叹曰："卿天才卓出，若复小加研寻，一无所愧。"玄后看《庄》《老》，更与王语，便足相抗衡。（《文学》13）

庾子嵩读《庄子》，开卷一尺许便放去，曰："了不异人意。"（《文学》15）

诸葛玄年轻时不肯读书、求教。他开始与清谈名家王衍（字夷甫）谈，就有超俗的造诣。王衍感叹："你天才杰出，如果再稍微研究探求,就没有什么遗憾了。"诸葛玄受教,就去看清谈家们必读的《老子》《庄子》,再与王衍对谈,便足以与王衍抗衡。

庾敳(字子嵩)读《庄子》,才展开书卷一尺多长就丢到一边,说:"完全没有和我不同的意思。"

或许老庄的思想更为周全、细密及新颖,但对诸葛玄和庾敳而言,与他们早已形成的对人生和世界的固有看法契合,取向一致。老庄作为思想资源,可以丰富他们的谈资,而非重塑他们的观念。

老庄的思想牢笼时代,影响到把控政权的高门大族。西晋开国之后,作为大一统的王朝,缺乏历史上常见的恢宏气象,仅50年便土崩瓦解,最后两代君主被异族羞辱、蹂躏,其灭亡的速度以及悲惨的程度都是少见的。所以,对这段历史进行反思时不能不把账算到士族的头上,而他们的头脑里装的全是齐物论、逍遥游这些观念,这些观念就不得不来为国破家亡负责了。

> 又《老》《庄》浮华,非先王之法言而不敢行。君子当正其衣冠,摄以威仪,何有乱头养望,自谓宏达邪?(《政事》16刘孝标注引《晋阳秋》)

以上是陶侃(陶渊明的曾祖父)的观点。陶侃是东晋之初的地方实力派,他是做实事的,其出身、经历、教育和视野,决定了他强调秩序以及认同君子维护秩序的责任。但《老子》《庄子》浮华,把君子们的思想都弄乱了,弃象征秩序的衣冠于不顾,用不成体统的样子来标榜宏达。这是批判老庄的一种立场。

还有一种立场,是以人生经历的惨痛感,拒绝老庄的虚妄。

刘琨是代表。

> 昔在少壮，未尝检括。远慕老庄之齐物，近嘉阮生之放旷。怪厚薄何从而生，哀乐何由而至。自顷辀(zhōu)张，困于逆乱，国破家亡，亲友凋残。负杖行吟，则百忧俱至；块然独坐，则哀愤两集。……然后知聃(dān)、周之为虚诞，嗣宗之为妄作也。

以上是刘琨《答卢谌书》的节选。刘琨是两晋之交的英雄人物，西晋灭亡后，他在北方坚持抵抗，以对晋室坚定的忠诚，百折不挠，屡败屡战，最终冤死于鲜卑人段匹碑之手。在这封信里，刘琨回忆青年时代，放纵不羁，把庄子的齐物观以及阮籍的旷达作为思想和行为的准则，所以无所谓厚薄、哀乐。但是，中原丧乱，他亲身经历了诸多惨绝人寰的事，他的父母子弟也丧命于战争中，国破家亡集于一身。这样活生生的痛苦，是无法用任何玄虚的理论来排遣的。他从自己的切身体验中，发现了老庄的虚无。现实的苦难只能以非凡的勇气来直面和承担，而不能用虚妄的道理去消解和忘却。刘琨开掘了批判老庄的又一路径。

而名士裴颜，时当西晋盛时，已从理论的内部来批判了。

> 裴成公作《崇有论》，时人攻难之，莫能折。唯王夷甫来，如小屈。时人即以王理难裴，理还复申。(《文学》12)
> 颜(wěi)著二论以规虚诞之弊。文词精富，为世名论。(同条刘孝标注引《惠帝起居注》)

裴颜著《崇有论》，一般人无法驳倒，唯有大清谈家王衍才堪匹敌，令裴頠稍微觉得理屈。裴頠作《崇有论》，目的是矫正虚诞之风。很明显，"崇有"针对的正是"贵无"。贵无是老庄思想的一个提炼和归纳，就是把世界的本质还原到"无"这个原点上。立足于"无"，那么在政治上势必主张无为，在生活方式上势必推崇率性。无为则排斥了政教，率性则破坏了礼教。政教被排斥、礼教被破坏的结果，是人在深渊中的狂欢和歌唱。裴頠认为：要从根本上矫正虚诞之弊，必须入室操戈、釜底抽薪，所以他以"有"来拒"无"，否认世界的虚无本质，肯定其实有。

　　裴頠、刘琨以及陶侃，分别以哲学家、文学家还有实践家的身份，从理论自身、情感体验及实际功效的角度，集中批判了老庄思想。这反过来恰好印证了，作为席卷社会的思潮，老庄的影响何其大也！

第三讲

士人的生存矛盾

清谈、饮酒、服药、游艺,放达、洒脱、超然、率性,是对魏晋士人生活方式及精神风貌的一般看法。自此看来,魏晋士人似乎存在于一个平静、自足的世界中。实际上,他们的生命既不平静,也难以做到自足。他们内心中有波澜起伏的诸多矛盾,而这些矛盾又在与家族、与时代的不可避免的联系中产生。

第一课
自我和门户

出身于门阀的魏晋士人们，比其余阶层的人更有条件去追逐自己的梦。但他们同时也知道，是他们背后的家族给予他们高贵的血统、优越的地位、良好的教育以及与生俱来的特权，血统、地位、教育及特权，构成了他们追逐自己梦想的前提。所以，自我和门户，是魏晋士人关怀的两个因素；自我意识和门户意识，乃其生命中的主流意识。

我们先看士人的自我意识。

> 桓公少与殷侯齐名，常有竞心。桓问殷："卿何如我？"
> 殷云："我与我周旋久，宁作我。"（《品藻》35）

桓温年轻时与殷浩齐名，两人互有竞争之心。好比一个班上的两个成绩好的学生，备受师长们看好，两人多半私下较劲，力求能胜过对方。在势均力敌的对比中，如果最终能高对方一头，无疑是很有价值感的事。以上对话的具体时间已经不可考，两人年少时齐名，而到最后则是桓温蒸蒸日上，风头远盖过殷浩。

当桓温问殷浩如何确定两人的高下时，殷浩回避了直接比较，他是清谈名家，不难回应这样挑衅的问题，当然要自占身份，维护他自己的尊严。殷浩说："我和我交往了许久，我宁作我。"这话有点拗，"宁作我"好理解，是肯定自我的价值，人的价值在于自身，而不在于与他人的比较中，所以即使自我不完美，但成为自己，仍然是正确的选择方向。至于"我与我周旋久"，是说人与他人的关系都可还原为自己与自己的关系，说到底，与他人打交道的方式取决于对待自己的方式。

或许殷浩这个回应，是在桓温咄咄逼人的压迫下，特意来标榜自我。但也未尝不是道出了潜伏于许多名士思想中的一个根本观念：最有价值的，乃是做自己。既然人生最重要的是做自己，那么顺理成章，名士们必然要走从心所欲的路，重视内心的适意与否，根本不介意外在的评价。嵇康《释私论》说："夫称君子者，心无措乎是非，而行不违乎道者也。"他重新定义君子，描绘了魏晋的特殊历史条件孕育而生的人格范型，就是不讲究、不计较、不考虑世俗的是非善恶，行为却符合大道的原则。就现实情况而言，"行不违乎道"能否做到，还不好说；但"心无措乎是非"则是士人们立身处世的普遍特点，把是非置于一边，心便获得了解放，于是乎就能"任心"——心里怎么想就怎么做。

　　　　楷行己取与，任心而动，毁誉虽至，处之晏然。(《德行》18刘孝标注引《名士传》)

　　　　支遁字道林，河内林虑人。或曰陈留人，本姓关氏。少而任心独往，风期高亮，家世奉法。尝于余杭山沉思道行，泠(líng)然独畅。年二十五始释形入道。年五十三终于洛阳。(《言语》63刘孝标注引《高逸沙门传》)

以上说的是西晋名士裴楷、东晋名僧支道林。裴楷的特点是"任心而动"，想怎样就怎样，批评和非议虽然来了，安然对待,并不放在心上。支道林的特点是"任心独往",随着自己的心性,独来独往,而不计其他。支道林25岁出家,但他身上的名士气质始终未变。

我们再看士人的门户意识。

这种门户意识,常常反映在对于家族中杰出子弟的期许上,把杰出子弟和门户的兴隆紧密联系在一起。

> 陈群字长文,祖寔(shí),尝谓宗人曰:"此儿必兴吾宗。"及长,有识度。其所善,皆父党。(《德行》8刘孝标注引《魏书》)

> (顾)和总角知名,族人顾荣雅相器爱,曰:"此吾家之骐骥也,必振衰族。"(《言语》33刘孝标引《顾和别传》)

> (车)胤(yìn)字武子,南平人。父育,为郡主簿。太守王胡之有知人识,裁见,谓其父曰:"此儿当成卿门户,宜资令学问。"胤就业恭勤,博览不倦。家贫不常得油。夏月则练囊盛数十萤火以继日焉。及长,风姿美劭(shào),机悟敏率。桓温在荆州取为从事,一岁至治中。胤既博学多闻,又善于激赏,当时每有盛坐,胤必同之,皆云:"无车公不乐。"太傅谢公游集之日,开筵以待之。累迁丹阳尹、护军将军、吏部尚书。(《识鉴》27刘孝标注引《续晋阳秋》)

以上三则材料,第一个讲的是东汉末的颍川陈寔和其孙陈群。陈寔终其一生官位不高,却声望非凡。陈寔对其宗人谈起陈群,预测"此儿必兴吾宗",他认为陈群定能使陈氏家族兴旺发达。陈寔的识鉴没错,最后陈群成为继荀彧之后的汝颍士人集团的领袖，并交好曹丕，是文帝时代的重臣，颍川陈氏也由此成为魏晋间最显赫的家族之一。

第二个讲的是西晋的吴郡顾荣和顾和。三国时孙吴政权有朱、张、顾、陆四大家族。此条涉及的便是其中的顾氏。孙吴灭亡后，顾氏在江东的社会影响力当然还在，但毕竟处于被征服地区，政治地位一时不能恢复到孙吴时代，所以顾荣自称"衰族"。由于看好同族的顾和，称他为"骐骥"，顾荣把重振顾氏家族的希望寄在他身上。东晋政权建立后，顾和累迁至尚书令。

第三个乃一个寒门子弟发达的故事。车胤的父亲车育为郡主簿，而郡太守则是出身于琅琊王氏的王胡之。王胡之素有知人之明，见过小小年纪的车胤，很欣赏，对车育预测"此儿当成卿门户"，车胤有光大车氏家族的可能。这就必须接受教育了。车胤刻苦攻读，夏夜捉萤火虫来照明，为后代留下了"囊萤夜读"的成语。成年后的车胤，风度翩翩，博学多闻，应对敏捷，语言幽默，获得桓温、谢安等要人的赏识，最后累迁至吏部尚书，提升了家族的社会地位。王胡之没看错人。值得注意的是，当初王胡之谈起车胤，不是说"此儿当成大器"，而是"此儿当成卿门户"，说明个人的价值最终体现在光大门户上。

在关键时刻突出门户利益，是当时人不言而喻的共识。

乐令女适大将军成都王颖。王兄长沙王执权于洛，遂构兵相图。长沙王亲近小人，远外君子，凡在朝者，人怀危惧。乐令既允朝望，加有婚亲，群小谮于长沙。长沙尝问乐令，乐令神色自若，徐答曰："岂以五男易一女？"由是释然，无复疑虑。(《言语》25)

乐广(字彦辅)曾任尚书令，所以被称为乐令。他的一个女儿嫁给了成都王司马颖。成都王司马颖和长沙王司马乂均是八王之乱中的重要角色。司马乂和司马颖都是司马炎之子，但两兄弟为权力而同室操戈。司马乂在洛阳控制朝廷，司马颖则坐镇邺城，派军攻打洛阳。在朝的乐广被夹在两王之间，处境堪忧。有人向司马乂说了乐广的坏话。司马乂就此责问乐广，乐广神色坦然，说："难道我要用五个儿子换一个女儿吗？"司马乂听了这话，由此释怀，不再猜忌。但另有记载，说司马乂还是不放心，乐广因忧惧而卒。

先勿论乐广的结局。当他面临着猜疑，应对稍有不慎就会大祸临头的时候，他为自己辩护，不是强调自己的忠诚，而是用五男重于一女这样一目了然的利害关系来表明他不可能站在司马颖一边。女儿是嫁出去的外人，儿子身寄门户的希望，乐广之所以放出这个意思，是因为这符合当时的人之常情。将近一百年后，时值东晋末期，谢重（谢安的侄孙）的亲家王恭败亡，辅政的太傅司马道子责怪谢重阿附王恭，谢重没有畏惧，引用了乐广的典故，说："乐彦辅有言，岂以五男易一女？"司马道子认可了他的回答。

有时候，放纵自我和光大门户难以两全。对这矛盾感受最深的，当数阮籍。

> 阮浑长成，风气韵度似父，亦欲作达。步兵曰："仲容已预之，卿不得复尔。"（《任诞》13）

阮籍之子阮浑长大成人，风度类似于阮籍，可谓虎父无犬子。阮浑也想"作达"。什么叫"达"？就是旷达、放达。

达，是当时以阮籍为代表的一大批名士热衷的人生价值观及由此而来的生活态度、方式。简言之，达有三层含义：第一，是达观,其哲学基础来自庄子,即从万物齐一的角度来看待人世的对立、变化;第二,因为达观,所以取消了观念的拘束,行动便彻底敞开,不必有任何顾忌,而可以为所欲为;第三,为所欲为的结果,是冲破既有的秩序,则被视为不像样、不正经。

"作达"当然快意了,在肆无忌惮中任由天性的自然舒展,行于所欲行,止于所欲止。若从道家的观点来看,此为逍遥,为人生的极境。所以,阮浑羡慕父亲等达人的畅快,也想学。

但阮籍不许。

阮籍说:"阮咸已经参与了,你就不要再来。"一般解读阮籍的这句话,是说阮籍嫌儿子天资不够,领悟不了达的玄远的意义,只看到皮相,不了解实质。其实,如果是这样的话,阮籍应该说:"你小子不是做达人的料,就不要掺和进来了,该干吗就干吗去。"而不必提阮咸。

阮咸是阮籍的侄子,也加入了竹林七贤这个达人小圈子。他在竹林里啸傲诗酒,放浪形骸,对着水光山色,享受个性的自由舒展。这样的日子当然浪漫、潇洒了,可是如果坚持到底,不肯对世俗做出必要的妥协,是要付出代价的。这个代价就是自己的政治前途。

道理很简单,很多时候,达,是以与社会的基本秩序相违背体现出来的。举个例子,在司马昭举办的宴会上,其礼仪规格等于帝王,无疑这是个无比庄重、严肃的场合,尽管与会者心知肚明司马氏作为的本质,但表面上必须做出配合的姿态,说该说的话,行该行的礼,把自己的行为高度仪式化。唯独阮籍不然,阮籍箕踞而坐(箕踞,是一种松散、放肆的坐姿,两腿前伸,臀部着地,形同簸箕,不适于正式场合),放声吟啸。这是放达,为人所不敢为,也为人所不应为。不过,对于一个达人来说,率性才是最大的道理,无所谓应不应该。阮籍就这样把自己和一般庸庸碌碌、战战兢兢的大臣区别开。类似的事还有不少。

阮籍名望高，影响大，有人就看不过眼了，必须"纠偏"。司隶校尉何曾向司马昭进言，阮籍的所作所为败坏了风气，应该流放到边荒地带。司马昭用何曾敲打了一下阮籍，然后又来维护阮籍，说了几句宽容、保全的话，此事便作罢。司马昭放过了阮籍，当然有笼络的考虑了。但如果阮籍不改故态，以他的形象，是不适合做正经事的，尽管他本来就不乐意。

阮咸声望不及阮籍。致力于维护名教秩序的势力拿阮籍无可奈何，然而对付阮咸，阻力就要少得多。而且阮咸还出过一个令舆论哗然、性质很严重的事。他在母丧期间，戴着重孝，借了客人的驴，去追一个他心爱的婢女。人是追回来了，日后还为他生下了个好儿子阮孚，但他在舆论中的形象、口碑彻底坍塌。《竹林七贤论》说："咸既追婢，于是世论纷然。自魏末沉沦闾巷，逮晋咸宁中，始登王途。"阮咸大概被废弃了二三十年。

一个家族出个像样的人才本来就不容易。出了人才，如果尽求个人的放纵、快意，行事作风不合于正轨，偏以反主流的姿态傲然自得，把自己弄得声名狼藉，自然不见容于主流，也就进入不了主流。主流进不了，就无法获得保障家族利益的权位。一连几代沉沦，这个家族便要衰歇了。好比现在的明星、网红，一旦其言行明显有违社会的主流价值观，引发舆论的热议、谴责，发展下去，他可能会被"冷冻"起来，市场便失去，前途便黯淡了。

阮籍已经把自己放弃了，虽然他曾对自己有过很大的期许，这里面原因很多。而阮咸跟着他混迹于达人圈，事已至此，难以挽回。如果长大成人的阮浑还要走和他同样的道路，意味着阮氏两代基本上没有了指望，这个家族的前景便岌岌可危。

所以，阮籍不允许阮浑"作达"，不是嫌他天资不够、悟性不高,怕他画虎不成反类犬,而是担心他做得太像,有了和父兄一样的命运,于是及时制止:"阮咸已经作达了,你就不要再来掺和了。"为了门户的长远利益,阮籍不希望其子重复他的人生。说到底,其实阮籍清楚地知道,他的"宁作我"是有限度的。历史还没有准备好条件,让人作为一个绝对的个体,使他脱离他附着的门户,从自己身上发现并创造绝对的价值。阮籍体验到了个体的自由,同时也体验到了这自由的边界。他的矛盾性,他的内在紧张性,便通过坚决叫停阮浑而体现出来。

第二课

自然和名教

魏晋的士人还面临着自然和名教的矛盾。

有则著名的"三语掾"的故事。《晋书·阮籍传》附《阮瞻传》记载:"瞻见司徒王戎,戎问曰:'圣人贵名教,老庄明自然,其旨同异?'瞻曰:'将无同。'戎咨嗟良久,即命辟之。时人谓之'三语掾'。"该故事也见于《文学》第18条,只不过对话者是阮修、王衍,而不是阮瞻、王戎。我们不必考据翔实,只就这个故事来说明当时人关切的自然和名教的关系的问题。

自然,是老庄道家思想的主旨。名教,则是儒家的要义,其基本含义是用君臣父子之名分来教化世人,它确立了是非善恶的价值观念及相应的规范体系。如果简化一下,自然和名教的关系,就是中国古典语境中的自由和限制之间的关系。王戎问阮瞻:"孔子贵名教,老庄明自然,两家的宗旨究竟是同还是不同?"这当然是个令人倍感困惑的重大理论问题。阮瞻的回答是"将无同","将无"是魏晋时代的俗语,大概、莫非、或许的意思,表揣测的语气。在阮瞻看来,自然和名教,两者大概是一致的。也就是说,阮瞻不能肯定两者的一致,但是倾向于两者的一致。

这个问题之所以被拿出来讨论,说明名教和自然的观念,在此时代中,均有其存在的合理性,但两者的对立又很显豁。王戎等想在理论上把自然和名教协调起来,恰好说明在实践中两者有着巨大的分裂。有人倾向于自然,有人倾向于名教;有人认同自由,有人认同自限。

首先看倾向于自然者。

> 及各成人,丰砥砺名行以要世誉,而恕诞节直意,与丰殊趣。……恕亦任其自然,不力行以合时。(《三国志·杜畿传》裴松之注引《杜氏新书》)

上面提到的李丰、杜恕都是建立曹魏政权的权贵集团的第二代,都是佼佼者。李丰的特点是"砥砺名行",即在声名品行等方面善于打磨、修炼自己,以获取世俗的称誉。用我们今天的话来说,李丰是个"精致的利己主义者",善于迎合时代的价值标准,来建立个人的声望。而杜恕则正好相反,"诞节直意""任其自然",也就是不拘小节,率意而为,任其自然,无心迎合。

再看倾向于名教者。

> 王祥事后母朱夫人甚谨。家有一李树,结子殊好,母恒使守之。时风雨忽至,祥抱树而泣。祥尝在别床眠,母自往暗斫(zhuó)之。值祥私起,空斫得被。既还,知母憾之不已,因跪前请死。母于是感悟,爱之如己子。(《德行》14)

> 华歆(xīn)遇子弟甚整,虽闲室之内,严若朝典。(《德行》10)

> 年老之后,与妻相见,皆正衣冠,相待如宾。己南向,妻北面,再拜上酒,酬酢既毕便出。一岁如此者不过再焉。(《晋书·何曾传》)

会稽贺生,体识清远,言行以礼。(《言语》34)

以上四则材料,讲的都是典型的名教中人。

第一个是后来被列入二十四孝的王祥——琅琊王氏的辉煌名位的奠基人。他以孝成名,但孝得很苦,甚至很危险。他有后母,后母对他很苛刻,故意挑剔、找碴。这种局面是很难应对的,需要智慧。王祥通过自己的隐忍,以退为进,一次次成功化解了后母的刁难,最终创造了一个令后母必须主动和解的氛围。王祥成就了他孝顺的名声。

第二个是曹魏名臣华歆。他对华氏子弟很严肃,即使闲居在家,也如同在朝廷上参加典礼一样严正恭谨。华歆对其私人世界和公共场合不做区分,都放在名教的规范之下。他很自律,能做到慎独。

第三个是西晋的开国功臣何曾。他与妻子见面,都要按礼法端正衣冠,相待如宾。他居北向南,妻子朝北面向他,俨如君臣。

第四个是两晋之际的名流贺循。他"言行以礼",无论说什么、做什么,都合于礼法,有板有眼,规矩得很。

魏晋时代,名教固然被阮籍之类的激进者从理论上批判、从行为上突破,一时形成强大的潮流。但也应该看到,名教有维系士族社会存在的作用,维护名教者大有人在,且维护名教本就是士族的使命。

自然和名教的矛盾,集中体现于嵇康身上。

嵇康和阮籍都反感名教,但做法有别。阮籍行动上越礼,如他在母丧期间想喝酒就喝酒,客人来吊丧也不回礼,以方外人自居;但少说攻击名教的话,即使说了,也不甚激烈、具体。嵇康不同,行动上好像没有太出格的事,但他的言论很放肆、狷狂。有时候挺奇怪的，言论反而比实际行为更容易生非、得咎。嵇康就是个典型例子。在著名的《与山巨源绝交书》中，嵇康对好友山涛说，自己"又每非汤、武而薄周、孔，在人间不止，此事会显，世教所不容"。

东汉以来，儒家思想体系作为王朝正统的意识形态，事实上已经开始动摇了，不再是"天不变，道亦不变"的封闭、绝对的真理，社会上的怀疑、非议者为数不少。但明面上，儒家意识形态还是官方的权威话语体系，维持着思想领域的统治地位。这可是不容怀疑的。或者说，对它的怀疑，可以用修正的、发展的形式来实现，譬如容纳、吸收、糅合别家的思想，但难接受以挑战、批判的形式。嵇康采取的，恰恰是后面的方式。

在儒家的观念中，商汤、周武是堪为样板、能令百世效法的圣王；周公、孔子则是制礼作乐、倡仁导义的典范，于外在的文化制度和内在的文化心理领域，确立了不可移易的标准，并将此标准贯注于《诗》《书》《礼》等经典中。或许，我们可以这样来归纳，汤、武、周、孔等圣人，从人心、制度、施政、学术等各个方面，对人世做出了完美的规划，同时取得过实效，创造过黄金时代。这些圣人构成了一个相互交织的谱系，犹如棋盘，规定好了每颗棋子的移动方式。后人只要学习棋子与棋盘关系之意义，带着对这种意义的自觉认识去下棋，自然可能有精彩的棋局，否则便乱了套。

嵇康对圣人之谱系及圣人之学术，发起了强有力的挑战，他所持的武器是"自然"。

我们简要地举个例子。嵇康有《难自然好学论》一文，顾名思义，是反对好学出于人的天性自然。在嵇康的时代，好学有具体所指，是学习儒家的学说，主要是六经。嵇康认为，人们之所以学习儒家的六经，其实是"困而后学，学以致荣；计而后习,好而习成;有似自然"。学的目的是"致荣",是猎取功名富贵;学的必要性来自"计"——精心算计了利害得失,算计好了,发现了利益点,然后努力学习,习惯再成自然。这看起来是自然,其实不然。这种好学,是有违天性的。基于此,嵇康得出了结论:"六经以抑引为主,人性以从欲为欢。抑引则违其愿,从欲则得自然。然则自然之得,不由抑引之六经;全性之本,不须犯情之礼律。"把人性和以六经为代表的儒家思想对立起来。如果推崇天性的价值,坚持保全人的天性,势必主张从心所欲式的自然,而反对抑制和引导人性的六经。

嵇康甚至还提出了"越名教而任自然"的命题。把"无措乎是非"的"任自然",看得比循规蹈矩的守名教更高。阮籍仅仅是不守规矩,而嵇康则是对规矩之所以为规矩进行质疑。这是釜底抽薪,是从根本上动摇统治的思想基础,这要比阮籍的危害性大得多。

况且,嵇康感觉敏锐,思虑周全,析理精密,雄辩滔滔。他"非汤、武而薄周、孔"的文字,既犀利,又深刻。这种文字传扬开去,当给渴求思想自由的人们以耳目一新、痛快淋漓的感觉,当不容于汤武周孔之道的弘扬者和维护者。所以,嵇康遭忌恨、遭敌视,是理所当然的了。

最后,嵇康被罗织罪名,下狱。在生命的最后时刻,嵇康放心不下的是十岁的儿子嵇绍,留下了遗书,规劝和告诫嵇绍日后的为人处世。其内容基本上在名教框架内,如——

应据善而后行。嵇康说:"人无志,非人也。但君子用心,有所准行,自当量其善者,必拟议而后动。"

应尊重长官。嵇康说:"所居长吏,但宜敬之而已矣。"

应慎言。嵇康说:"夫言语,君子之机。机动物应,则是非之形著矣,故不可不慎。"

应避免参与争论。嵇康说:"人有相与变争,未知得失所在,慎勿预也。"

应保持大节,学忠臣烈士。嵇康说:"不须作小小卑恭,当大谦裕;不须作小小廉耻,当全大让。若临朝让官,临义让生,若孔文举求代兄死,此忠臣烈士之节。"

……

这些训诫,包含着嵇康的人生体验,包含着对于世道人心的认识,包含着一个父亲对儿子日后走稳人生道路的殷殷期待。这些训诫,已看不到"任自然"的痕迹,皆是"为名教"。

不久西晋王朝建立,而嵇绍也慢慢长大成人,顶着舆论的压力入仕,他的确做到了嵇康对他的期许。嵇绍本有父风,但他选择入仕,就不能再"越名教"了,否则会给舆论以口实,是忘记了父仇而热衷功名利禄。既然事杀父仇人,孝这一方面已不必论,嵇绍所能选的就只有尽忠。忠,不是忠于某个人,而是忠于君臣的大义、名分。

> 齐王冏(jiǒng)为大司马辅政,嵇绍为侍中,诣冏咨事。冏设宰会,召葛旟(yú)、董艾等共论时宜。旟等白冏:"嵇侍中善于丝竹,公可令操之。"遂送乐器。绍推却不受。冏曰:"今日共为欢,卿何却邪?"绍曰:"公协辅皇室,令作事可法。绍虽官卑,职备常伯。操丝比竹,盖乐官之事,不可以先王法服,为伶人之业。今逼高命,不敢苟辞,当释冠冕,袭私服,此绍之心也。"旟等不自得而退。(《方正》17)

齐王司马冏辅政,嵇绍时为侍中,受命到司马冏处咨询事务。司马冏召集大臣会议,有个叫葛旟的,是司马冏的亲信,因稽绍善于音乐,提议献奏。稽绍拒绝了,理由是身穿官服,在宴会上像伶人一样演奏来助兴,有失朝廷大臣的体统。实际上,以当时盛行的"任自然"的风气,作为大臣,在公堂上奏乐献技,尽片刻之欢,反而是脱略形骸的风流,事情性质没有稽绍说的那么严重。但别人可以,唯独稽绍不能如此操作,原因很简单,他一旦偏离了忠正的形象,舆论的非议便不期而至。他只能把自己置于名教之内,必须坚守大义,不能不拘小节。

> 桓南郡既破殷荆州,收殷将佐十许人,咨议罗企生亦在焉。桓素待企生厚,将有所戮,先遣人语云:"若谢我,当释罪。"企生答曰:"为殷荆州吏,今荆州奔亡,存亡未判,我何颜谢桓公?"既出市,桓又遣人问欲何言,答曰:"昔晋文王杀嵇康,而嵇绍为晋忠臣。从公乞一弟以养老母。"桓亦如言宥(yòu)之。桓先曾以一羔裘与企生母胡,胡时在豫章,企生问至,即日焚裘。(《德行》43)

> 绍十岁而孤,事母孝谨。累迁散骑常侍。惠帝败于荡阴,百官左右皆奔散,唯绍俨然端冕,以身卫帝。兵交御辇,飞箭雨集,遂以见害也。(同条刘孝标引王隐《晋书》)

后来嵇绍在荡阴之战中,舍身卫护惠帝,血溅于惠帝的衣服之上。战前,有人建议嵇绍备匹好马,届时如果情形不对,便于跑路。但嵇绍严词拒绝,他已经做好了尽忠王事、杀身成仁的心理准备。最终,嵇绍求仁得仁。

东晋安帝隆安三年(399年),桓温之子桓玄破殷仲堪,收捕了他的僚属十多人,其中有咨议参军罗企生。桓玄素来待罗不错,准备赦免罗,条件是罗先认个错。罗企生以身为殷仲堪的属吏而拒绝这个求生的机会。绑缚刑场后,桓玄问罗还有没有话要说,罗说:"昔晋文王杀嵇康,而嵇绍为晋忠臣。从公乞一弟以养老母。"他引用了嵇康的故事,当初司马昭杀了嵇康,但嵇绍后为晋室的忠臣,所以企求能留下一弟来奉养老母。罗企生这里特别提到了"嵇绍为晋忠臣"。嵇绍做到了嵇康对他期许的忠臣烈士,成功地把自己的人格定格于名教之内,并铭刻在历史中,成为罗企生等后人取法的榜样。

第三课
山林和庙堂

西晋的哲学家郭象注《庄子》,对道家的理想人格——神人,做出了他的独到的解释:"夫神人即今所谓圣人也。夫圣人虽在庙堂之上,然其心无异于山林之中,世岂识之哉?"郭象的意思是,完美的人是带着居于山林的超然来介入庙堂。这当然非常理想了,把山林和庙堂、出世和入世融为一体。

但在实际中,这并不容易行得通。正是由于士人对山林和庙堂有鱼肉和熊掌兼得的普遍想法,而此事又难以两全,所以他们才在理论上建构出以山林之心盘踞庙堂之上的理想人格。士人们向往山林是这个时代的一个比较突出的现象。

> 王子猷(yóu)作桓车骑参军。桓谓王曰:"卿在府久,比当相料理。"初不答,直高视,以手版拄颊云:"西山朝来,致有爽气。"(《简傲》13)

> 性好山水,乃求为鄞(yín)令,转在吴宁。居职不留心碎务,纵意游肆,名山胜川,靡不穷究。(《晋书·孙统传》)

王徽之(字子猷)任车骑将军桓冲的参军。桓冲要他处理公务,王徽之也不回应,只是远望,好像一副超然物外的神情,用手版拄着脸,说:"西山的早晨,很有清爽之气。"答非所问,完全不把上司的要求放在心上，眼里只有西山的爽气。他蔑弃平庸的职事，这是典型的名士做派。孙统居官不留心琐碎的事务，而是听凭内心，到处寻访名山胜川。像王徽之、孙统这样的士人，并非孤例，他们代表着一股普遍的风潮。

士人们在庙堂上总怀有对山林的向往，而当他们身在山林中，或者耐不住寂寞，或者顾念门户，又眺望庙堂。

谢灵运好戴曲柄笠，孔隐士谓曰："卿欲希心高远，何不能遗曲盖之貌？"谢答曰："将不畏影者未能忘怀。"（《言语》108）

谢灵运是谢玄的孙子，少时好学，博览群书，文章之美，罕有其匹。在刘宋时代，他自认为凭他的才华应该在中枢执掌大权，但受到重臣们的排挤，于是远离权力中心出任永嘉太守。永嘉境内有不少名山胜川，而谢灵运又性好山水，既然郁郁不得志，他就把全副心思都放在遨游中。一次出游，动辄十天半个月，不再理会地方政务。

谢灵运在内心深处是否真的就以山林替代庙堂了呢？不是的。他好戴曲柄笠，曲柄笠是形如曲盖的斗笠，这个怪异的斗笠充分暴露了他内心的真实。本来斗笠是希心高远者的标志性穿戴，但谢灵运的衣物多改旧形制——这是他标新立异作风的反映，有意以夸张、别样的装扮显示自己的特殊。谢灵运把斗笠改成曲盖状，曲盖是权贵出游时仪仗使用的曲柄伞，显然谢灵运自视为山林中的宰相。

一个叫孔淳之的隐士当面揭示谢灵运的矛盾："既然有高洁的志向，为什么不放弃曲盖的样子？"谢灵运敢戴这种形状的斗笠，当然有说辞来应对别人的质疑。但不管怎么辩护，这斗笠还是形象地告诉了世人他对富贵权势不能忘怀。

士人们其实很清楚,支撑起他们山林清梦的,乃庙堂的力量。

> 王、刘与林公共看何骠骑,骠骑看文书不顾之。王谓
> 何曰:"我今故与林公来相看,望卿摆拨常务,应对玄言,那
> 得方低头看此邪?"何曰:"我不看此,卿等何以得存?"诸
> 人以为佳。(《政事》18)

王濛、刘惔、支道林等一时之名流看望何充。何充与他们是同道中人,也善于清谈。此时何充正在看文书,忙于公务。王濛希望何充把握难得的机会,一道清谈。何充说:"我如果不看这些东西,你们怎么生存?"这话有戏谑的成分,但也反映了一个基本事实:名流们的风雅悠闲的生活,是建立在他们这个阶层整体上把握权力的基础之上。所以诸人认为何充说得好。

山林和庙堂的矛盾最明显者,是谢安。

谢安出身于陈郡谢氏。谢氏在西晋时门第还不显,进入东晋后,经过谢鲲、谢尚、谢安等两代人的辛苦经营,抓住历史机遇,迅速腾达,成为与琅琊王氏比肩的最显赫的家族。谢氏能上升为第一流门第,与谢安的辉煌相业有极大的关系。但是,谢安起初的兴趣一直在山林之中,而不在庙堂之上。《晋书·谢安传》有云:"寓居会稽,与王羲之及高阳许询、桑门支遁游处,出则渔弋山水,入则言咏属文,无处世意。"谢安寓居在会稽,与王羲之、许询等名士以及支道林等名僧交游。游山玩水,论诗论文,过着风雅、精致和闲适的生活,并没有参与政治的意愿。

> 初,安家于会稽上虞县,优游山林,六七年间,征召不
> 至,虽弹奏相属,继以禁锢,而晏然不屑也。(《赏誉》77刘

孝标注引《续晋阳秋》）

但是谢安的声望日隆，舆论以公辅期许谢安，甚至有"安石不出，如苍生何"的声音。朝廷也呼应舆论，六七年间连续征召谢安，都被谢安拒绝。即使对谢安的弹劾不断，还对谢安加以禁锢（禁止入仕），但谢安晏然，并不在乎。

谢安之所以如此为之，当然有其他的考虑。一是徜徉山林，乃天性使然，就如后来的陶渊明所说的"少无适俗韵，性本爱丘山"。二是还未到必须出山、步入庙堂的节点，条件还允许他继续不问世事。因为谢氏在庙堂之上，接连有谢尚、谢奕、谢万等占据高位，代表家族利益。但谢安知道，庙堂终有他踏入的一天，只是时间早晚的事。

　　初，谢安在东山居，布衣，时兄弟已有富贵者，翕（xī）集家门，倾动人物。刘夫人戏谓安曰："大丈夫不当如此乎？"谢乃捉鼻曰："但恐不免耳！"（《排调》27）

谢安之妻子刘氏见谢家兄弟已富贵者声势赫然，而自己的丈夫成天无所事事、不求上进，一热闹，一冷清，对比明显。大概受了点刺激，她对谢安开玩笑："大丈夫不当如此吗？"当年还是平民的刘邦，看到秦始皇出巡的盛大排场，不禁感叹："嗟呼，大丈夫当如是也！"刘氏是要激励谢安着急起来。而谢安依旧不温不火，捏着鼻子说："恐怕不免这样。"为什么捏鼻子？余嘉锡先生有解释："安少有鼻疾，语音重浊……所以捉鼻者，欲使其声轻细以示鄙夷不屑之意也。"[1]谢安淡定得很，明白

1　余嘉锡笺疏：《世说新语笺疏》，北京：中华书局，2007年，第942页。

优游山林的好日子对他这样身份、声望和才具的人来说，终究是有限的。

这点同样有人看出来了。

> 谢公在东山畜妓，简文曰："安石必出。既与人同乐，亦不得不与人同忧。"（《识鉴》21）

谢安在东山只顾一己之乐，不理会要他从政的呼声，但司马昱看得很准，预测谢安"必出"。为什么这么有把握？因为这快乐依托于谢氏家族的地位，以谢安的明智当然懂得，乐与忧如影随形，一体两面，如要享乐，亦须分忧。谢安既然钟爱富贵风流的生活，所以在恰当的时候他也会为维护家族的地位而尽力。果不其然，后来谢安之弟谢万北伐兵败，被免为庶人，谢氏在政治上受重挫。谢安必须出山了，他加入了权臣桓温的幕府，担任司马，为其僚属。

在这种情况下出山，而且出任这个职位，虽有助于维系谢氏与桓温的良好关系，但对谢安辛苦多年精心建立的美誉，无疑是一种讽刺。

> 谢公在东山，朝命屡降而不动。后出为桓宣武司马，将发新亭，朝士咸出瞻送。高灵时为中丞，亦往相祖。先时，多少饮酒，因倚如醉，戏曰："卿屡违朝旨，高卧东山，诸人每相与言：'安石不肯出，将如苍生何？'今亦苍生将如卿何？"谢笑而不答。（《排调》26）

谢安将从新亭出发，朝廷众官为他饯行。一个叫高灵的人，假装喝醉，开起了玩笑："你屡屡违抗朝廷旨意，高卧东山，大家每每一起感叹'安石不出山,将如苍生何?'如今苍生将拿你怎么办?"谢安笑而不答。而《晋书》本传则作"安甚有愧色"。其实,以谢安的涵养以及他对形势的判断,不至于把高灵的话放在心上。但他违心,出山仓促,迫入仕途,是肯定的了。

之后谢安开创了他彪炳史册的辉煌相业,维持了东晋相对安宁的局面,南朝王俭称他为"江左风流宰相"。不过,谢安再也没有回到东山。东山,既已离开,便回不去了,尽管他高居庙堂之上,对东山一直念念不忘,总有回去的打算。《晋书》本传记叙了谢安人生最后的时光:"安虽受朝寄,然东山之志始末不渝,每形于言色。及镇新城,尽室而行,造泛海之装,欲须经略粗定,自江道还东。雅志未就,遂遇疾笃。"为求慰藉,谢安生前"又于土山营墅,楼馆林竹甚盛,每携中外子侄往来游集,肴馔亦屡费百金,世颇以此讥焉,而安殊不以屑意"。土山在秦淮河东岸,谢安仿照东山的旧居在该山营建别墅,以作替代性满足。他搁起了巍然高崇的身份,纵情逸乐,虽然人言啧啧,社会影响不好,他也不屑一顾。

谢安的想法及做法在当时达官显宦中并不罕见。两晋之际,有个叫郭文的隐士,从小就爱山水。待父母去世,他尽孝完毕,再无牵绊,住在山林里。他的名气越来越大。丞相王导听说后,对此人产生了兴趣,把他接到东园中,园里有果木野兽,布置犹如山林。"于是朝士成共观之,文颓然箕踞,傍若无人。"(《晋书·隐逸传》)可以说王导亲自导演了一场大型的隐士真人秀,在自家园林里,特意招来隐士,供他们这些身在庙堂的朝士近距离观看隐士的日常生活,满足他们欲为隐士而不得、欲栖山林而不能的情结。

第四课

欣遇和悲慨[1]

陶渊明《时运》诗序说:"时运,游暮春也。春服既成,景物斯和。偶影独游,欣慨交心。"时运,是春夏秋冬四时的交替运转。人在与季节的互动中,欣喜与慨然总会很自然地交会于心。"欣慨交心"这四个字,涵盖了许多心思敏感的士人对人生的感受。

> 简文入华林园,顾谓左右曰:"会心处不必在远。翳(yì)然林水,便自有濠、濮间想也。觉鸟兽禽鱼,自来亲人。"(《言语》61)

简文帝司马昱入华林园游玩,回头对左右说:"会心之处不必要到远方寻求。这里悠然深邃的山林流水,便令人有置身于濠梁、濮水的情怀。觉得鸟兽禽鱼自然而然地就来亲近人。"所谓会心,是有会于心,是人对自然之美的领略、直感。庄子曾经与辩友惠施在濠梁,就鱼之乐是否可知的问题有过一番精彩的辩论;庄子曾经垂钓于濮水,以宁愿曳尾于泥途的神龟自喻,谢绝了楚王的征聘。所以濠梁和濮水,是自由自在的象征。

司马昱的意思是:不一定非要到与世隔绝的山川中,才有

---

[1] 本节论述参考了罗庸的《鸭池十讲·欣遇》(罗庸:《鸭池十讲》,北京:北京出版社,2016年,第93—100页)。

人与自然融合的自由；就在日常生活中，就在周边环境里，也能领会超然之感。个中的奥秘，就在于能否"会心"。换言之，自由、超然与"境"没有本质的联系，而与"心"息息相关。实际上，"境"是由"心"而来，即所谓心境。只要心境超然，人便可从束缚中解脱出来，以这种眼光看待外界，就会觉得连鸟兽禽鱼也自然地与自己亲近。司马昱的这种感受，陶渊明也体会到了，他的表述是"问君何能尔？心远地自偏"。

所以，从司马昱等人身上可见，士人们对于人的主观精神与客观世界的关系的体认在加深。他们从切己的实践中，体味到了一个由人的精神所建构起来的新的世界，这个世界是属人的，是与人相亲而非与人对峙的。或者说，他们从"不必在远"的"会心"中，发现了人的活泼泼的"心"。带着这样被发现的"心"，他们再度与世界交接时，便有了无处不有的欣然。一花、一叶、一草、一木、一山、一水，皆值得流连，皆值得玩味，皆值得欣赏。

这一点，在陶渊明的诗文中表现得尤为深切。如《归去来兮辞》中，陶渊明写揖别官场、回归田园，挣脱牢笼、释放初心的精神状态，其中有句"园日涉以成趣，门虽设而常关"，就是典型的"会心处不必在远"的感受。庭园每天都涉足，时间长了，新鲜感过去，会很无聊乏味，但陶渊明是"成趣"，总有不同的趣味，总会产生新奇的感受。"成"字很妙，"成"不是现成，而是造成；是因为陶渊明"心远"，所以空间即使狭小，但总能发现奇妙之处，有远近高低、风雨晦明，也就总能造成新奇的美感，而总能获得新鲜的情趣。

士人们有了不限于环境的绝对超然的心境，这一心境为他们带来了无限的快乐。但这绝对超然的心境同时也是相对的，因为人毕竟活在现实中。

所以,有欣然,就有悲慨。有随处可遇的欣然,也就有因时
而生的悲慨。

> 卫洗马初欲渡江,形神惨悴,语左右云:"见此芒芒,不
> 觉百端交集。苟未免有情,亦复谁能遣此!"(《言语》32)

卫玠曾任太子洗马,其祖父乃晋惠帝时任过太保的卫瓘,
其兄卫璪内侍怀帝。西晋怀帝永嘉四年(310年),卫玠以为天
下将乱,拟移家南行。他的母亲舍不得与卫璪分开。卫玠反复
解释为了门户的长远利益不得不如此,母亲只得含泪听从。卫
璪身为怀帝的近侍,所以必须选择忠义,与怀帝共存亡;而卫玠
要延续卫氏家族的血脉,所以必须携族流亡。两人在梁里涧分
手,做好了生离死别的准备。永嘉五年(311年),洛阳失守,卫
璪殁于乱中。

卫玠南行至长江边,形神惨悴,面对浩渺无垠的江水,不禁
百感交集,说:"人如果不能做到像圣人一样忘情,面对此情此
景,又怎能排遣得了呢!"卫玠终因承受不住无尽的悲苦,不久
病死。

> 王长史病笃,寝卧灯下,转麈(zhǔ)尾视之,叹曰:"如
> 此人,曾不得四十!"(《伤逝》10)

王长史是东晋名士王濛,他已病危,躺在灯下,转动着麈
尾。麈尾,是名士们清谈时常持在手的,后代的拂尘便是由麈
尾逐渐发展而来。王濛在生命的最后时刻把玩麈尾,这个动作
值得琢磨。人在临终前,多要回味平生。对于王濛来说,他并
没有多大的功勋业绩,当然他也不热衷这个,他的价值体现在

清谈之中。而麈尾作为清谈时的道具,常用来标榜清谈家的风流神采。所以,麈尾已经成了王濛整个生命的外化与价值的寄托。就像剑之于侠客,笔之于书家,琴之于乐人,物与人已经浑然一体,不可分割。王濛转动的,与其说是麈尾,不如说是他的生命。

王濛感慨:"像我这样的人,竟然活不到40岁!"这话,首先是自负,自负风流绝代。但是,自负之后,又是惋惜。即使风流绝代,也活不到40岁,还是不得长寿。而惋惜之后,又是对命运无常的沉痛。天也不会厚待风流名士,正如《古诗十九首》里所写:"人生忽如寄,寿无金石固。万岁更相送,贤圣莫能度。"没有谁能逃脱命运的笼罩,在命运的伟力面前,人终究莫能违逆。按道理来说,按人的愿望来说,圣贤应该有更好的结局,但他们与庸人其实一样。人生的荒谬,就在于命运并不依据道理来决定人的不同结局。圣贤和庸人在死亡面前的公平,其本身反而是一种不公平。所以,沉痛背后,是命运的荒诞无稽。王濛体会到了人生的荒诞本性。

王濛从自负到惋惜,从惋惜进为沉痛,从沉痛最后抵达荒诞。他所感慨的,就是人的存在的不合理。王濛之所以有如此深沉的悲慨,就源自人生的不合理。

谢太傅语王右军曰:"中年伤于哀乐,与亲友别,辄作数日恶。"(《言语》62)

谢安对王羲之(做过右军将军)谈到了一个很自然的感受:人到中年,常常因为悲哀的情绪而伤怀,譬如与亲朋好友分别,总会有几天不舒服。北宋词人晏殊的"一向年光有限身,等闲离别易销魂",也是这个意思。人到中年,对生命的有限便格外敏感,所以对与亲友的普通离别,也会黯然神伤。

更深刻地遭逢欣遇与悲慨的矛盾,体悟到欣遇和悲慨的同一性的,是王羲之。

> 夫人之相与,俯仰一世。或取诸怀抱,悟言一室之内;或因寄所托,放浪形骸之外。虽趣舍万殊,静躁不同,当其欣于所遇,暂得于己,快然自足,曾不知老之将至。及其所之既倦,情随事迁,感慨系之矣。向之所欣,俯仰之间,已为陈迹,犹不能不以之兴怀。况修短随化,终期于尽。古人云:"死生亦大矣!"岂不痛哉!

以上节选自《兰亭集序》。东晋穆帝永和九年(353年)三月三日,王羲之与谢安、孙绰等41位当代名流显贵聚于会稽山阴之兰亭,宴饮游乐,临流赋诗。事后所赋之诗结集,王羲之为此写下了这篇脍炙人口的序。

在序言中,王羲之先描写了兰亭雅集的快乐。紧接着,由此转到人生的一般情况——人们的交往相处,就短短一辈子。有人好静,在室内清谈;有人好动,在山水间游赏。虽然性格、方式不一样,但也有共性,就是遇到喜欢的事物便自得其乐,甚至连时间的流逝也感觉不到。而快乐自身是无常的,等到对所乐的事物厌倦了,情感随着事物的变化而变化,感慨于是乎发生。以前喜欢的,转眼之间已成过去,这无法使人无动于衷。更何况人无论生命长短,终有一死呢!古人说生死是最大的事。领会到这个事实,难道不使人悲痛吗?基于这种认识,王羲之批判了庄子的齐物论思想。

本来庄子提出齐物论,是要人从生死、寿夭的困境超脱出来,获得精神的解脱。但王羲之以其兰亭之游欣慨交加的切己体验,指出了齐物论的虚妄。如果顺着王羲之的逻辑发挥下去,就是不能用齐物的道理来调解、平复人在各种事态下自然发生的感动,唯有感动才是真实的。

第四讲

潇洒风流说名士

不同的时代，都有特别能够体现该时代特性与时代精神的人，他们是主角，占据历史舞台的中心，率意地表演着，引人就"范"。英国经济学家亚当·斯密曾说过，商业社会中一切人原则上皆是商人，即扮演商人的角色，按照经济理性处理与他人的关系。但把商业社会的精神发挥到淋漓尽致地步的，绝非日常生活里为五斗米折腰的普通人，多是驰骋于商海的企业家。他们，才是商业社会精神的代言人。

　　而能代言魏晋时代的，就是我们这里要讲的名士。

第一课
名士辨"名"

从宽泛的意义上来讲，名士，就是拥有很高知名度的士人。但知名度是怎么得来的呢？显然，必须符合该时代中实际盛行的、被广泛认可和践行且占据主导地位的价值观。非如此，则不足以得大名。

在东汉，国家大力提倡、表彰孝与廉的道德品行，所以许多大孝子、清廉者便应运而生。不是说别的时代就没有孝子、廉士了，而是东汉社会尤其推崇孝、廉，孝、廉事实上成了主流价值观。因此，在孝、廉上表现卓著者，备受关注，并作为典范而被有意无意地放大，其名便如涟漪一层层地向外散开。不过，名气、名声也不完全就是名士之为名士的充分条件。

我们试看一例：

> 王汝南既除所生服，遂停墓所。兄子济每来拜墓，略不过叔，叔亦不候。济脱时过，止寒温而已。后聊试问近事，答对甚有音辞，出济意外，济极惋愕。仍与语，转造精微。济先略无子侄之敬，既闻其言，不觉懔然，心形俱肃。遂留共语，弥日累夜。济虽俊爽，自视缺然，乃喟然叹曰："家有名士，三十年而不知！"（《赏誉》17）

> 王湛字处冲，太原人。隐德，人莫之知，虽兄弟宗族，亦以为痴。（同条刘孝标注引邓粲《晋纪》）

王湛做过汝南内史，所以称王汝南。他守孝期满，脱了孝服，仍留在墓地居住。侄儿王济每次来拜墓，几乎不看这个叔叔，王湛也不等候侄儿。即使偶尔去看望，也就略微寒暄，从无深谈。后来，两人有机会一步步聊开了，王济大感意外，才觉得这个叔叔深藏不露、深不可测。王济一向骄狂，对王湛却也服气了，叹道："家有名士，三十年而不知！"肯把王湛当作名士来对待。

此前王湛在上流社会几乎没有美誉，准确地说，他是以痴著称的，甚至晋武帝司马炎都听说过王湛的痴，把王湛的存在当成了个笑话，总爱调侃王济："你的傻叔叔死了没有？"王湛30年来黯淡无光，却被王济视为名士。很明显，王济不是着眼于王湛即将有而暂未有的美名，而是在与王湛有过深入接触后，了解到他实际上素养足够，能满足他们这个阶层对人的价值期待，所以遗憾名士就在自己家里却没能及早知晓。所以，名士其实是魏晋高门大族观念中的理想人物范型，是其价值观的具体呈现。

在此要说明的是，魏晋间高门大族中人毁弃礼法的现象很严重。像阮籍，是先行者，也是最著名者，且极大地影响了后来者。有许多贵游子弟纷纷以阮籍为模板，有样学样。阮籍是第一流的名士，放肆越礼是其招牌性的行为。是否名士就是如阮籍般不讲规矩、为所欲为呢？也不尽然。

我们试看下面的例子：

> 戎为豫州刺史，遭母忧，性至孝，不拘礼制，饮酒食肉，或观棋弈，而容貌毁悴，杖而后起。时汝南和峤，亦名士也，以礼法自持。（《德行》17刘孝标注引《晋阳秋》）

> 峤常慕其舅夏侯玄为人，故于朝士中峨然不群，时类

惮其风节。(《赏誉》15刘孝标注引《晋诸公赞》)

王戎在母丧期间,不守礼法的规定,喝酒吃肉,观人下棋,行为随便,想干什么就干什么。他是竹林名士,一贯放浪形骸,不愿刻板地遵守服丧时的烦琐规定。但他"性至孝",内心仍然是悲恸的,对母亲的情感也是真实的。

汝南和峤与王戎恰好相反,他服丧是按礼法严格要求自己,绝不逾越。而且,他立朝峨然不群,有"风节",即有风度、节操,这点与其同类者的素无特操判然有别。《晋阳秋》对他的描述是"亦名士也","亦"字清楚地表明:和峤的守礼,有风节,并不妨碍舆论对他的名士身份的认可。

所以,一个人能否被称为名士,与名气无关,也不一定要符合放诞无羁的时尚。那么,名士究竟与什么具体因素相关呢?

诸葛武侯与宣王在渭滨将战。宣王戎服莅事,使人视武侯,乘素车,葛巾毛扇,指麾三军,皆从其进止。宣王闻之叹曰:"可谓名士也。"(《语林》)

诸葛亮北伐,与魏军主帅司马懿在渭水之滨对峙。司马懿身着戎服,表明他严阵以待。他派人观察诸葛亮动静,诸葛亮的举止与他两样——坐在不加修饰的小车上,戴着葛巾,手持毛扇,却指挥若定,三军随他而进停。听到汇报后,司马懿感叹诸葛亮"可谓名士"。为什么司马懿不赞诸葛亮是杰出的统帅而称名士?因为诸葛亮的表现,有非统帅所能涵盖的。"素车""葛巾""毛扇"三者,不是战场上统帅通常所用的装扮——通常应如司马懿一样着"戎服"。着戎服,意味着严肃、慎重,诸葛亮反其道而行之,很轻松自如,好像没有把指挥作战当成是太大一回事儿。这不是说诸葛亮把军事当成儿戏,而是说,他在精神上没有被军事所局限、压抑,能从中超脱出来。因此,他的心灵是灵活的,而且能更好地表现出对军事的掌控和驾驭能力,"指麾三军,皆从其进止",便是诸葛亮治军成效的明证。在不动声色间,使庞大的军队如臂使指、进止由心,而非剑拔弩张、战战兢兢,没有让心灵被局势所吞没,这就是司马懿叹诸葛亮为名士的缘故。所以,名士之为名士,在于他能通过对复杂局面的轻松掌控,来反映其心思的优裕和灵活。

与此相反的,是陷入事务的泥潭里,处置乖讹,举动失措,尽显仓皇。

> 初,杜预闻瓘(guàn)杀邓艾,言于众曰:"伯玉其不免乎!身为名士,位居总帅,既无德音,又不御下以正,是小人而乘君子之器,当何以堪其责乎?"(《晋书·卫瓘传》)

魏景元四年(263年),司马昭发动了灭蜀之战,派遣锺会、邓艾等分军入蜀,卫瓘(字伯玉)是监军,杜预是锺会的僚属。上面引用的材料,是杜预对监军卫瓘在此次事件中的整体评价。攻下成都后,主帅锺会被胜利冲昏了头脑,有了据蜀反叛之心,先是设计利用卫瓘除掉了能掣肘他的邓艾,其后胁迫魏军随他反叛。这一系列动作造成了军中的剧烈震荡,魏军把锺会给杀了。对于事态的失控和恶化,监军卫瓘是负有一定责任的。当时,杜预听说卫瓘杀了邓艾,当众说:"卫瓘也不会脱身免难。身为名士,在总帅的重要职位上,不能用正道驾驭属下,被事情牵着走,无以当其责。"在杜预看来,既然号称名士,即使面临复杂的态势,也应超然事外,把该负责的事做得尽可能漂亮些,否则枉为名士。

所以，名士之为名士，有个检验尺度，即在繁难的事务中精神能否超脱。如果他的表现是气定神闲、浑若无事，无疑，所映现的便是超然的境界。

其次，能称为名士的人，还对个人的尊严很敏感，非常看重尊严的价值。当生命和尊严发生严重冲突而不能两全的时候，他们宁愿选择尊严。

> 夏侯玄既被桎梏，时锺毓为廷尉，锺会先不与玄相知，因便狎之。玄曰："虽复刑余之人，未敢闻命！"考掠初无一言，临刑东市，颜色不异。(《方正》6)
>
> 玄至廷尉，不肯下辞，廷尉锺毓自临履玄。玄正色曰："吾当何辞？为令史责人邪？卿便为吾作。"毓以玄名士，节高不可屈，而狱当竟，夜为作辞，令与事相附。流涕以示玄，玄视之曰："不当若是邪？"锺会年少于玄，玄不与交，是日于毓坐狎玄，玄正色曰："锺君，何得如是！"(同条刘孝标注引《世语》)

夏侯氏与曹氏关系紧密，是曹魏政权的基石。夏侯玄则是夏侯氏第三代中的佼佼者。齐王芳正始十年（249年）司马懿发动了高平陵政变，取代曹爽，掌控了朝政。夏侯玄被褫夺军权，从长安召回了洛阳。中书令李丰密谋政变，拟以夏侯玄取代辅政的司马师。事情泄露后，凡被此事牵连的均受到处置。夏侯玄自然在劫难逃。以上材料是夏侯玄在监狱及刑场上的表现。

夏侯玄下狱，但不肯配合提供有关方面需要的供词。廷尉（最高司法官员）锺毓亲自来审问（临履，实地审问）夏侯玄。锺毓相当于是夏侯玄一案的专案组组长，他的使命是要夏侯玄按口径来认罪。夏侯玄很严肃、认真地要锺毓方面准备好供词。

锺毓考虑到夏侯玄是名士,有崇高的气节,是不会屈服的。而此事必须追究到底,他依了夏侯玄的意见,连夜准备,令供词符合案情。完成后,流泪拿给夏侯玄看。夏侯玄冷冷地说:"不应该是这样子吗?"

此外,还有一个插曲。锺毓之弟锺会,与夏侯玄并无多少交往,他对夏侯玄的方式是"狎"!所谓狎,是态度不庄重的亲昵,好似我们平时相互间的勾肩搭背,随随便便,嘻嘻哈哈。锺会作为司马师兄弟的铁杆亲信,是高高在上的胜利者,而夏侯玄乃行将被杀的阶下囚;且夏侯玄比锺会大,两人素无特别的交情。此时情况,无论从境遇、身份,还是从私交来说,锺会都不具备对夏侯玄表示亲昵的条件。因此,锺会的"狎",在夏侯玄看来无异于羞辱,于是很严正地警告:"我虽是受过刑的人,也不敢听你的命令!"锺会少不更事,他以为这个时候的亲昵可以缓和刑讯的气氛,殊不知他的行为足以表示他的轻薄,同时激起夏侯玄更大的蔑视。他哥哥锺毓的流泪,是示弱,这反而是唯一能取得夏侯玄成全和配合的方式。锺毓充分了解名士的秉性——绝无可能委曲求全,绝不会低下高贵的头颅;对待屈辱,只会以倨傲来回应,以维护其尊严。

夏侯玄被拷打询问,一言不发。在刑场上,神色不变。夏侯玄可以接受死,即便是冤死,但不接受以丧失尊严的方式而死。

名士,不一定能力超群,重要的不是真才华,而是真性情。就像《红楼梦》里的贾宝玉,若他置身于魏晋,自入名士行列,把臂入林,当之无愧,但他是个实实在在的、百无一用的"废物"。

王孝伯言:"名士不必须奇才,但使常得无事,痛饮酒,

熟读《离骚》，便可称名士。"（《任诞》53）

这是一个很有名的故事。抗日战争期间，闻一多先生在西南联大把这句话重新演绎，也成了一段佳话。王恭（字孝伯）讲，名士不必有奇才，名士不是从才华来定义的，有才华的是才士而非名士。当然这不是说名士是不中用的空架子，而是说奇才并非名士的必要条件。排除了名士不必有什么后，王恭又从正面列举了名士应该具备何种条件：第一，无事，即有闲；第二，酣畅饮酒，言外之意，不能饮、不善饮的难入名士之林；第三，《离骚》要读熟，他没说儒家经典要烂熟，唯独提到纯文艺性的《离骚》。具备这三条，就是名士。

王恭的名言，如果简单理解，意即名士其实并不难为，不必把名士抬得很高、看得太重。这就有为名士祛魅的意味了。但要是深究，这三条其实也大有可以琢磨、发挥之处。"常得无事"，不是无所事事，而是心灵有余裕，任何事情都消化得了、应对得了，再大的事也就不成其为事，所以看起来无事，总显得清闲自在、优游从容。"痛饮酒"显然不是说只要敢喝、能喝即为名士，那样的话烂醉的酒鬼一个个天然就成名士了。"痛饮酒"重在"痛"字，唯有真性情者，才能得酒趣，喝得痛快，喝得尽兴。酒，是性情真实与否的试金石。至于"熟读《离骚》"，是说能够领会诗意，能欣赏诗意者，身上自然没有陈腐的气息，有的则是活泼泼的情趣。所以，王恭以简明、俏皮的语言，描绘了名士的精神风貌——有余裕心，有真性情以及有脱俗的情味。

（王）澄后事迹不逮，朝野失望。及旧游识见者，犹曰："当今名士也。"（《赏誉》31刘孝标注引《王澄别传》）

司马太傅府多名士,一时俊异。庾文康云:"见子嵩在其中,常自神王。"(《赏誉》33)

伯仁仪容弘伟,善于俯仰应答,精神足以荫映数人。深自持,能致人,而未尝往焉。(《言语》40刘孝标注引邓粲《晋纪》)

庾太尉少为王眉子所知。庾过江,叹王曰:"庇其宇下,使人忘寒暑。"(《赏誉》35)

王澄曾被寄予厚望,于晋惠帝末出镇荆州,但行事错谬,没有建立功绩,令朝野失望。他事功虽然不逮,可是熟识的人见到他,还是赞许其为"当今名士"。在舆论的心目中,名士与事功无必然联系。王澄的气质,其兄王衍评价为"落落穆穆",王隐《晋书》说"通朗",刘琨则以为"散朗",都是疏散、明朗的意思。这种气质为名士所独有,能散发感染人的特殊魅力。

西晋末东海王司马越掌握政权,他任太傅,把诸多名士收归其幕府,济济一堂的都是俊才。庾亮(谥号文康)说:"见到庾敳在其中,精神常自振奋。"只要见到庾敳其人,即使他不说话,精神便自然而然地焕发起来。这是庾亮的微妙感受。周𫖮仪表不俗,其"精神足以荫映数人"。他的精神能把不少人笼罩、覆盖住。庾亮年轻时受王玄(字眉子)的赏识,渡江后,感叹王玄的个人魅力:"与他交往,好像庇护于屋檐下,使人忘记了寒暑。"

庾敳、周𫖮、王玄等虽不长于事功,但其疏散明朗的气质,能振奋、荫映人。这是名士所特有的。

总之,名士之为名士,是因为有超脱的精神境界,有独特的

92

魅力,有与高贵相联系的尊严感,还有真实的性情和不俗的趣味。也就是说,名士反映的是时代对于人的超越、尊严和真实等价值的认可和追求。

第二课
名士风流

《世说新语》一书中，叙述人物好用"风流"一词。此外，还有一系列类似的词语，如"风格""风气""风度""风德""风韵""风神"等。当然，用得最多且为后人沿用的，还是"风流"。唐杜牧诗"大抵南朝皆旷达，可怜东晋最风流"，就是个著名的例子。人们常说，英雄本色，名士风流。名士，换个说法，就是风流人。

论名士，则必解析风流这个概念。大哲学家冯友兰先生曾经有《论风流》一文，把风流分解成玄心、妙悟、鉴赏和深情等四个要素。当年朱自清先生在清华大学听到冯友兰先生把本来易感而难言的风流剖析入微，顿有豁朗之感，还在当天日记里记下了听后的激动心情。风流，的确能够引发后人的无限向往和追慕，因为这是一种相当潇洒、逍遥的人生姿态。

风流，是一个可意会而难详言的东西，我们也只好强做解析。究竟如何才算是风流呢？

首先要放得开。放得开，就是精神上没有任何的顾忌，我行我素，无拘无束，想怎么来就怎么来，率性、肆意、纵欲、恣情。

因此，放得开有时候可以很空灵、美妙。

> 王子猷居山阴，夜大雪，眠觉，开室，命酌酒，四望皎然。因起彷徨，咏左思《招隐诗》，忽忆戴安道。时戴在剡（shàn），即便夜乘小船就之。经宿方至，造门不前而返。

人问其故,王曰:"吾本乘兴而行,兴尽而返,何必见戴?"(《任诞》47)

这是著名的雪夜访戴的逸事,历来叙述魏晋名士的风流,此事是绕不过去的。

王徽之居住在山阴。有天夜里下起大雪,王徽之醒来,开门,吩咐倒酒。放眼望去,一片皎然。王徽之起身徘徊,吟咏左思的《招隐诗》,忽然想起了隐士戴逵(字安道)。当时戴逵在剡县,王徽之即刻乘船连夜赶过去,经过一宿才到。王徽之风尘仆仆地到达戴家门前,却掉头而返。有人问他原因,他说:"我本乘兴而来,兴尽而返,何必非要见戴逵?"王徽之的访戴,好像不近人情,非常荒诞,但洒脱之至。整个过程犹如行云流水,行于所欲行,而返于不得不返,没有一点刻意的安排,没有一丝勉强,也没有一分世故、功利的考虑,完全任由着兴致的高低起落而行动。兴之所生,源于自然。王徽之持酒赏雪,眼前空阔皎洁,置身此间,孤寂自来。王徽之彷徨不已,吟诗解闷,忽忆戴逵。思念这种情绪,一来劲就难消除,越思便越念,于是他连夜乘舟,以慰相思。嵇康与吕安的友谊用一句话来形容,就是"每一相思,千里命驾"。这话不免有点夸张,但指向还是很明显的——不计路途远近,彼此的情谊足以跨越空间的隔断。王子猷也是如此,想走便走,绝不计较、盘算情兴之外的任何因素。

飘风不终朝,骤雨不终日。忽然而来的兴致,也将忽然而去,非人力所能使之持续。兴之渐息,亦由自然。一夜的船行,同时也是兴致递减的过程。到戴逵家门口,正好兴致归零,王徽之再也提不起劲来。潇洒的名士不是站在兴致之上来理智地权衡、安排兴致,而是把自己融于兴致之中,随着兴致而动,就像人游泳，如果自己和水融为一体，便能安然享受随波浮沉的自在。既然兴致已无，就没有入门见戴的必要了，如果进去，多半是进行世俗的客套、寒暄，没有兴致的支撑，势必近于虚伪的做作，这就称不上"风流"了。此即乘兴往返，顺其自然，不着一字，尽得风流。

有时候，彻底放开了，人往往也会显得荒唐、可笑。

> 王平子出为荆州，王太尉及时贤送者倾路。时庭中有大树，上有鹊巢。平子脱衣巾，径上树取鹊子。凉衣拘阂树枝，便复脱去。得鹊子还，下弄，神色自若，傍若无人。（《简傲》6）

> 谢公尝与谢万共出西，过吴郡。阿万欲相与共萃王恬许，太傅云："恐伊不必酬汝意，不足尔。"万犹苦要，太傅坚不回，万乃独往。坐少时，王便入门内，谢殊有欣色，以为厚待己。良久，乃沐头散发而出，亦不坐，仍据胡床，在中庭晒头，神气傲迈，了无相酬对意。谢于是乃还。未至船，逆呼太傅。安曰："阿螭（chī）不作尔！"（《简傲》12）

王澄（字平子）出身于琅琊王氏，其兄王衍乃当朝重臣，同时也是名士领袖。王衍见天下乱象已成，为保门户利益，部署其弟王澄、族弟王敦分掌战略要地。王澄出任荆州刺史，王衍以及首都洛阳的达官显宦为他送行。在这个要人、名流云集的高规格社交场合，王澄看见庭中大树上有鹊巢，众目睽睽之下，他居然脱掉上衣、头巾，不顾其堂堂封疆大吏的身份和体统，直接爬上树去掏鸟窝。而且，当贴身内衣被树枝钩住时，他把内衣也褪去。抓到小鹊后，王澄下树，独自抚弄，神色自如，把前来为他送行的贵人们全晾在一边。王澄无视他人的眼光，也没有什么面子观念，肆意而为，只顾自己的性子，确实放得很开，但把一场正经的集会变成了个人的儿戏。这种类型的任性，就很可笑了。

第二则故事说的是谢安和弟弟谢万去都城建康，经过吴郡，准备顺道拜访王导之子王恬（小字螭虎）。谢安后来官至太傅，此时还未显达。谢安了解王恬的为人，预知此去必讨没趣，而谢万不信这个邪，坚持独往。果然不出谢安所料，王恬根本没拿谢万当回事。谢万坐了不多久，王恬便入门。谢万自作多情，面有喜色，以为王恬厚待自己。王恬也不与谢万寒暄、客套，自个儿去洗头，把谢万晾在一边很久。王恬披头散发出来后，也不在席间落座，而坐在胡床（北方少数民族的一种轻便坐具，它改变了汉族席地而坐的生活习俗）上，神色傲慢，盛气凌人，一点也没有应酬客人的意思。谢万坐不住了，于是走人，还没到船边，迎面大呼谢安。谢安安慰道："阿螭这人就是这个样子。"这也不能说是王恬自居王导之子，轻视谢氏家族，故意冷遇谢万以示羞辱。他就是不耐烦应酬，也觉得没必要应酬，随便惯了，所以好像视若无人、倨傲无礼。

其实谢万也是这种类型的人。《简傲》第九条记载："谢万在兄前，欲起索便器。于时阮思旷在坐曰：'新出门户，笃而无礼。'"谢万当着客人阮裕（字思旷）的面，起身寻找便器（盛小便的器具）。阮裕于是讥讽："新出的门户，如此无礼。"陈郡谢氏在西晋时名望不显，东晋后风云际会，迅速崛起。陈留阮氏是历史悠久的名族，故而阮裕以轻蔑的态度嘲讽谢万作风如暴发户。其实阮氏家族放诞越礼者不少，如阮籍、阮咸，阮裕没有守礼的优越感，不过是逮着机会打趣谢万。谢万也不是个谨饬的人，一向随性，没把阮裕当客人，不觉得当面索要便器不雅。而从旁观者的角度来看,这的确有失待客之道,实在荒唐。

有时候把本性放开,便归于纵情,因此也可以很真切、诚挚。

> 王仲宣好驴鸣。既葬,文帝临其丧,顾语同游曰:"王好驴鸣,可各作一声以送之。"赴客皆一作驴鸣。(《伤逝》1)

建安七子之一的王粲(字仲宣),生前喜欢听驴叫。这是个奇特的嗜好,但在当时比较流行,许多名人热衷此道。汉献帝建安二十二年(217年),时年41岁的王粲病逝于军中。时为曹操世子的曹丕亲临王粲的葬礼,对同行诸人说:"王粲好听驴叫,大家各自学一声,为他送行。"于是参加葬礼的众人都学了一声。

西晋初,一个叫傅玄的人就君王的价值倾向和社会风气之间的关系发表评论:"近者魏武好法术,而天下贵刑名;魏文慕通达,而天下贱守节。"曹丕推崇通达,所谓通达,就是随便、无所谓。他下令各学驴叫,是"慕通达"的显例。一般来讲,葬礼所要求的情感、气氛是庄重、肃然和悲哀,越是规格高的葬礼,越是必须如此讲究。而曹丕以曹操世子的身份出席王粲的葬礼,却要求大家学驴叫以送王粲最后一程。我们试想一下,参加葬礼的应是曹操集团的政治精英,这些平时巍然崇高的贵人此时一个个放声学驴叫,荒诞的气息勃然而发,冲淡乃至消解了葬礼本身所应有的隆重和严肃。在旁处理琐务的仆从们目睹高居其上的大人物们此刻之所为,会不会忍俊不禁、掩口偷笑?

但另一方面,曹丕明知在葬礼上学驴叫不合常理,虽惊世骇俗亦为之。显然，他是觉得唯有如此，才是对逝者的真切慰藉，才是哀思的适宜表达。此刻，他和学驴叫的精英们，是暂时搁置了他们的社会属性而纯以朋友的身份来送别王粲。这高亢连绵的驴叫，确实把滚滚的荒诞叫了出来，同时也未尝不是对朋友诚挚、温情的悼念。

毋庸置疑，有时候本性无所顾忌，原始的欲望便可能失去必要的约束而释放出来，此时率性落在纵欲之上，人也会因此而丑陋不堪。

> 有人讥周仆射与亲友言戏，秽杂无检节。周曰："吾若万里长江，何能不千里一曲。"(《任诞》25)
> 王导与周颉(yǐ)及朝士诣尚书纪瞻观伎。瞻有爱妾，能为新声。颉于众中欲通其妾，露其丑秽，颜无怍色。有司奏免颉官，诏特原之。(同条刘孝标注引邓粲《晋纪》)

有句很有名的话"我不杀伯仁，伯仁因我而死"，当中的"伯仁"就是周颉(字伯仁，曾任尚书左仆射)。周颉是东晋初很正直、立朝有节操的大臣，不过这只是他的一面，他的另一面则是不拘小节。上面所引的材料记载了周颉一件即使在当时也令人惊骇的事——周颉与王导等名流至尚书纪瞻家欣赏伎人的表演。纪瞻有爱妾，周颉见色起意，居然当众想要与其私通，做出污秽之事，而且脸上没有一点儿羞愧的神色。也就是说，他并不觉得自己类同禽兽的行为有什么不妥。

发生在周颉身上的诸如此类的事，应该不少。有人讥讽他与亲友平时说笑戏言，秽乱不检点。周颉自辩："我好比万里长江，怎么可能直泻千里而没有一处弯曲呢！"他认为：立身当然应有节操，但节分大节和小节。大节是政治方面，小节是生活方面。大节必须无亏，小节不妨出入。周颛的这个节操的划分模式，为他在个人生活领域的尺度大开提供了依据，所以他毫无愧畏地在大庭广众之下为所欲为。不但不以为非，反而洋洋自得，自居通达。

其次，名士的风流，不仅在需要放开时能够彻底放开，而且在于必要时亦能收得住，完全收住。放得开，是率性而动；收得住，则是返己之静。也就是说，在任何变故下有坚守自我的能力和修养，因此常表现为从容、镇定的风度。

庄子说："死生无变于己，而况利害之端乎！"真正领悟了大道的人，在宠辱、利害和死生等人生中不可免的变动旋涡里，能因应着变动，而不为变动所宰制。魏晋的名士，认同了老庄思想体系中的人格理想，变动于他们如浮云之经眼，他们自己能始终如一、保持常态，他们不会失去自己。

> 嵇中散临刑东市，神气不变。索琴弹之，奏《广陵散》。曲终曰："袁孝尼尝请学此散，吾靳（jìn）固不与，《广陵散》于今绝矣！"太学生三千人上书，请以为师，不许。文王亦寻悔焉。（《雅量》2）

以上是嵇康临刑前的记录。

关于嵇康被杀的背景，可以简单做点交代。在魏晋交替之际，政治局势异常凶险。嵇康权位不高，仅是闲散的中散大夫，并无什么实际的政治力量。他好像分属于曹氏集团，因为娶的是曹操的曾孙女长乐亭主，但他对政治并不热衷，没有倾向于特定的政治派别。他的理想在人生、艺术方面，他多才多艺，精神世界丰富，弹琴、养生、求仙、漫游、作诗、清谈、思辨，乃至赤膊打铁等。他也批判政治，但不代表他支持曹氏或者司马氏，事实上,嵇康是个政治怀疑主义者,他之所以批判政治,是因为政教作为大道隐沦的结果,其本身就应批判。他锋芒凌厉的无差别的批判立场,尽管不是针对具体人物而发,但还是会使正欲取代曹魏而关注舆论反应的司马氏不安。再加上嵇康声望太大,深受年轻士子的拥戴,相当于意见领袖,司马氏及其一党不得不暗中观察嵇康的举动。当然,也不是没有先试以对异己者常用的笼络,可被高洁的嵇康拒绝。这进一步加重了司马氏的不安。到最后,各种因素聚合,司马氏最终决定搬掉嵇康这个障碍,给嵇康戴上了量身定制的罪名。

刑场上的嵇康,看不出有因即将被杀而惊动的任何迹象,他"神气不变"。他置生死于度外,生命中的最后一个要求是琴,然后弹奏了一曲《广陵散》。如果他对于这个世界还有未消的遗憾,就是后悔当初没把此曲传给想学的袁准(字孝尼),令《广陵散》从此失传。他在刑场上没有声嘶力竭地控诉黑暗和不公。他好像接受了命运的安排,以平静、从容的方式赴死,把人生的姿态最终定格在这优美的瞬间,他以这种姿态完成了他自己。

内心高贵的嵇康,绝不会允许自己以丑陋和猥琐的样子作为人生的谢幕,即便遭遇黑暗,也不允许自己被黑暗完全吞噬,而要以优雅来放出微弱的光芒。优雅,在这种情况下,便是对黑暗无言的、高傲的蔑视。因为黑暗无论如何强大,只能屠戮嵇康的肉体,而扼杀不了灵魂的高贵。有嵇康之风的鲁迅对此别有会心,留下了一句名言:"最高的轻蔑是无言,而且连眼珠也不转过去。"嵇康之于司马氏,正是如此。

嵇康这种坚守自我的自如、镇静,证明了人在精神上有超越危难的自由,这种自由建构起了高贵的人格。风流作为人格之美,与人的超越能力互为表里。

再者，名士是性情中人，所以其发言、行事往往别致生动，富有活力，脱离了木讷、陈套。以此之故，风流在于有情韵。

> 阮公邻家妇有美色，当垆酤（gū）酒。阮与王安丰常从妇饮酒，阮醉，便眠其妇侧。夫始殊疑之，伺察，终无他意。（《任诞》8）

阮籍邻家的女性有姿色，她当垆卖酒。阮籍和王戎（后被封为安丰县侯）就常常到她那里去喝酒。阮籍醉了，便睡在她身边——醉卧美人边，也够浪漫的了。她丈夫开始很怀疑妻子与阮籍有暧昧的关系，在旁暗中察看，发现什么也没有。

这是阮籍很多放诞、不检点的事之一。但阮籍的这件事也确实做得有意思。好色之心人皆有之，阮籍在美丽的老板娘身边喝酒，肆意地与其调笑，在酒劲的催发下，尺度比正儿八经的时候要稍微大些，是人之常情。本性中原本被压抑的东西不由自主地释放出来。无疑，气氛是热烈、欢快的，奇思妙语似乎会比正襟危坐的时候要多出许多，脑子转得特别快，嘴巴特别灵。总之，喝多了就自然而然地躺在老板娘旁边，更有快意。通过其夫的视角，看出阮籍止于此，并无他图。这就更妙了，阮籍能发乎情，而止乎该止之处，好像喝得一塌糊涂，其实很有分寸感。既充分享受了规行矩步的正人君子们所不敢的与美妇人恣意周旋的畅达，又能很自然地止足于底线。本来找美妇人喝酒，是件俗不可耐的事，但阮籍做起来却不俗，反而有趣，举手投足间都很轻快，而没有沦为轻佻。所以，其本性舒展的自由度就很大，显得韵味悠然。

名士的风流，不是事情本身的性质就属于风流之列，风流是人的性情、境界的自然流露。性情和境界，如风所向，流于某事,该事便显风流。换言之,有俗人,无俗事。风雅之事,在俗人身上更俗;俗事,在风流人身上,或许能化腐朽为神奇,韵味盎然。

第三课
风流之外

风流虽然是美的,但名士并非尽美、纯美,其身上同样有俗人的缺点,有俗人的鄙陋,人毕竟不能总是活成他理想的样子。《世说新语》是"名士的教科书",可贵的是,它把名士在风流之外的样子也记载了下来,从而令我们对名士有了更全面的认识。

名士们因其率性,如果没有一定的实践能力来支撑,或沦为轻佻、轻浮。

> 谢万北征,常以啸咏自高,未尝抚慰众士。谢公甚器爱万,而审其必败,乃俱行,从容谓万曰:"汝为元帅,宜数唤诸将宴会,以说众心。"万从之。因召集诸将,都无所说,直以如意指四坐云:"诸君皆是劲卒。"诸将甚忿恨之。谢公欲深著恩信,自队主将帅以下,无不身造,厚相逊谢。及万事败,军中因欲除之。复云:"当为隐士。"故幸而得免。(《简傲》14)

> 谢万寿春败后,简文问郗超:"万自可败,那得乃尔失士卒情?"超曰:"伊以率任之性,欲区别智勇。"(《品藻》49)

谢万是谢安的弟弟。当时谢安因好隐逸,久居东山,还未从政，在政界代表谢氏家族利益的是谢万。谢万名士习气很重，人确实风流，王羲之曾形容他"在林泽中，为自遒上"，不过缺乏治军理政的才华。晋穆帝升平三年（359年），谢万受命北伐中原，进攻前燕，结果惨败，狼狈逃回，被贬为庶人。上面的材料讲的是此事前后发生的事情。

北伐途中的谢万还以名士的派头示人，常以"啸咏"来自居高远。啸咏，是魏晋名士的共同爱好，类似于吹口哨。诸葛亮居于隆中，就经常抱膝长啸。诸葛亮葛巾毛扇，指挥三军，赢得司马懿的"可谓名士"之叹，是因为诸葛亮治军有方、驾驭得力，谢万则有其形而无其实。他未曾安抚、慰问手下的将士。大概他还没这方面的自觉，没有从名士的风流自赏中调整到一军主帅的角色上来。谢安看重这个弟弟，对北伐与东晋政局及谢氏家族的利害关系了然于胸，他放心不下，担心谢万坏事，亦赴军中，一道出征。谢安要谢万举办宴饮，结欢将士。谢万照办，可是搞砸了。把将领们召集起来后，他什么话不说，拿起标志名士身份的道具——如意，指着将领们说："诸军皆是劲卒。"这话把将领们激怒了，因为魏晋时期军人的社会地位低，对着军人说"卒"，犹如对着和尚说秃驴。在倨傲的谢万看来，他不过实话实说，可能他还觉得在"卒"前加上"劲"这个修饰语是激励。将领们的怒火被点燃，谢万无法收场。谢安知道问题的严重性，赶紧出面善后，从上至下，逐一造访，予以慰问，态度谦逊。后来谢万兵败，军队不满，要趁机除掉谢万，大家念及谢安先前的厚待，改说："当为隐士着想。"即，看在谢安的面子上，就不动手了。谢万因此才幸免于难。

谢万败后，朝廷之上的司马昱和郗超讨论此事。司马昱不奇怪谢万吃败仗，奇怪的是他何以失去了将士们的拥戴。还是郗超一语中的："他以轻率的性格，想要区别开智谋和勇敢。"谢万的败相难看，从其个人的角度来追究原因，是混淆了名士和主帅的角色之分，显摆风流却弄错了环境，作战状态下的率任，其实质是轻佻、浮华。

历来从实践中走出来的实干家，多反感有名士习气者，原因无他，就是嫌其轻佻的性格、华而不实的作风往往坏事。

> 苏峻之乱，庾太尉南奔见陶公。陶公雅相赏重。陶性俭吝，及食，啖薤(xiè)，庾因留白。陶问："用此何为？"庾云："故可种。"于是大叹庾非唯风流，兼有治实。（《俭啬》8）

晋明帝逝后，外戚庾亮辅政，欲解除桀骜不驯的苏峻的兵权。苏峻遂生反叛之心，于成帝咸和二年（327年）起兵反叛，次年攻下首都建康。庾亮奔见握有重兵的陶侃。陶侃崛起于贫寒，出身与庾亮是不能比的。他爱惜物力，不喜奢侈。招待庾亮吃饭，有薤（薤头），庾亮把薤白留下。陶侃问他缘故，他说还可以种。这个回答大合陶侃崇尚节俭的心意，于是赞叹庾亮"非唯风流"，还有"治实"——处理实际事务的能力。

陶侃本来轻视庾亮等名士不切实际、举动虚浮，因为苏峻之乱就是庾亮处置失宜所致。而通过吃饭，他观察到庾亮吝惜微不足道的薤白，断定庾亮非但风流，且能崇实。据说，晚清曾国藩征太平天国，他在湖南老家的表弟来投奔他，谋事做。曾国藩与他吃饭，借机观察。发现这个表弟把秕米挑出不吃，曾国藩嫌他挑食，仗着是总督的表弟，褪去了农民的质朴本色，便把他打发回去。曾国藩与陶侃可谓异代同心。

风流俊爽的庾亮，以留薤白这个细节赢得了陶侃对他的好感。或许，庾亮正是因有求于陶侃，在见陶侃之前就已针对陶侃的习性预做准备，所以才有了这个情节。像陶侃这样凭借才华和功绩，从底层一步一个脚印地升起来的实力派，厌弃不能"治实"的名士，是很自然的。

名士们惯以洒脱自负，风流自赏，超然物外，不蹈风尘，但人品不一定都如其标榜的那般高洁，也有庸俗势利的。

> 司徒王戎，既贵且富，区宅僮牧，膏田水碓(duì)之属，洛下无比。契疏鞅掌，每与夫人烛下散筹算计。(《俭啬》3)

竹林七贤之一的王戎晚年官越做越大，富随贵而来，他家的房屋、仆役、良田、水碓之类，整个洛阳没有能与他相比的。水碓是水力驱动的石磨，用于舂米，在当时是有钱人家的标志。而且契约账簿众多，王戎常与夫人在灯烛下散开筹码来计算。最后这个细节很典型，堂堂高级官员，爱好是在晚上与夫人一道算账。《世说新语》中有关王戎俭啬的事非止于此，还有类似的。有人为王戎辩护，说这是在时局危险之际，王戎的韬晦之计。但关于王戎如此习性的记载有多家，而且在早年竹林之游时，阮籍就曾戏谑王戎"俗物已复来败人意"，《魏氏春秋》说："时谓王戎未能超俗也。"可见王戎的性格复杂，有多面。他的气韵确有超卓之处，以此能参与竹林的名士圈，同时，他还有庸俗的一面。余嘉锡先生说："观诸书及《世说》所言，戎之鄙吝，盖出于天性。"[1]可能在晚年位望俱隆，持盈保泰的念头起来，王戎有意放大性格中本有的庸俗。

王右军郗夫人谓二弟司空、中郎曰："王家见二谢，倾

---

[1]　余嘉锡笺疏：《世说新语笺疏》，北京：中华书局，2007年，第1025页。

筐倒庋（guǐ）；见汝辈来，平平尔。汝可无烦复往。"（《贤媛》25）

王子敬兄弟见郗公，蹑（niè）履问讯，甚修外生礼。及嘉宾死，皆着高屐（jī），仪容轻慢。命坐，皆云："有事，不暇坐。"既去，郗公慨然曰："使嘉宾不死，鼠辈敢尔！"（《简傲》15）

王羲之娶的是郗鉴之女，两人的婚姻是一桩政治婚姻。琅琊王氏的地位要高于高平郗氏，王氏以门第自傲，有点轻视郗氏。随着陈郡谢氏的崛起，王氏对谢氏的人热情得多。郗夫人对两个弟弟郗愔（任过司空）、郗昙（任过北中郎将）说："王家见了谢家兄弟，翻箱倒柜，盛情款待。见你们来，平平无奇。你们不用再去了。"王家对谢与郗两家，态度两样，冷暖自现。郗夫人不想娘家人受这羞辱，所以不想让两个弟弟来夫家走动。

郗夫人的话还是泛论，第二则材料则具体得多，交代了第一流门第中的风流名士，也脱不了人性里卑劣的势利。王献之、王徽之兄弟见舅舅郗愔，穿鞋子问讯，很守外甥的礼节。待郗愔之子郗超（小字嘉宾，枭雄桓温的心腹，成语"入幕之宾"便源自郗超和桓温的故事）去世后，两人态度有变，穿着高屐（高底木屐，休闲场合穿，如穿着见尊长则不合礼节），满脸轻慢。郗愔命他们落座，都推辞："有事，没空坐。"二人离开后，郗愔慨然："假使嘉宾不死，鼠辈敢这样。"大有虎落平阳被犬欺的悲慨。

这个故事写得很妙，以王献之兄弟脚底的鞋子，来写他们对待舅家心态的变化。很难想象，有雪夜访戴经历的王徽之，如此雅致的人，居然免不了势利的庸俗心态——表兄郗超在世时，因其甚得桓温的信任，所以对舅舅郗愔礼敬有加；等郗超一去，大树已倒，郗氏势衰，面孔即换，不再恭敬。

王献之兄弟不是不知礼，也不是不会行礼，不过是有选择性的，是看人行事。当其人权势赫赫，他们也会毕恭毕敬，行该行的礼；而当其人失势，他们作为高门子弟的倨傲、轻慢就不由自主地流露出来。所谓势利，其实是因势而采取利于己的态度、行动。风流如王献之、王徽之，骨子里还是依附于权势的。

至于相互不服气，冷嘲热讽，出语尖酸、刻薄，这样的事也不罕见。名士之流，尽管自重身份，以庄子的不措是非的哲学自诩，总表现出涵养很深、从容不迫的样子，好像度量宏大，富于包容，但他们也有俗人的相互贬损、诋毁。

> 朗字元达，符坚从兄。性宏放，神气爽悟。坚常曰："吾家千里驹也。"……沙门法汰问朗曰："见王吏部兄弟未？"朗曰："非一狗面人心，又一人面狗心者邪？"忱丑而才，国宝美而狠故也。朗常与朝士宴，时贤并用唾壶，朗欲夸之，使小儿跪而张口，唾而含出。……著《符子》数十篇，盖老、庄之流也。朗矜高忤（wǔ）物，不容于世，后众谗而杀之。(《排调》57刘孝标注引裴景仁《秦书》)

符朗是前秦符坚的侄儿，深受符坚的赏识，被誉为"吾家千里驹"。他是氐人，其行事作风却是标准的老庄影响下的旷达名士。《晋书》说："符朗耽玩经籍，手不释卷，每谈虚语玄，不觉日之将夕；登涉山水，不知老之将至。"符朗好读书，好谈玄，好游山玩水。后符朗降东晋，他比东晋的名士们更加风流，虽是降臣，但不自缚，放言无忌。他形容太原王氏的王国宝兄弟一个"狗面人心"，一个"人面狗心"。王忱长得丑，但有才，所以是"狗面人心";王国宝则貌俊心狠,所以是"人面狗心",这个形容够刻薄的了。苻朗也为他的肆意羞辱王氏兄弟付出了代价,数年后死于王国宝之手。对于名士来说,脾气一旦发作,便把轻视的人挖苦得越厉害、越带劲,至于代价之类的,极少萦怀。苻朗在刑场上赋诗:"旷此百年期,远同嵇叔子。命也归自天,委化任冥纪。"把自己比作当初行刑东市的嵇康,被杀是命,自当委运顺化。他没有悲愤感。

苻朗常与朝士参加宴会,宴会上大家都用唾壶。但苻朗想夸耀,叫仆人跪在地上,张嘴接他吐出的唾液,含着出去。这种事是西晋骄奢淫逸的石崇等人都没想过、没做过的。他固然有名士风流,可是其风流之外的刻薄、骄奢也是惊人的,其结局亦可想而知。

王太尉问眉子:"汝叔名士,何以不相推重?"眉子曰:"何有名士终日妄语?"(《轻诋》1)

深公云:"人谓庾元规名士,胸中柴棘三斗许。"(《轻诋》3)

王衍(官至太尉)问王玄(王衍之子):"你叔叔是名士,怎么不见你钦重他?"这话指的是王玄对叔叔王澄无应有的赞许。王衍对自己的弟弟王澄非常看好,他常说:"天下人里面,王澄第一,庾敳第二,王敦第三。"他还对尚书令乐广说:"名士无多人,故当容平子知。"知是品评之意。意思是,名士本来就不多,当然允许王澄品评。据说四海人士一经王澄品评,王衍就不再发表意见,只说:"已经过王澄了。"可见王衍对王澄的推崇。但王玄对这个公认为名士的叔叔不以为意。他的话很尖锐:"哪有名士成天说些胡言乱语的?"想必王玄平日看不惯王澄的有名无实,所以借着父亲王衍问话的契机,发泄不满。

第二则材料中,深公指的是享有盛誉的东晋高僧竺法深,他发表了对庾亮(字元规)的看法:"有人认为庾亮是名士,可他心里的柴草荆棘,恐怕有三斗多。"即,名士本应器量宽宏、胸襟坦荡,但庾亮内心的柴棘不少,喻指他心狭胸窄、外宽内忌。这话也够损的了。

讲究风度的名士,即使是对人内心怀有不满、忌恨,即使诋毁人,也不轻易用粗俗、笨拙的语言。

> 刘尹、江彪(bīn)、王叔虎、孙兴公同坐,江、王有相轻色。彪以手歃(shè)叔虎云:"酷吏!"词色甚强。刘尹顾谓:"此是瞋邪?非特是丑言声,拙视瞻。"(《轻诋》14)

刘惔、江彪、王彪之(字叔虎)、孙绰(字兴公)等人坐在一起。江彪和王彪之相互不服气,江彪打手势威胁王彪之,说他是"酷吏",辞色甚厉。刘惔发话了:"这是嗔怒吗?不止言语声音难听,颜色神态也难看。"刘惔不是怪江彪骂人,而是嫌他的骂相——骂的样子太不漂亮了。

何谓好看的"轻诋"呢?我们看王导的做法。

> 庾公权重,足倾王公。庾在石头,王在冶城坐。大风扬尘,王以扇拂尘曰:"元规尘污人!"(《轻诋》4)

此事的背景在庾亮以外戚身份当权后,声威顿高,王导的权势有一定程度的削弱。两人有了若隐若现的权力之争,但他们毕竟是身份贵重、风度优雅的名士,即使是权争,也是以心照不宣、暗中用劲的方式来进行，而不会公开化、表面化。当时庾亮在上游的石头城，而王导在下游附近的冶城。有天大风，扬起了尘土，王导用扇子拂去尘土，借题发挥："元规尘污人！"以扇拂尘，一语双关，把对庾亮积久的不满就这样借机轻轻道出。怨意很重，说起来却很轻，这是王导之流擅长的。

第五讲

慷慨豪迈论英雄

自东汉以降,天下动荡,这种时代环境容易滋生有奇才异能之人。除了前面所讲的名士,还有一类特别活跃者,就是英雄。

　　英雄都是些什么人呢?

　　建安七子之一的王粲,著有《英雄记》一书,书中所记的都是东汉末年参与混战的各方势力,包括武将、谋臣之流,如袁绍、董卓、诸葛亮、吕布、孔融、周瑜等。《英雄记》对英雄的定义比较宽泛,把当时的知名、杰出人物多归于其中。诸葛亮的《隆中对》也用到了英雄这个词语——"将军既帝室之胄,信义著于四海,总揽英雄,思贤如渴。"诸葛亮此处所指的英雄,是才智出类拔萃的贤能之士。[1]阮籍年轻时观楚汉古战场,有过感叹:"时无英雄,使竖子成名。"这里的英雄指向很模糊,可能是指秦汉之际的刘、项等风云人物,也可能是一个用以观照现实的人物理念,总之,指志向宏大、才智过人者,应没问题。

　　"英雄"被使用多了,对其理论上的深入分析也随之进行。魏文帝、魏明帝时代,有个叫刘劭的人才学专家,著有《人物

---

[1]　19世纪末孙中山在日本进行革命活动,结交日本朝野,他与宫崎寅藏笔谈时谈起局势说:"瓜分之机已兆,则我辈须静观清政府之所为如何,暗结日、英两国为后劲,我同志之士相率潜入内地,收揽所在之英雄,先据有一二省为根本,以为割据之势,而后张势威于四方,奠定大局也。"有意思的是,孙中山此话的语言、思路极似《隆中对》,其中的"英雄"一词也留有历史的印记。

志》，系统论述人才的性质、流别、识鉴和使用等问题。该书中有《英雄篇》，对英雄下了个明确的定义。刘劭说："聪明秀出谓之英，胆力过人谓之雄。"他把英与雄，先还原成人性中的两种不同材质。英，指的是智略、明察；雄，指的是胆气、勇力。英与雄，虽然有所区分，但两者其实是相互配合、相互涵盖的。但从经验来看，有的人性格以英才为主体，有的人则在雄才方面居多。而唯有兼英与雄于一身，方能驾驭英才与雄才，方可成就大业。

从王粲的《英雄记》到刘劭的《英雄篇》，反映了时人对于英雄的认识在加深——由具体的人物转向了抽象的人性。所以，英雄便可与身份类型脱离，而指向人性中的一种特殊气质。

当然，英雄人物和英雄气质也不矛盾。毕竟最有英雄气质者，就是在历史舞台上叱咤风云的现实的英雄人物。

第一课
英雄之"英"：聪明秀出

说起汉魏之际的英雄人物，立刻使人想到的，无疑是曹操，而当时的舆论也的确是这样来看待他的。

> 曹公少时见乔玄，玄谓曰："天下方乱，群雄虎争，拨而理之，非君乎？然君实乱世之英雄，治世之奸贼。恨吾老矣，不见君富贵，当以子孙相累。"（《识鉴》1）

> 魏武将见匈奴使，自以形陋，不足雄远国，使崔季珪（guī）代，帝自捉刀立床头。既毕，令间谍问曰："魏王何如？"匈奴使答曰："魏王雅望非常，然床头捉刀人，此乃英雄也。"魏武闻之，追杀此使。（《容止》1）

年轻时的曹操曾经拜见有知人之明的桥玄（一作乔玄）。桥玄看好曹操，评论他将为乱世之英雄。俗话说："沧海横流，方显英雄本色。"英雄需要舞台来本色演出，而乱世则是最好的舞台。老子说："国家昏乱，有忠臣。"其实，这话亦可改为："国家昏乱，有英雄。"桥玄后面还说了一句"治世之奸贼"，此句殊可玩味。同一个人，在乱世是英雄，何以在太平盛世则成为奸贼？奸贼，带有道德谴责的意味。或许人们认为，乱世中最紧要的事是恢复秩序，英雄有能力收拾危局、结束争乱，所以能够容忍、甚至欣赏他行事的自由度；至于在治世，英雄由于生命力的蓬勃，行不择路，容易冲破既有秩序的牢笼，很不安分，从正统眼光来看，形如奸贼。

上面第二则材料是曹操接见匈奴使者的故事。曹操自惭形秽，觉得仪容不足以威服匈奴，所以令儒雅俊秀的名士崔琰（字季珪）假扮他，他自己则拿着刀以卫士身份站立床前。接见完毕，曹操派人追问使者的观感。使者有眼力，看出了崔琰和曹操气质的根本差异，床头捉刀人才是英雄。这个故事的真实性需要大打问号，但倾向性还是很明显的，就是强调曹操的英雄气质。英雄即使做寻常卫士的装扮，有意掩藏，气质依旧。一个真正的英雄，不会因为身份、境遇的变化，就改变他的本色。

如果按照刘劭的观点，英与雄虽可得兼但也有分异。《世说新语》中更多的是叙述曹操的"英"的一面，即表现曹操的机智、谋略。如果改用内涵道德评价的说法，就是机诈、权谋。这两者异名同谓，其实是一回事。这也是有历史根据的，《三国志·武帝纪》说："太祖少机警，有权数。"

> 魏武少时，尝与袁绍好为游侠，观人新婚，因潜入主人园中，夜叫呼云："有偷儿贼！"青庐中人皆出观，魏武乃入，抽刃劫新妇与绍还出。失道，坠枳（zhǐ）棘中，绍不能得动。复大叫云："偷儿在此！"绍遑迫自掷出，遂以俱免。（《假谲》1）

> 魏武行役，失汲道，军皆渴，乃令曰："前有大梅林，饶子，甘酸，可以解渴。"士卒闻之，口皆出水，乘此得及前源。（《假谲》2）

> 魏武常言："人欲危己，己辄心动。"因语所亲小人曰：

117

"汝怀刃密来我侧,我必说心动,执汝使行刑,汝但勿言其使,无他,当厚相报!"执者信焉,不以为惧。遂斩之。此人至死不知也。左右以为实,谋逆者挫气矣。(《假谲》3)

魏武常云:"我眠中不可妄近,近便斫人,亦不自觉,左右宜深慎此!"后阳眠,所幸一人窃以被覆之,因便斫杀。自尔每眠,左右莫敢近者。(《假谲》4)

魏武有一妓,声最清高,而情性酷恶。欲杀则爱才,欲置则不堪。于是选百人一时俱教。少时,还有一人声及之,便杀恶性者。(《忿狷》1)

曹操年轻时,与袁绍都好为游侠。所谓游侠,本是战国秦汉之际的一个社会阶层,韩非子站在大一统国家的立场,非常警惕游侠对于秩序的威胁,认为"侠以武犯禁",游侠凭借着他们的私属的武力,以及私有的道德准则,往往不惜、不惧干犯国家的禁令。司马迁作《史记·游侠列传》,带着热烈的情感赞赏游侠扶危济困、存亡死生且谦虚退让的精神。西汉王朝建立后,国家严厉打击游侠,游侠作为社会阶层慢慢蜕变、消失。但侠的精神,作为一种快意恩仇、慷慨悲歌的生活方式,对血气方刚的年轻人天然地有吸引力。曹操和袁绍均为贵游子弟,他们很自然地把他们放诞无羁、犷悍无赖的浪荡习气与游侠联系起来。

第一则是曹操和袁绍做了件醒醍的事——观人结婚,先是潜入园中,夜里大喊有小偷,把人都吸引过来。然后进入婚房,拔刀劫走新娘子。半道上,迷了路,陷进荆棘丛里,袁绍不中用,走不了。在这紧迫时刻,一般人的反应是潜伏不动,等追赶的人走远了再逃。曹操作为英雄的素质此刻展露无遗，反其道而行之，再次大叫："小偷在此。"制造压力，逼惶恐的袁绍起身赶紧走，于是两人俱免。这个故事中，曹操不仅胆子大，且反应快，有急智，虽耍流氓，却能脱难。如果把道德放在一边，这故事所凸显的，是英雄以过人的胆力和足够的智慧，在危机中破局，开辟生路。袁绍与曹操在同等情况下，胆和智都处下风，受制于曹操。此事的小说气味较浓，可能是后人编排出来的。把两人放在一起，似乎是要说明袁绍最终败于曹操的原因。

第二则材料是著名的望梅止渴的故事。曹操在行军途中，远离水道，士兵们都渴。行军途中，各种意外都可能发生。全军皆渴，如果不解决，影响士气。这是个危急的局面，曹操却有办法，他懂得操纵大众心理，以前方有梅林来诳骗或者说激励士兵。失水状态下，人会被概念刺激，在想象中自然而然地把概念图像化，形成的图像反过来催生了机能反应，所以士兵一听说前有梅子，口水不由自主地流出来。士气一旦被激发，便争取了时间，趁此机会找到了前方的水源，危机解除。身为主帅，却公开欺罔士兵，不合治军的诚信原则，但英雄的特点，是不依常规，总有办法得到想要的结果。

第三则编排的痕迹也非常明显。曹操常公开表示："有人如要谋害他，他会心跳，预先感知到。"为了佐证这说法，他和一个亲近侍从演双簧，令这个人私藏兵刃偷偷来他身边，他假装心跳，把此人抓住行刑。曹操告诫此人，只要不说出指使者就没事，并允诺会给以厚报。此人按曹操的策划做了，也不害怕，于是被杀，到死也不明白是怎么回事。曹操左右经历此事，信以为真，想要谋逆的人也偃旗息鼓了。此情节类似于《左传》里晋灵公派遣刺客去刺杀赵盾，该刺客目睹赵盾的忠诚，发表

119

了一通很识大体、很有觉悟的独白,然后自杀。本故事中,被曹操诓骗借了人头的侍从,至死都蒙在鼓里,曹操事先与他的约定就是个谜。

第四则与上面的类似,还是曹操玩弄权术、故杀左右来坐实他的谎言。在该故事中,曹操被叙述成一个疑忌心很重的人,对左右侍从不放心,总担忧他自己在熟睡状态下会被人暗害。所以他装睡,杀了一个倒霉鬼,令人不敢无故接近他,曹操于是就安全了。其实,像曹操这样的要人,他的安全是重中之重的事,能够进入他私人生活范围内的侍从,必有相关负责机构会把他们的底细调查清楚,确保没有任何风险,才能服侍曹操,绝不至于令曹操亲自想出这么一招来。之所以编排出这样的情节,还是为了塑造曹操多疑、诡诈的形象。

最后一则所反映的,就是英雄惯用的手段了。对这个歌伎,曹操爱惜其歌艺,却厌恶其性格。杀掉则可惜,留着又不堪忍受。怎么办? 曹操的方法是培养替代人选,等到有人歌艺及得上她了,她就失去了独一无二的价值,杀掉便不可惜,没有继续容忍的必要。对待歌伎如此,对待其余人才也是如此。曹操作为英雄,有的是手段驾驭人才。

以上五个故事,演义的成分居多,但其中皆有曹操性格的印记。也就是说,以曹操的为人,这些事都是他极有可能如此为之的。

顺带说一下,曹操固然是英雄,同时也是名士。

《魏书》说:"太尉桥玄,世名知人,睹太祖而异之,曰:'吾见天下名士多矣,未有若君者也!'"

桥玄把曹操归入名士之列,不过桥玄大有识鉴,发现名士已经不足以涵盖、统摄曹操的为人。南朝刘宋时代的史学家范晔在《后汉书·方术列传》中论东汉末的名士:"汉世之所谓名士者,其风流可知矣。虽驰张趣舍,时有未纯,于刻情修容,依倚道艺,以就其身价,非所能通物方,弘时务也。"范晔总结出当时名士的普遍特点:刻意而为,修饰容止,倚仗他们尊崇的道以及自身的才艺,来成就个人的声名,但往往不通物情,缺乏处理实际事务的能力。桥玄所见的诸多名士应如范晔所说,但他发现曹操例外,有一般名士所缺的"通物方,弘时务"。

日常生活里的曹操,还保留着名士的诸多习气。谋士郭嘉说曹操有个特点,"体任自然"。在无伤大雅的场合,曹操确是"任自然"的。《曹瞒传》说:"太祖为人佻易无威重,好音乐,倡优在侧,常以日达夕。被服轻绡,身自佩小鞶囊,以盛手巾细物,时或冠帢帽以见宾客。每与人谈论,戏弄言诵,尽无所隐,及欢悦大笑,至以头没杯案中,肴膳皆沾污巾帻,其轻易如此。"曹操不饰威仪,喜好音乐,经常从早到晚与身边的倡优取乐尽欢。他常穿着轻薄的丝衣,身上佩戴小皮囊,盛些手巾等琐细的物件,时不时戴便帽接见宾客。每每与人谈论,好开玩笑,此时也没城府,想说什么就说什么。要是开心得不得了,他会把头埋在杯案中,裹着头发的幅巾都被菜肴玷污。曹操就是这样率性、随便、通脱、平易。当然,这是他在日常生活中的举动,在可以不讲究的时候,曹操是标准的名士作风,绝不用条条框框来束缚自己,他率真而洒脱。

但是,只要一涉及军政要务,曹操便立刻恢复了杀伐决断的英雄本色。这样的事情太多了,在此我们仅举他和其子曹彰、曹植的事略做说明。

汉献帝建安二十三年(218年),代郡乌桓反。曹操以曹彰率军出征,临行前特予告诫:"居家为父子,受事为君臣,动以王法从事,尔其戒之。"这两句话把英雄的凛然威势透出来了。

曹植是曹操很宠爱的儿子,聪明伶俐,一度考虑以他为继

121

承人，最终还是放弃了。其中一个原因，就是在长期观察后，曹操发现其人名士气太重，而英雄气不够。曹植不能有效区分公、私领域，把曹操也认同的在私人领域的随便，带到必须改换面孔、严正以对的公共领域。英雄，是绝不会把正事当儿戏的，但名士则可能会。建安二十四年（219年），在樊城的曹仁为关羽所围，曹操拟遣曹植率军救援。但曹植事前喝得酩酊大醉，动不了身，曹操非常生气，对这个儿子自此彻底失望了。

> 郗嘉宾得人以己比符坚，大喜。（《企羡》5）

> 郗嘉宾丧，左右白郗公"郎丧"，既闻，不悲，因语左右："殡时可道。"公往临殡，一恸几绝。（《伤逝》12）

> 超党戴桓氏，为其谋主，以父愔（yīn）忠于王室，不令知之。将亡，出一小书箱付门生，云："本欲焚此，恐官年尊，必以伤愍（mǐn）为毙。我亡后，若大损眠食，则呈此箱。"愔后果恸悼成疾，门生乃如超旨，则与桓温往反密计。愔见即大怒曰："小子死恨晚！"后不复哭。（同条刘孝标注引《续晋阳秋》）

郗超是郗愔之子，其祖父郗鉴乃流民帅，为西晋开国之初的重臣，以事功使门第原本不算高的高平郗氏晋级东晋的高门中。郗超少卓荦不羁，有旷世之度，精于玄学，书法造诣亦深，所与结交，皆为一时之俊杰。而且，郗超不是个不落实际、夸夸其谈的虚浮的名士，他智略出众，是桓温的谋主。桓温进逼朝廷、谋夺政权的背后，都有郗超在设计。他还有观人于微的能力。前秦符坚想南下灭晋，朝廷决意派谢玄迎战，但舆论对这个任命未达成统一意见，郗超尽管与谢玄关系不好，却断定谢玄足能成功。因为他当初与谢玄一道在桓温幕府任职,发现谢玄能做到人尽其才,即使小事,也能安排妥当的人选,以此推论,必能建立功勋。事后果如郗超所料,谢玄率领北府兵在淝水之战中击败苻坚。

郗超是东晋门阀士族中最杰出者之一。他也是相当自负的,对自己有极大的期许。所以当有人把他比作苻坚,他欣然自喜。苻坚是前秦的第三位国君,《晋书》说他"性至孝,博学多才艺,有经济大志,要结英豪,以图纬世之宜"。这确与郗超有类似之处。

以上所选的第二则故事,是郗超"算计"其父郗愔。郗超先于郗愔而亡,死时42岁。当郗愔得知郗超死亡的消息时,还故作镇定,只是令左右告知出殡的时间。郗愔亲临葬礼,再也忍不住,悲恸欲绝。郗愔的反应早在郗超的预料中,他临死前已经做好了安排——把他生前与桓温谋朝篡位的有关材料放在书箱里,交代门生,待郗愔恸悼不已时,把书箱拿给郗愔。因为郗愔在政治上忠于王室,是桓温的对头,若郗愔看到自己的儿子居然为桓温谋划大逆不道的事,肯定气急败坏。果然,郗愔见后,大怒:"遗憾这小子死晚了。"随即止哭。死郗超算定了活郗愔,这虽然是"妙计",却令人感到郗超的至孝。这种充满着智慧的至孝,与普通人拘泥于道理规范的苦孝,完全是不同的境界。英杰们行事,匪夷所思,不落俗套,而又暗含妙理。

第二课

英雄之"雄"：胆力过人

两晋之交，又产生了一个英雄，就是出身于琅琊王氏的王敦。

当时的名流们都爱品鉴人物，用寥寥几个字给人的精神风貌、性格特点下个精准的评价，有时候也会为自己做鉴定。王敦的自我评语是"高朗疏率"，大意是襟怀开朗、爽快直率。

王敦对自己没有虚饰。有个叫潘滔的人，见到王敦，看其面相，做出了预测："蜂目已露，但豺声未振耳。"这是说王敦眼睛如蜂，声音如豺，乃残忍之相。现在王敦凶相已露，只是恶行未成。言外之意，王敦如果获得机会，有了条件，势必如兽食人。王敦日后确实干了逼宫的事，他也有篡位的企图。但他并非如潘滔所言，是把邪恶完全表现在面相上的肤浅之徒。如果把道德谴责暂放一边，王敦也是英雄一流的人物，由于开朗直率的性格，似乎没有什么能令他敬畏的东西，所以他有着过人的胆色。英雄之为英雄的雄的材质，在他身上表现得尤为明显。

譬如，雄豪。

> 王大将军年少时，旧有田舍名，语音亦楚。武帝唤时贤共言伎艺事。人皆多有所知，唯王都无所关，意色殊恶，自言知打鼓吹。帝令取鼓与之，于坐振袖而起，扬槌奋击，音节谐捷，神气豪上，傍若无人。举坐叹其雄爽。(《豪爽》1)

年轻时的王敦，曾有乡巴佬的名声，说话带有楚地的口音。晋武帝司马炎曾经召集时贤、名流一道说技能才艺的事，与会者都有可谈的话题，唯独王敦说不上话，他脸色就不大好看了。足见他是个自视甚高、不甘于被边缘化、一定要站在舞台中心的人。这种类型的人，越是受轻视，就越是心不平，定要迎难而上，展露才华。所以王敦自告奋勇说懂得击鼓。武帝当然为这个年轻人的踊跃而高兴，这个意外的插曲尤能助兴，能增强聚会的欢快气氛。王敦从座位上甩袖而起，拿起鼓槌，奋力敲击，伴随着谐和而敏捷的鼓声，王敦的神气更显豪迈。满座的人被这个土里土气、土腔土调的年轻人浑身所散发的雄豪气质折服。

再如，洒脱。

　　　王处仲世许高尚之目，尝荒恣于色，体为之敝。左右谏之，处仲曰："吾乃不觉尔。如此者，甚易耳！"乃开后阁，驱诸婢妾数十人出路，任其所之，时人叹焉。(《豪爽》2)

这里的"高尚"不是道德意义上的，而是指脱略形骸、挥洒自如的性格。王敦曾经好色而无节制，这显然不是一种好品质。但魏晋名士们最欣赏的不是做什么，而是以什么方式来做。事情本身无所谓好坏，不会进入评价范畴，行事的方式才是关键。

王敦放纵声色，身体都坏了。左右劝他，王敦说："我本不觉得有问题的，既然如此，这事也很容易办。"于是打开后阁，放婢女侍妾数十人出门上路，给她们自由。说放就放，放得彻底、干脆，一点也不犹豫、不留恋。好色无度，确很荒唐；但能够完全放下，则是洒脱。

荒唐是指行为的性质，是就人与正统的价值尺度之间的关系而言；洒脱是指行为的方式，是就人与事物之间的关系而言。行为合于正统的价值尺度，是为正经；不合，是为荒唐。人受制于事物，其情态拘谨；而人超脱于事物，其情态则洒脱。

英雄做的事可能会荒唐无稽，不大正经。但即使为的是荒唐之事，也可以是洒脱的。

再如，刚忍。

时王恺、石崇以豪侈相尚，恺尝置酒，敦与导俱在坐，有女伎吹笛小失声韵，恺便驱杀之，一坐改容，敦神色自若。他日，又造恺，恺使美人行酒，以客饮不尽，辄杀之。酒至敦、导所，敦故不肯持，美人悲惧失色，而敦傲然不视。导素不能饮，恐行酒者得罪，遂勉强尽觞。导还，叹曰："处仲若当世，心怀刚忍，非令终也。"（《晋书·王敦传》）

这段故事《世说新语·汰侈》中也有记载，不过杀人者不是王恺，而是石崇。这不要紧，最主要的是王敦的表现。他没有一点怜悯和恻隐之心，任由无辜的生命在他的眼前消失。《汰侈》中的记载多了个残忍的细节：王敦坚持不喝，借此来观察主人石崇的处置，石崇连杀三人，王敦脸色不变，他觉得石崇是杀自家人，不关别人的事——王敦和石崇以活生生的人命为彼此较劲的手段。王导素来不能饮酒，但此时实在心有不忍，勉强尽饮。这是个对比，王敦要比王导能忍得多，所以王敦能成为英雄。故事的结尾，是王导感叹王敦为人太刚忍，并预言他不得善终。

可究竟是刚忍还是恻隐决定着人能否善终，事实上并不好说。就如司马迁《史记·伯夷列传》所言："若至近世，操行不轨，专犯忌讳，而终身逸乐，富厚累世不绝。"这段话中，司马迁虽然是针对操行不轨者发声,可现实中多是刚忍者终身逸乐。譬如王敦就是病死的,虽然最后被开棺戮尸,但毕竟生前没有受辱,也不算不得"令终"。

又如,坦然。

> 石崇厕,常有十余婢侍列,皆丽服藻饰。置甲煎粉、沉香汁之属,无不毕备。又与新衣着令出,客多羞不能如厕。王大将军往,脱故衣,着新衣,神色傲然。群婢相谓曰:"此客必能作贼!"(《汰侈》2)

石崇家的厕所奢华不说,还有众多婢女贴身侍候如厕者换衣。这场景满是华丽的尴尬,这样的厕所,没有足够的心理承受力,是上不起的。所以石家的客人多羞涩而不好意思如厕。王敦不同,大大咧咧,任由婢女们为他脱掉旧衣,换上新服,神色还很傲慢。石家的婢女阅人多矣,居然判断出王敦势必造反做贼。原因很简单,王敦没有羞耻感。一个没有羞耻感的人,也就没有底线,当然什么事都做得出,何况造反做贼!

或许,王敦其实是另外一种心态——不是无羞耻感,而是不介意羞耻,如同不介意荣辱、是非、得失、成败和生死一样。一个有"高尚"之称的人,是不会被世俗的小羞、小耻所惊动的,在陌生的婢女们的注视下如厕、换衣,哪值得大惊小怪呢?

杜牧诗云:"胜败兵家事不期,包羞忍耻是男儿。"这样的男儿只是把羞耻忍住,不发作而已。苏轼《留侯论》说:"天下有大勇者,卒然临之而不惊,无故加之而不怒。此其所挟持者甚大,而其志甚远也。"用长远的志向和抱负来承受眼前的羞耻,苏轼认为这才是真正的勇敢。

以上两种皆非王敦所诩的"高尚"境界。以"高尚"自诩的英雄，根本不用找理由来容忍和消化所谓羞耻。在他们眼里，羞耻不足以萦怀，只要人能把自己放在足够"高"的位置上即可。

还有，慷慨。

> 既素有重名，又立大功于江左，专任阃（kǔn）外，手控强兵，群从贵显，威权莫贰，遂欲专制朝廷，有问鼎之心。帝畏而恶之，遂引刘隗（wěi）、刁协等以为心膂（lǚ）。敦益不能平，于是嫌隙始构矣。每酒后辄咏魏武帝乐府歌曰："老骥伏枥，志在千里。烈士暮年，壮心不已。"以如意打唾壶为节，壶边尽缺。（《晋书·王敦传》）

王敦自恃有名、有功、有兵、有势，于是觊觎大位，有问鼎之心。晋元帝忌惮王敦，任用刘隗、刁协来制衡。王敦受到了抑制，酒后感慨多，边吟诵曹操乐府诗《龟虽寿》中的名句，边用手中的如意敲打唾壶，壶边全敲缺了。用力如此猛，是壮怀激烈，情难自已。他进入了类似于曹操的心境，同样感受到壮志难酬的悲慨。抛开其志向的内容本身，仅就志向作为志向而言，王敦的歌声、动作传达了人类共同的悲哀：人生总归是有限的，即使是英雄名士这些站在人群顶端者，也有竟时，终成土灰。这就是慷慨，是触摸到命运而无力扭变后的激动。

所以，雄豪、洒脱、刚忍、坦然和慷慨，是作为英雄的王敦的性格和气质。像他这样的人，确实没有什么是不敢为的。

> 王大将军既为逆，顿军姑孰。晋明帝以英武之才，犹相猜惮，乃着戎服，骑巴賨（cóng）马，赍（jī）一金马鞭，阴察军形势。未至十余里，有一客姥，居店卖食，帝过愒

(qì)之，谓姥曰："王敦举兵图逆，猜害忠良，朝廷骇惧，社稷是忧。故劬(qú)劳晨夕，用相觇(chān)察。恐形迹危露，或致狼狈。追迫之日，姥其匿之。"便与客姥马鞭而去。行敦营匝而出，军士觉，曰："此非常人也！"敦卧心动，曰："此必黄须鲜卑奴来！"命骑追之，已觉多许里，追士因问向姥："不见一黄须人骑马度此邪？"姥曰："去已久矣，不可复及。"于是骑人息意而反。(《假谲》6)

东晋明帝继位后，视王敦为心腹大患，加强了对王敦的防范。而王敦也不甘放弃野心，从武昌移镇姑孰(今安徽当涂，当时是拱卫首都建康的战略要地)。

明帝是个英武的皇帝，身穿戎服，骑着巴地賨人养的良马，手持一金马鞭，暗中察看王敦军队的形势。在距离王敦驻兵处十多里的地方，碰到一名卖饮食的老妇人，对她交代实情，希望届时能够为他打掩护。这种描写不免有小说的意味，刻意渲染了明帝的勇锐，但不大合乎情理。因为明帝要亲自摸一摸王敦军队的情况，孤身涉险，就必须隐藏行迹，把自己泯同众人。但在以上的描写中，明帝穿军装、骑名马、持金鞭，此非常人的装束，简直就是自我暴露，唯恐人家不知道他的身份不凡。而且，明帝还对一个素不相识的普通老妇人分析局势，激发她的忠贞爱国之心，希望她能掩护，这也太夸张了。这样写，无非是暗示明帝既英勇，又有谋略，对即将发生的事了如指掌。

更奇异的是，王敦在冥冥之中有了感应，居然预感到明帝近在咫尺，从睡梦中突然跳起，说："一定是黄胡须的鲜卑奴来了。"明帝的母亲荀氏是鲜卑人，黄须乃鲜卑人的体貌特征，王敦以"黄须鲜卑奴"称明帝，摆明了是对明帝的蔑视。于是派兵追赶。当然追不上了。

由于王敦最终身败，所以此事的记载不免偏向明帝，主要是突出明帝英武果敢的形象，且以王敦的惊惶来衬托明帝。相对而言，《晋书·明帝纪》中的记载要合理得多——"敦将举兵内向，帝密知之，乃乘巴滇骏马微行，至于湖，阴察敦营垒而出。有军士疑帝非常人。又敦正昼寝，梦日环其城，惊起曰：'此必黄须鲜卑奴来也。'帝母荀氏，燕代人，帝状类外氏，须黄，敦故谓帝云。于是使五骑物色追帝。帝亦驰去，马有遗粪，辄以水灌之。见逆旅卖食妪，以七宝鞭与之，曰：'后有骑来，可以此示也。'俄而追者至，问妪。妪曰：'去已远矣。'因以鞭示之。五骑传玩，稽留遂久，又见马粪冷，以为信远而止不追。帝仅而获免。"但无论如何，王敦对明帝的蔑辱以及派兵追杀明帝的凶狠，是真实的。

与王敦同时，还有一位英雄祖逖。祖逖以雄豪出名，24岁时和刘琨一起被辟为司州主簿。两人感情很好，夜中听到鸡叫，没有把这视为不祥的声音，认为时局的不稳定，反而是英雄豪杰们建立功业的机会。

> 祖车骑过江时，公私俭薄，无好服玩。王、庾诸公共就祖，忽见裘袍重叠，珍饰盈列，诸公怪问之。祖曰："昨夜复南塘一出。"祖于时恒自使健儿鼓行劫钞，在事之人，亦容而不问。(《任诞》23)

祖逖刚过江时，由于公私都不宽裕，所以服饰用度比较朴素。突然有一天，当朝的王导、庾亮诸公对祖逖刮目相看，因为他的皮袍有一大摞，到处摆的是珍奇的饰物。原来祖逖派手下的人到秦淮河南岸的南塘公然抢劫，这些都是赃物。当时朝廷以安靖为施政原则，对祖逖的不法行径也就睁一只眼闭一只眼了。

追随祖逖的多是狡黠彪悍的勇士,祖逖待他们如兄弟。他们要生产,既然财力不够,祖逖就自己想办法。他是英雄一流的人,做事没有多少道义的负担,也不管什么是非善恶。从正途弄不来钱,就从歪路下手。英雄的生存能力极强,原因之一是他们无所畏惧。

第三课

时间：英雄的最后对手

王敦之后，又有类似的人物继起，就是桓温。

桓温的成名与高门子弟不同。他不是凭借清谈、妙语、颖悟和文辞等文化的优势，而是凭借风流儒雅的名士一般所少有的勇武。桓温的父亲桓彝死于苏峻之乱，且与一个叫江播的人有关。桓温从小枕戈泣血，决计报仇。一直等到了18岁，正值江播去世，其子江彪等兄弟三人守丧，他们知道桓温要来复仇，严防死守，非常谨慎。桓温不是莽夫，他混迹于吊唁宾客中，在守墓的庐舍里手刃江彪，然后追杀了江彪两个逃走的弟弟。桓彝的大仇，经过十多年的隐忍，终于一朝得报。舆论对桓温的复仇之举，抱以同情和激赏的态度。

其后，桓温尚主，且取得了庾亮之弟庾翼的赏识。庾翼虽是士族名流，但他抱负不凡，渴望建立功业，看不惯夸夸其谈、华而不实的名士。庾翼对气质与其相类的桓温有相当的好感，甚至与桓温相约要平定海内。庾翼对桓温的支持是实在的，他郑重向晋明帝举荐桓温，说桓温是英雄，希望皇帝不以普通的女婿来看待桓温，要另眼相待，给予破格的待遇。后来辅政的何充，也看好、器重桓温。

有这些权贵的另眼相待，桓温的英雄之路，也就正式开启了。

桓公将伐蜀，在事诸贤咸以李势在蜀既久，承藉累叶，

且形据上流，三峡未易可克。惟刘尹云："伊必能克蜀。观其蒲博，不必得，则不为。"（《识鉴》20）

　　桓公入峡，绝壁天悬，腾波迅急。乃叹曰："既为忠臣，不得为孝子，如何？"（《言语》58）

　　桓温英雄事业的起步，与他在荆州刺史任上伐蜀成功有关。

　　当时桓温执意伐蜀，当朝的衮衮诸公并不看好前景。他们都以为蜀主李势经营蜀地为时已久，历经数代，根基深厚；而且，蜀方有地利，占据长江上游，桓温从荆州攻蜀，逆流而上，难以攻克险峻的三峡。唯独刘惔认为桓温此行一定成功。刘惔观察过桓温赌博，从中深切了解到桓温的性格、为人。桓温赌博有个特点，没有必赢的把握，绝不出手。因此在刘惔看来，既然桓温下了决心，说明他已经周全地考虑了各种情况，一定是胜券在握，才出手的。

　　桓温率军入三峡，还是遇到了巨大的挑战。上述第二则材料用了八个字形容三峡的特殊形势——"绝壁天悬，腾波迅急"。向上看，是高耸接天的悬崖峭壁；向下望，是波浪迅急的滔滔江水。仿佛置身于绝境中一样。桓温不由感慨："既然选择了当忠臣，就不能当孝子，如何是好？"当然，这个时候桓温还没开启改朝换代的野心，所以还以忠臣自居。但做忠臣和篡位，对于英雄来说，两者并不矛盾。因为，忠臣是忠于国家，而国家非一家一姓所能私有，唯有德者居之。等英雄的功德足够了，改朝换代便是顺理成章、水到渠成的事。桓温既然决定伐蜀，早已将留身尽孝置之度外了。不是说英雄就不孝了，而是说孝从来都不是英雄生命的全部或者中心。

　　险峻的环境还是引起了桓温关于事业和家庭冲突的感怀。

他虽然是以"如何"、以问句的形式收尾,但他内心是坚定无疑的。不过,从这里可以看出,桓温是个对环境很敏感、内心很丰富的人。这种性格在他日后于北伐途中感叹少年时代所种的树中,表现得尤其明显。对此我们最后再说。

> 桓宣武平蜀,集参僚置酒于李势殿,巴、蜀缙绅,莫不来萃。桓既素有雄情爽气,加尔日音调英发,叙古今成败由人,存亡系才,其状磊落,一坐叹赏。既散,诸人追味余言。于时寻阳周馥曰:"恨卿辈不见王大将军。"(《豪爽》8)

桓温伐蜀,一战功成。他在蜀主李势的宫殿里,召集僚属聚会畅饮,巴蜀地方的缙绅也荟萃于此。这可是人生得意之秋,是英雄最高光的时刻。在曾经敌人的宫殿里,面对着属下、面对着臣服于自己的当地显赫人物,享受着簇拥,桓温志得意满。他平日就有豪爽的气概,这一天更加踌躇满志,说话的音调都格外遒劲。桓温发表演讲,叙述历史的成败、王朝的存亡,强调由人而不由天,系于才而不系于命。很明显,桓温从他的冒险克难中,看到了自己的意志、才华和智慧的作用痕迹,换言之,桓温用伐蜀的成功印证了他所拥有的本质的力量,他对自己更有信心了。英雄的自信一旦建构起来,就不容易再去相信命运、天意等偶然的、缥缈的因素。可以说,这一次战役,奠定了桓温作为英雄的心理基础。

桓温磊落的神情举止,使满座的人叹赏不已。聚会散后,诸人还在回味桓温方才的讲话。可见,桓温的表现在精神上撼动、征服了这些人。唯有寻阳周馥嫌这些人大惊小怪,没见过世面——"遗憾你们未曾见过王敦王大将军"。周馥曾是王敦的手下。他其实以亲历者的角色,看到了桓温和王敦身为英雄的一脉相承的精神谱系。

> 桓温行经王敦墓边过，望之云："可儿！可儿！"（《赏誉》79）

> 桓公读《高士传》，至於陵仲子，便掷去曰："谁能作此溪刻自处！"（《豪爽》9）

> 桓公卧语曰："作此寂寂，将为文、景所笑！"既而屈起坐曰："既不能流芳后世，亦不足复遗臭万载邪？"（《尤悔》13）

以上三则材料所说的事情很小，却很能见桓温的真实心志。

桓温曾经出行，经过王敦墓边，望着坟墓连说："可爱的人！可爱的人！"刘孝标此条注引孙绰《与庾亮笺》："王敦可人之目，数十年间也。"王敦身亡，事业已成丘墟，但是名头没坠，人没倒下。就如孙绰给庾亮的信里所写的，数十年间，舆论一直都在传说王敦为可爱的人，并未把他污名化为逆臣贼子。桓温也同样认为，可能他比一般人更能体会王敦当初的处境和内心，毕竟两人都是英雄，都没有为自己的行为划定道德的边界，都没有把所谓的君臣名分当回事。

桓温读西晋皇甫谧所著的《高士传》，读到战国时齐国高士於陵仲子的传，便把书丢在一边，读不下去了，还说："谁能这样苛刻（溪刻，严苛的意思）地对待自己！"

据说於陵仲子的哥哥在齐国做到了相国的高位，俸禄优厚。仲子嫌兄长的俸禄来得不义，于是逃到楚国居住。仲子织鞋,妻子织布,用这去换衣食,以此谋生。可见他在道德上极端推崇自食其力。后来他回齐国探母,碰上有人送他哥哥鹅,其母把鹅杀了,仲子在不知情的情况下误吃,待其兄提起此事,仲子跑出门,抠喉咙,把刚吃进去的鹅肉全都吐出。仿佛这鹅肉也是不洁净的,他不能接受自己的清白躯体被肮脏的鹅肉玷污。仲子的道德观很狭隘,狭隘到不近人情、荒谬绝伦的地步。桓温不明白,一个人怎么能够对待自己如此刻薄。他掷书的动作,恰说明了他对此类高士、此类道德典范的反感。当然,反感於陵仲子的刻薄的自处方式,不是说桓温就认为人应该放纵,而是至少应该近于人情。不过,仲子被树立成高士,被树立成清正廉洁的典范,对教育民众、塑造道德风尚还是有利的。作为英雄的桓温,厌恶仲子荒唐、做作的清洁;但如果桓温成功改朝换代,做了皇帝,对仲子又会如何看呢? 很有可能桓温个人的态度不改,内心始终是厌恶的,但不妨碍他公开号召臣民以仲子为榜样。

桓温躺着的时候,突然说:"像这样沉寂,无所作为,将为司马师、司马昭所笑。"接着又坐起来,说:"既然不能流芳百世,难道不足以遗臭万年吗?"《续晋阳秋》交代了背景:"桓温既以雄武专朝,任兼将相,其不臣之心,形于音迹。"桓温专擅朝政,大权尽握,已经处在与当年司马师、司马昭类似的情形之中了。他觉得就此打住,要被司马师和司马昭这样的人嘲笑。条件都已具备,如果因自身的原因不敢跨越,那就不是英雄了!桓温所顾虑的,无非是历史对他的评价。如果改朝换代了,他的名声究竟是"芳"还是"臭"? 当后世论起他的所作所为时,究竟是将他比作尧舜禅让、汤武革命,还是比作王莽篡位、董卓逼君? 桓温还顾忌着历史。但他终于想通了:无论哪种,只要能在历史上留下声名,做什么又何妨? 行动本身就有意义,而不必在乎何种性质的行动！声名，就是对行动的记忆。至于所谓"芳"与"臭"，不过是后世的立场而已。英雄之所以激昂慷慨、豪气干云，是因为他们的心是热的，他们不甘寂寞，他们想让自己积极行动起来以建立名声，在历史中留下他们走过的痕迹。

既然英雄总要有所作为，而无论是何种性质的作为，于是，有个最大的对手便在等候着桓温，这就是时间。

> 桓公北征经金城，见前为琅邪时种柳，皆已十围，慨然曰："木犹如此，人何以堪！"攀枝执条，泫然流泪。(《言语》55)

从《世说新语》的相关记载来看，桓温的情感很丰富，而不像一般觊觎帝位的枭雄们无喜无怒、胸有城府、高深莫测，他并不介意动情、暴露自己的内心。像以上这个故事，就是典型的例子。

桓温一生共有过三次北伐。此次是东晋太和四年（369年）伐燕，路经金城（今江苏句容）。桓温在咸康元年（335年）出任琅邪内史，侨置的琅邪郡治所就在金城。将近30年后，桓温重经故地，看到当年种下的垂柳，如今已经有十围粗了。

桓温从这已然十围的柳树看到了什么呢？看到了时间。时间本是悄无声息地流逝，身处时间洪流之中的人不容易感知到时间的存在，就像随波浮沉的人不容易感知水的存在。唯有熟悉的事物的变化，才能使时间现形。所谓变化，是事物的昨日之面貌和今时之面貌的差异。差异，用强烈的对比把今与昔带入人的意识。意识到今昔，就意识到时间。所以，眼前粗壮的柳树把30年前的记忆调度出来，桓温看到了柳树的变化，看到了时间所造成的改变,看到了柳树由弱及壮、进而转衰的必然命运,看到了柳树命运背后所潜伏的时间的伟力。他不放过稍纵即逝的时机,逐步建立起雄图霸业,但他只能利用时间,而不能控制时间、不能拥有时间。时间始终外在于他,所以时间终究有一天也会淹没他,跨过他。与无限的时间比起来,他太渺小了。从柳树这里,桓温终于照见了自己的有限。时间,是所有英雄豪杰、所有辉煌事业的黑洞。所以苏轼在《赤壁赋》里为曹操感慨:"方其破荆州,下江陵,顺流而东也,舳舻千里,旌旗蔽空,酾酒临江,横槊赋诗,固一世之雄也,而今安在哉?"

当孤独地面对时间时,桓温只能泫然流泪。

南宋大词人辛弃疾,意气风发,是从战场上厮杀出来的,亦有英雄气质。时人便认为辛弃疾"变则为桓温之流亚"。也就是说,如果条件允许,假以时日,辛弃疾亦会成为南宋的桓温。这种可能性虽然无从验证,但在某些地方,辛弃疾确与桓温相类。辛弃疾在他的词作里毫不掩饰对建立功名事业的热情和渴望。而南宋的历史境遇又同东晋相仿佛。所以辛弃疾应该很能体会桓温曾经有过的悲哀和无奈。譬如,桓温于晋穆帝永和十二年(356年)自江陵开始了他的第二次北伐,收复故都洛阳,与僚属登楼眺望中原,不禁感慨:"遂使神州陆沉,百年丘墟,王夷甫诸人不得不任其责!"指责王衍等人应对西晋的覆亡负责。辛弃疾也使用过该典故,词云:"夷甫诸人,神州沉陆,几曾回首。算平戎万里,功名本是,真儒事、君知否。"对于桓温的"木犹如此,人何以堪",辛弃疾感同身受,其词"可惜流年,忧愁风雨,树犹如此!倩何人唤取,红巾翠袖,揾英雄泪?"便引用此典。辛弃疾作此词时尚值中年,但长时间的投闲置散、壮志难酬,使他格外愤激不平。他想到了桓温,一样突破不了时间置下的障碍。

在和时间的对峙中，英雄的豪迈慷慨之情，显得尤为悲切、深沉。

第六讲

文采惊艳析才子

许多研究者都说，魏晋是文学自觉的时代。所谓文学自觉，无非是文学脱离了它对政治教化的依附性而日渐独立，按照文学自身的特性来演化，把自身的完善当成是目的。这个时代，文学的各门各类均有较大的发展，特别是文学批评也成熟起来，这反映了时人对文学的理解在加深，是文学创作的繁荣促成人们对文学现象有更深刻的理解。

文学的繁荣最明显的表现是作者的增多。魏晋的士族具有无可比拟的文化优势，他们也自傲于这种优势，而文学作为文化近乎核心的门类，乃士族成员必备的修养。文学使他们敏感的心灵和细腻的情感得到恰当的表达，使他们更自觉地关照和探索生命，同时也是他们风雅、精致生活的重要点缀。西晋石崇的金谷园，是诗酒风流之处；王羲之等人的兰亭集会，是在流觞曲水边作诗。

所以文采惊艳的才子纷至沓来。《世说新语》记载了诸多才子的文学活动，他们具捷才，善妙赏，有性情，他们展示了文学的魅力。

第一课

捷　才

文才有大小之分，也有迟速之别。

刘勰《文心雕龙·神思》言："人之禀才，迟速异分。"人先天的禀赋不同，所以才华有迟有速。他举了文学史上的几个著名例子来说明："相如含笔而腐毫，扬雄辍翰而惊梦，桓谭疾感于苦思，王充气竭于思虑，张衡研《京》以十年，左思练《都》以一纪。虽有巨文，亦思之缓也。"司马相如含笔构思，直至毫毛腐烂了才作成文章，扬雄一停笔就做噩梦，桓谭因苦苦思考而得病，王充因用心过度而气力衰竭，张衡思考写作《二京赋》费时十年，左思推敲《三都赋》耗时也在十年之上，这些都是思虑迟缓的情形。

与此相对，也有反应敏捷、思如泉涌的——"淮南崇朝而赋《骚》，枚皋应诏而成赋，子建援牍如口诵，仲宣举笔似宿构，阮瑀据鞍而制书，祢衡当食而草奏，虽有短篇，亦思之速也。"淮南王刘安用一个早上的时间写好《离骚赋》，枚皋刚接到诏书就写好了赋，曹植写起来好像背诵旧作一样，王粲拿起笔有如早已作好，阮瑀在马鞍上就能写好文书，祢衡在吃饭时就能写出章奏。

但无疑，出手快更能表现出一个人文学上的天才。所以，"吟安一个字，捻断数茎须"不如"日试万言，倚马可待"令人嗟叹和敬服。

文帝尝令东阿王七步中作诗，不成者行大法。应声

143

便为诗曰:"煮豆持作羹,漉(lù)菽(shū)以为汁。其在釜下然,豆在釜中泣。本自同根生,相煎何太急?"帝深有惭色。(《文学》66)

这是著名的曹植作《七步诗》的故事。这首诗另有通行的版本,简化为四句:"煮豆燃豆萁,豆在釜中泣。本是同根生,相煎何太急?"不过,这个故事生造的痕迹很明显。它有史实的依据——曹丕和曹植兄弟俩为争夺曹操继承人的地位而明争暗斗。起初曹操属意曹植,因为曹植聪明俊秀,才华横溢,热情奔放,人格魅力比曹丕大。但后来曹操逐渐丧失了对曹植的好感,下定决心立曹丕为嗣子。

曹丕继位后,对宗室限制很严。这不是他心胸狭隘,亲情淡薄,容不下兄弟,而是出于强化皇权的政治需要。对待曹植尤其严厉,甚至刻薄。还有个故事可见称帝后的曹丕对待曹植的态度——曹植曾经入朝,把属官留在关东,本人则带着两三个随从有意隐藏身份私行,先见了曹操的长女、清河长公主,想通过公主来缓和与曹丕的尴尬关系。守关的官吏把情况汇报上去,曹丕派人前去迎接,见不到人。太后以为曹植自杀,对着曹丕哭泣。等曹植披头散发,戴着刑具,光着脚进宫,曹丕和太后方才转忧为喜。见面后,曹丕仍然绷着脸,没好脸色,不和曹植说话,也不令他加冠穿鞋。曹植只是拜伏在地,哭泣流泪。太后不高兴了,曹丕才让曹植把王服穿好。

曹丕命令东阿王曹植在七步之内作诗,不成的话就要处以死刑。曹丕作为成熟的政治家,即便视曹植为心腹大患,也不会使用如此幼稚的方法。故事的编者之所以要这么讲,显然是在刻意地烘托曹植的险恶处境——能否活下去,取决于在七步这样短暂的时间内作不作得成一首诗,可谓命悬一线。而曹植是"应声便为诗",不假思索,随口即成。不仅如此,还借用烧豆萁来煮豆的比喻,讽刺曹丕残害手足,令曹丕深感惭愧。曹植就这样凭借着捷才,成功地转危为安。

敏捷的才华,在《世说新语》的创作者看来,某些情况下还可以成为改变命运的力量。

> 魏朝封晋文王为公,备礼九锡,文王固让不受。公卿将校当诣府敦喻。司空郑冲驰遣信就阮籍求文。籍时在袁孝尼家,宿醉扶起,书札为之,无所点定,乃写付使。时人以为神笔。(《文学》67)

晋文王指的是司马昭,他已经操控了朝政,即将改朝换代。作为前奏,是受封为公,加九锡之礼。九锡是九种礼器,非一般人所能享有。司马昭先是假装谦让、坚决不受,既可借机观察朝臣动态,无形中也是在鼓励他们加紧劝进,以便为换代大造舆论。

司马昭之心,大家都懂。但凡有资格表态的文武大臣,纷纷登门去做工作。司空郑冲急忙派使者骑马飞驰至阮籍处,请阮籍写篇劝进的文章。阮籍当时正在袁准家,隔夜的余醉还没有醒,但非常时刻,已经由不得他继续醉下去了,于是使者强行把他扶起来。阮籍半醉半醒,就着木札书写,一气呵成,连修改也没有,当即抄写,交给使者。当时人以为阮籍是"神笔"。在宿醉未消、不便为文的情况下,阮籍的思路不受影响,大笔一挥,雄文便成,连修改也不需要,可见其才华之敏捷。

> 桓宣武命袁彦伯作《北征赋》,既成,公与时贤共看,咸嗟叹之。时王珣在坐云:"恨少一句。得'写'字足韵,

当佳。"袁即于坐揽笔益云:"感不绝于余心,溯流风而独写。"公谓王曰:"当今不得不以此事推袁。"(《文学》92)

桓宣武北征,袁虎时从,被责免官。会须露布文,唤袁倚马前令作。手不辍笔,俄得七纸,殊可观。东亭在侧,极叹其才。袁虎云:"当今齿舌间得利。"(《文学》96)

袁宏始作《东征赋》,都不道陶公。胡奴诱之狭室中,临以白刃,曰:"先公勋业如是!君作《东征赋》,云何相忽略?"宏窘(jiǒng)蹙(cù)无计,便答:"我大道公,何以云无?"因诵曰:"精金百炼,在割能断。功则治人,职思靖乱。长沙之勋,为史所赞。"(《文学》97)

以上三则,都是有关袁宏(字彦伯)的故事。

桓温命令袁宏作赋,歌颂他的北伐鲜卑慕容的事业。写好后,桓温与名流们一道观看,大家都赞不绝口。当时王珣(王导之孙,被封为东亭侯)在座,说:"很遗憾少一句,能够用'写'来补足韵脚就更好了。"袁宏随即拿笔增添:"感不绝于余心,溯流风而独写。"写,即泻。袁宏所加的一句是说,他心中的感念不绝,逆着流风而独自倾泻。这句话也不是特别精彩,但能应声而出,反应也够敏捷的了。所以桓温说:"当今不得不以作赋的事来推许袁宏了。"

第二则故事是在桓温北伐中,袁宏当时随军出征,后来因事被免去官职。此时恰好军中急需一篇露布文(不封口的公文)。桓温叫来袁宏,令他靠着马来写。他手不停笔,不一会儿就写满了七张纸,文词很可观。王珣也在旁,极欣赏袁宏的文才。

第三则故事同样是表现袁宏的捷才。袁宏的《东征赋》铺叙了诸多永嘉乱后过江的名流，这篇赋影响力大，几等于东晋名流谱。陶范（小名胡奴）见自己的父亲陶侃的名字没被列进，心有不满。他把袁宏诱骗到一间小房子中，拿刀架到他脖子上，威胁道："先父为朝廷立下如此功勋，你作《东征赋》，为什么忽略先父？"袁宏非常窘迫，还好反应快，瞬间想到解脱的办法，当场挤出了几句专门颂扬陶侃的话："精金百炼，在割能断。功则治人，职思靖乱。长沙之勋，为史所赞。"在被外力胁迫时，能在仓促之际脱口而出，袁宏不愧为"一时文宗"。

　　　王东亭到桓公吏，既伏阁下，桓令人窃取其白事。东亭即于阁下更作，无复向一字。（《文学》95）

王珣做桓温的属吏，拜伏在阁下。桓温喜欢和属下开玩笑，派人借机把王珣奏事的公文悄悄拿走。王珣随即在官署前重写，没一个字和前面的重复。尽管是公文，但要当场不重复地另写一份，这才气是惊人的。而无一字重复，似乎王珣是有意为之，既然上司给他出了道难题，那么他顺水推舟，好好地在上司面前表现一番其敏捷的才华。无怪乎此条刘孝标注引《续晋阳秋》说："珣学涉通敏，文高当世。"王珣的表现当得起这样的评价。

　　　桓玄尝登江陵城南楼云："我今欲为王孝伯作诔（lěi）。"因吟啸良久，随而下笔。一坐之间，诔以之成。（《文学》102）

　　　桓玄初并西夏，领荆、江二州，二府一国。于时始雪，

五处俱贺,五版并入。玄在听事上,版至即答版后,皆粲然成章,不相揉杂。(《文学》103)

上面两则说的是桓温之子桓玄的事。

桓温死后,桓氏进入了蛰伏期,直到桓玄长成。成年后的桓玄样貌不俗,气质俊朗,多才多艺,尤善于作文。《晋安帝纪》说他"文翰之美,高于一世"。

桓玄曾登上江陵城南楼,打算为王恭作诔,用以志哀。起初桓玄为义兴太守,郁郁不得志。以他的出身,做个太守,当然委屈了。他登高望震泽,感叹:"父亲是九州伯,儿子却是五湖长。"这话牢骚气很足。桓玄命运发生转机,是与王恭联手起兵反对辅政的会稽王司马道子。王恭乃东晋孝武帝皇后之兄,对自己的才华、门第是相当自傲的,与桓玄一样志向不凡。他起家为佐著作郎,嫌官小,叹道:"做官如果不做宰相,才志怎么驰骋得了呢?"所以托病辞职。王恭后来兵败被杀,但桓玄一直惦念着和王恭的交情。他"吟啸良久"——魏晋名士最好此道,很适宜释放激越的情怀。桓玄吟啸,既是在表达对故人的哀思,同时也是在为作诔而精心构思,待成竹在胸了,随之落笔,不过坐下这一会儿的工夫,诔便写成。

桓玄在打败荆州刺史殷仲堪后,势力进一步增加。西夏指的是东晋版图以西的区域;同时,桓玄为荆州、江州两州刺史,又为后将军,都督八郡军事,所以辖有两军府;一国指的是他所承袭的桓玄的南郡封国。一人身兼这么多职位,需要裁决的日常事务应该是很多的。有次刚开始下雪,五个地方一起庆贺,五份贺文同时呈上。桓玄在厅堂里面,贺文一来,即于文后做批示。言辞无一不精美,斐然成章,内容没有杂糅、重叠的。尽管这都是公事公办的公文,不外乎是些看起来光华的陈词滥调,但如果不是腹笥甚宽、文思敏捷,是不可能同时批个花样出来的。

对捷才的偏好,反映出士人们对文学天才的推崇和向往。当然,他们也认识到,文学不是仅凭天才就足够,还应辅以学问的修养。

> 殷仲文天才宏赡,而读书不甚广博,亮叹曰:"若使殷仲文读书半袁豹,才不减班固。"(《文学》99)

殷仲文有天才,可惜读书不太多,学问不足。所以傅亮感叹,如果他读的书哪怕只有袁豹的一半,才气也不亚于班固。班固是东汉的大史学家,继承父亲班彪的事业,用了20多年时间完成了《汉书》,取得比肩司马迁的成就。班固九岁便能属文,是有天才的,而读书也勤奋,经传无不穷览。

第二课
妙　赏

　　除了敏捷，作为才子，当然还须有出色的文学鉴赏力，即妙赏。

　　妙赏，一方面是个能力问题，另一方面则要超越某些心理定式。刘勰《文心雕龙·知音》论文学批评，指出存在着贵古贱今、崇己抑人、迷真信伪等常见的倾向。别的不说，就说崇己抑人，越是在有文学成就的人身上，往往表现得越是明显。陆机的《文赋》把文学创作过程的各环节精细地描写出来，剖析入微。他是绝顶好手，深谙创作的甘苦，按理说他的衡文应很精准、客观，但听说了左思作《三都赋》后，他嘲笑该作可以用来盖坛子，不屑之意，灼然可见。

　　　　孙兴公作《庾公诔》。袁羊曰："见此张缓。"于时以为名赏。(《文学》78)

　　　　孙兴公云："潘文烂若披锦，无处不善；陆文若排沙简金，往往见宝。"(《文学》84)

　　　　孙兴公云："潘文浅而净，陆文深而芜。"(《文学》89)

　　　　孙兴公道曹辅佐才如白地明光锦，裁为负版绔(kù)，非无文采，酷无裁制。(《文学》93)

孙绰是东晋有名的文士。据史籍记载,孙绰少时就以文才著称于世,在当时的文士中,他领袖群伦。像温峤、王导、郗鉴、庾亮等朝廷重臣身后的碑文,均出自他的手笔。他为庾亮作诔,袁乔(小字羊)看后,用"张缓"两字来点评,即张弛有度、有节奏感。当时的人都认可袁乔的鉴赏。

孙绰评论西晋两大文人潘岳和陆机,说潘岳的文风灿烂得犹如披上了锦缎,没有一处不好;陆机的文风犹如排开沙砾筛选金子,常常能够看见珍宝。潘岳的文风以华丽著称;至于陆机,张华有过点评,说别人担心的是才华不够,而陆机的问题是才华太多。孙绰以"烂若披锦"和"排沙简金"来比喻两人的文风,既精确,又形象。有学者用"意象批评"来命名孙绰的这种类型的赏析方式,这种方式除了要求欣赏者准确体味、把握欣赏对象的风格特点,还要以贴切、生动、新鲜、相似的形象来比拟,实际上是一种再创造。

孙绰对潘岳和陆机的文风,还有一个评论,说潘文浅白而纯净,陆文深奥而芜杂。文学批评,一个重要导向就是比较风格的异同。这是当时对人的品鉴风气在文艺领域的延伸。

曹毗(字辅佐)是曹休的玄孙,好文籍。明光锦是晋时有名的织锦,孙绰以此为喻,说曹毗才华就好像白底子的明光锦,但裁成的是书童的裤子。这是说,曹毗有文采,但剪裁不当。

> 孙兴公作《天台赋》成,以示范荣期,云:"卿试掷地,要作金石声。"范曰:"恐子之金石,非宫商中声!"然每至佳句,辄云:"应是我辈语。"(《文学》86)

孙绰对他的《天台赋》非常自负,拿给范启(字荣期)看,说:"你试着把它扔在地上,会发出金石之声。"意指这文章读起来铿锵悦耳。范启起初不相信，但每每读到佳句，就说："确实是我们这类人所说的话。"也就是说，《天台赋》很好地表达了名士们特有的思想、情趣。范启从赋中读出了自身的情态。

东晋以后，人们对于山水的欣赏意识越发自觉。这背后的原因有多种，如果从哲学上来追究，就与老庄有关了。当老庄的自然之道成为士人们的普遍信仰时，一个问题随之而生，就是玄虚的大道如何才能令人亲切体知？或者说，形而上的道如何转化成形而下的体验？于是，山水便顺理成章地进入了士人们的视线。山水不仅仅是物理的存在，还具有精神的意义。因为，没有什么比山水更自然的了，山水是道的最合适的映现。人从山水中体认大道，从而分有了道的超越性格，这其实也是人的精神境界的升华。

> 郭景纯诗云："林无静树，川无停流。"阮孚云："泓峥萧瑟，实不可言。每读此文，辄觉神超形越。"（《文学》76）

> 孙兴公为庾公参军，共游白石山。卫君长在坐，孙曰："此子神情都不关山水，而能作文。"庾公曰："卫风韵虽不及卿诸人，倾倒处亦不近。"孙遂沐浴此言。（《赏誉》107）

这则故事也很典型。郭璞（字景纯）是两晋之交的著名文士，他有四言诗："林无静树，川无停流。"这也算是景致的描写，不过比较粗泛，主要是强调变动的绝对性。所以，这个写法仅仅是把景致作为某种哲理的例证。但还是给了阮孚不一样的感受，他说："水深山高，林木萧瑟，实在不可言说。每每读到这些文字，就有形神的超越感。"阮孚的观点很明显，山水之于人，是实现了精神的超越。

所以，一个人如果貌似不具备欣赏山水的能力，其能否作文就值得怀疑，即一个人如果不具备精神的超越性，是写不出脱俗的文字的。孙绰就持这个观点。他与庾亮共游白石山，卫永（字君长）亦厕身其中。但孙绰对卫永表示诧异，理由是其人神情都不涉及山水，居然能作文。

> 庾仲初作《扬都赋》成，以呈庾亮。亮以亲族之怀，大为其名价云："可三《二京》、四《三都》。"于此人人竞写，都下纸为之贵。谢太傅云："不得尔。此是屋下架屋耳，事事拟学，而不免俭狭。"（《文学》79）

> 谢公因子弟集聚，问《毛诗》何句最佳？遏称曰："昔我往矣，杨柳依依；今我来思，雨雪霏霏。"公曰："讦（xū）谟（mó）定命，远猷辰告。"谓此句偏有雅人深致。（《文学》52）

庾阐（字仲初）写好了《扬都赋》，获得同族大人物庾亮的偏爱。庾亮将此赋与张衡的《二京赋》、左思的《三都赋》相提并论，由此声名远扬，人人竞相抄写，京城的纸价为之大涨。但谢安不看好这篇赋，他的评论是该赋不过叠床架屋，意指文章堆砌，重复之处很多。而且，谢安还指出，事事模拟效仿，就不免贫乏浅狭。谢安不以文章出名，不是第一流的文学家，但他有深厚的文学修养，精于鉴赏，对庾阐赋的评论即是一例。

谢安很注重谢氏子弟的文学教育。他趁着子弟聚集的机会，发问《诗经》中哪句最好。侄儿谢玄（小字遏）脱口而出："《小雅·采薇》中情景交融的名句'昔我往矣，杨柳依依；今我来思，雨雪霏霏。'"这首诗描写了参与周王朝对猃狁战争的士兵的复杂情感。谢玄所称道的这两句，以出征和回家的境况为对比，从前是依依的杨柳为他送行，如今是霏霏的雨雪迎他归来，不言心情而心情自见于景物之中。王夫之分析了这两句的写作技巧："以乐景写哀，以哀景写乐，一倍增其哀乐。"无疑，这两句诗哀婉动人，谢玄对诗歌之美很敏感。

但谢安更欣赏《大雅·抑》中的"讦谟定命，远猷辰告"这句，意思是以宏大的谋略确定政令，把长远的计划告示群臣。此诗相传为卫武公所作，用以规劝周平王。谢安认为这句诗才有雅人深远的情致。这句论诗味不及谢玄所举的，但契合谢安谋国者的身份。谢安带着自己的身份、处境来读诗，借他人的酒杯来浇自己的块垒，所以感触很深。

> 简文称许掾（yuàn）云："玄度五言诗，可谓妙绝时人。"（《文学》85）

诗歌发展到两晋，出现了一种新的类型，即玄言诗。所谓玄言诗，是玄理、哲理和诗歌的结合，即用诗歌的形式来说玄奥的哲理。魏晋玄学大兴，士人们普遍有理论的热情，喜好钻研《老子》《庄子》《周易》以及佛学等哲学意味强烈的典籍。风气也影响到诗歌的创作，于是乎玄言诗兴起，其中的代表人物便是孙绰和许询。

许询的作品基本上没有保存下来，我们可以从孙绰的《答许询》来看看玄言诗的特点——

> 仰观大造，俯览时物。机过患生，吉凶相拂。智以利昏，识由情屈。野有寒枯，朝有炎郁。失则震惊，得必充诎（qū）。

从今天的眼光来看，该诗完全是哲理的堆砌，是形式严整的韵语，失去了诗之所以为诗的特质。所以南朝的批评家锺嵘在《诗品》中论玄言诗"理过其辞，淡乎寡味"，是有道理的。但玄言诗也不是没有文学史的意义，它展示了东晋诗人们以哲理入诗的努力。诚然，他们的创作实践表明了他们以哲理进入诗歌的方式还非常突兀、生硬，不过还是呈现出他们把哲理作为一种有趣味的东西来用诗歌表现的探索。

简文帝司马昱是清谈的高手，也有文学修养，他说许询的五言诗"妙绝时人"，可能不是着眼于许诗的美感特质，而是着眼于其诗传达的玄理之趣。无论如何，司马昱也有"妙赏"。

> 王孝伯在京行散，至其弟王睹户前，问："古诗中何句为最？"睹思未答。孝伯咏："'所遇无故物，焉得不速老！'此句为佳。"（《文学》101）

魏晋士人好服五石散，这是众所周知的典型的时代特色。五石散是用钟乳石等多种矿物质做成的所谓"上药"，据说具有延年益寿的功效。长生本就是中国人的一个古老信仰，长久以来人们尝试了各种匪夷所思的方法追求不老、不死，服用五石散便是其中之一。曹魏时名士何晏带头，倡导了服用五石散的潮流。但此药有巨大的毒性，危险系数极高，吃得疯疯癫癫、半身不遂乃至一命呜呼的，大有人在。为了消除其副作用，服用五石散须依照专门的方法，如冷水洗浴、喝热酒等，还有一个就是行散——通过行走以散发、排除体中的毒素。

上面所讲的是王恭行散到了弟弟王爽（小字睹）的家门口。服用五石散后，内心是无比苦楚的，但名士们讲究仪表、举止，王恭不可能把苦楚放在脸上，他应当是平静地发问古诗中的最佳句子。没等王爽回应,就已自问自答:"所遇无故物,焉得不速老!"所遇到的没有从前的东西了,世上哪有不从速衰老的事物! 一切都在变动、消逝中。服用五石散本是求长生,而他在行散的特定时刻体内承受着巨大的痛苦,可能还有生不如死的感受。长生的追求却导致生不如死的感受,这种悖谬使他对于"所遇无故物,焉得不速老"的含义感同身受。这句不再是对于人生抽象的概括,而就是活生生的体验本身。

所以,妙赏与人的具体处境是相关联的。

我们稍微把文学鉴赏的话题拉远一点。高水准的鉴赏是文学自身发展之所必需,这是毫无疑问的,同时它也自有外部效应。也就是说,鉴赏不仅能令作品本身的价值得以呈现,也能令作者的身价提升。

> 左太冲作《三都赋》初成,时人互有讥訾(zǐ),思意不惬。后示张公。张曰:"此二京可三。然君文未重于世,宜以经高名之士。"思乃询求于皇甫谧。谧见之嗟叹,遂为作叙。于是先相非贰者,莫不敛衽(rèn)赞述焉。(《文学》68)

左思门寒、貌丑,在既重视出身又重视容止的年代,他缺乏闪光点,这够不幸的了。他唯一可恃的,就是文学才华。他用了十年时间精心构思,写成《三都赋》。为了专心写好这篇文章,他还拒绝了齐王司马冏的起用。可见他对此赋寄望很大。赋写成后,时人并不看好,交相讥讽、诋毁,左思当然不满意了,于是拿给张华看。张华素有文名,又身居高位,且好提携后进,尤其是寒门出身者。张华未曾发达时,靠着一篇《鹪鹩赋》,赢得了好青白眼的阮籍的欣赏,称张华有王佐之才。张华对《三都赋》赞叹有加,认为足以与东汉张衡的名作《二京赋》媲美。但考虑左思还不为世所重,建议左思找名高者推荐。左思找到了皇甫谧。皇甫谧是东汉太尉皇甫嵩的曾孙,其家族累世富贵。皇甫谧看后,也赞叹不已,为《三都赋》写了序文。由于皇甫谧的权威评价,原来诋毁左思的人这时候改变了态度,没有不敛襟跟着夸赞的。该赋轰动了洛阳城,豪富之家竞相传抄,一时间洛阳纸贵。

从以上故事的叙述中,我们看到了一个逻辑链条:权威人士、大人物们对作品的鉴赏,先是影响舆论场,继而影响到市场。

> 或问顾长康:"君《筝赋》何如嵇康《琴赋》?"顾曰:"不赏者,作后出相遗。深识者,亦以高奇见贵。"(《文学》98)

有人问顾恺之(字长康),他的《筝赋》相比嵇康的《琴赋》如何。这也是文艺鉴赏中常见的情况,让作者将新作与名声已在外的同类作品比较。这就不容易措辞了,因为这需要在扬己与尊人之间有个平衡。而顾恺之很好地解决了这道难题,他说:"不欣赏《筝赋》的人认为是后出的作品而不重视,有见解的人则会因为作品的高妙而看重它。"顾恺之的回答与孙绰遇到的某次情况类似,《品藻》第65条记载,简文帝司马昱问袁乔这个人怎么样,孙绰说:"不了解的人不会弃负他的才华,了解的人不取他的品性。"

据说顾恺之有三绝——画绝、文绝、痴绝。他任散骑常侍时,办公的地方与谢瞻的相连。夜晚顾恺之在月下长咏,说自己得前贤的风味,这是他在孤芳自赏。谢瞻每每遥赞,受到激励的顾恺之更来劲了。谢瞻将要安睡,令给他槌脚的人代他继续"点赞",顾恺之不觉有异,依然沉浸在亢奋的情绪中,几乎通宵才终止。这当然是个笑话了,暴露出他的痴呆,所以世人对其"痴绝"的评价名副其实。但换个角度来看,"痴绝"不正是说明他性情的真实吗? 没有貌似可笑实则真实的性情为基底,顾恺之不可能在画、文等领域臻于极境。

> 顾长康拜桓宣武墓,作诗云:"山崩溟海竭,鱼鸟将何依。"人问之曰:"卿凭重桓乃尔,哭之状其可见乎?"顾曰:"鼻如广莫长风,眼如悬河决溜。"或曰:"声如震雷破山,泪如倾河注海。"(《言语》95)

顾恺之曾是桓温的僚属,甚为桓温器重,所以他对桓温也报以厚意。他拜谒桓温墓,作诗把桓温的逝世比喻为大山的崩溃、深海的枯竭,而说自己像鱼和鸟一样失去了凭依。有人要他形容他为桓温哭泣的样子,顾恺之说:"鼻息犹如长风呼啸,眼泪犹如悬河奔泻。"还有一种说法:"哭声犹如雷震破山岳,泪水犹如河倾流入海。"语极夸张,但旁人不觉有假,这是因为顾恺之确实对桓温有很深的情感。如果没有真性情,不是"痴绝"的人,可能也说不出这样的话来。

第三课
性　情

真正的才子，往往少不了性情。

魏晋人特别崇尚率真，欣赏人性情的真实。如东晋名士王述，谢安称其"掇皮皆真"（《赏誉》78），即去掉表皮里面全是"真"。简文帝司马昱也说此人"才既不长，于荣利又不淡；直以真率少许，便足对人多多许"（《赏誉》91）。既没有杰出的才华，又看不淡名利，但就他率真这一点，足以抵得过别人的许多了。言外之意是一真遮百丑，一个人只要率真，便很可观了。

《排调》第50条也是类似的故事——"范启与郗嘉宾书曰：'子敬举体无饶纵，掇皮无余润。'郗答曰：'举体无余润，何如举体非真者？'范性矜假多烦，故嘲之。"范启在给郗超的信里，对郗超的表兄弟王献之不屑一顾，说他全身没有丰腴之处（饶纵，形容身体丰满），去皮也没有丰润的地方。郗超则反驳："全身无余润，总好过全身没真的东西。"范启为人较"作"，所以郗超有此嘲讽。王献之虽说很多时候对人倨傲无礼，活在自己的世界里，而他的率真却是有目共睹。

朱光潜《资禀与修养》一文中说："言为心声，文如其人。思想情感为文艺的渊源，性情品格又为思想情感的型范，思想情感真纯则文艺华实相称，性情品格深厚则思想情感亦自真纯。"人和文不一定存在着严格对应的关系，如西晋的大文人潘岳，史书说他性格轻佻、浮躁，谄媚权贵贾谧，总是毕恭毕敬地等候贾谧出门,看到扬起的尘土就伏地而拜。所以金代大诗人元好问有诗:"心画心声总失真,文章宁复见为人。高情千古《闲居赋》,争信安仁拜路尘!"元好问无法相信,那个对权贵望尘而拜的人品卑下的潘岳,居然会写出情怀高洁的《闲居赋》! 尽管如此,如朱光潜先生所言,性情品格终究会陶冶、铸造思想情感而使文艺作品华实相称。

> 刘伶著《酒德颂》,意气所寄。(《文学》69)

刘伶名入竹林七贤,留给后世的是个酒鬼的形象。他常乘车,携一壶酒,令人带把铲子随着,说死了就挖地掩埋。他放肆狂饮,有时脱得精光,待在屋子里,有人讥笑他,他振振有词:"我把天地作为房屋,把屋室作为衣裤,你们这些人为什么钻到我的裤子里面来?"把尴尬甩给了讥笑者。刘伶不以文章出名,但也是能文的,作品不多,流传下来的就有这篇《酒德颂》,刘孝标注保留了该文——

> 有大人先生者,以天地为一朝,万期为须臾,日月为扃(jiōng)牖(yǒu),八荒为庭衢(qú)。行无辙迹,居无室庐,幕天席地,纵意所如。行则操卮(zhī)执瓢,动则挈(qiè)榼(kē)提壶,唯酒是务,焉知其余?
>
> 有贵介公子,缙绅处士,闻吾风声,议其所以。乃奋袂攘襟,怒目切齿,陈说礼法,是非锋起。先生于是方捧罂承槽、衔杯漱醪(láo),奋髯箕踞,枕曲藉糟。无思无虑,其乐陶陶。兀然而醉,慌尔而醒,静听不闻雷霆之声,熟视不见太山之形,不觉寒暑之切肌,利欲之感情。俯观万物之扰扰,如江、汉之载浮萍。二豪侍侧焉,如螺(guǒ)蠃(luǒ)

之与蟪蛉。

所谓《酒德颂》，字面来看就是颂扬酒。文中的主角是"大人先生"，他的特点是精神境界与天地宇宙合一，由此超越了时空的限制，能够"纵意所如"；他的现实表现是"唯酒是务"——恢宏壮阔的精神境界落在现实中是抛却世事、动静都离不开酒。这种姿态，引起了贵介公子、缙绅处士等正统人士的不满，他们激烈地指斥。但是大人先生不为所动，他超然世外，其乐陶陶。

刘伶好酒，酒对于他来说，不仅仅是一种饮料，还是他的生活理念、方式的标志。所以，与其说《酒德颂》颂扬的是酒，倒不如说是借助颂酒来宣扬自己的生活理念，以及坚持合于这理念的特有的放荡的生活方式。所以说，这篇文章是刘伶的"意气所寄"，即寄托了他的意气。

刘伶的文章和他的人格是同一的。

> 庾子嵩作《意赋》成，从子文康见，问曰："若有意邪，非赋之所尽；若无意邪，复何所赋？"答曰："正在有意无意之间。"(《文学》75)

庾敳出身于颍川庾氏，"长不满七尺，腰带十围，颓然自放"，长得又矮又胖，论容止仪表并不出众，但他气度不凡，有很高的处世智慧。东海王司马越是八王之乱的胜利者，辅政后，把天下的名士招聚于其幕府，庾敳任从事中郎。当时司马越的幕府名士济济，而庾敳是最顶尖的。庾亮对庾敳这个叔叔相当仰慕，说过许多赞誉的话，如见他在众人之中常精神振奋，说他思想达到深邃的境地，神情气度豁达闲适。时人评价庾敳"善于托大,长于自藏",即托身于玄远的大道,很擅长保护自己。

八王之乱使西晋政权摇摇欲坠,凶险而动乱的局势并不适合有所作为。庾敳对此看得很清楚,看得开,所以就放得下。他虽有职有位,却从不把事情放在心上。"颓然自放"说的就是他这种立身处世的态度、方式。他是真正活得通透、随性。他爱财在当时是很有名的,甚至遭到弹劾也无所谓。一般来讲,好聚敛的人怕失去,庾敳则无此弊。在司马越幕府的还有刘琨之兄刘舆,这是个很厉害的人物,初入司马越幕府,受到司马越的防范,随即刘舆赢得了司马越的好感,成为心腹。刘舆欲构陷庾敳,以为钱财是庾敳的软肋,说动司马越勒索他,若庾敳不肯,就有机可乘了。司马越当众提起,庾敳已大醉,头巾都掉在几上,他用头去顶头巾,徐徐回答:"下官家中有二千万钱,任你取吧。"一场危机就这样轻易地消弭了。

庾敳洒脱、超然,他的人生观全反映在《意赋》中:

> 至理归于浑一兮,荣辱固亦同贯。存亡既已均齐兮,正尽死复何叹。物咸定于无初兮,俟时至而后验。若四节之素代兮,岂当今之得远?且安有寿之与夭兮,或者情横多恋。宗统竟初不别兮,大德亡其情愿。蠢动皆神之为兮,痴圣惟质所建。真人都遣秽累兮,性茫荡而无岸。纵驱于辽廓之庭兮,委体乎寂寥之馆。天地短于朝生兮,亿代促于始旦。顾瞻宇宙微细兮,眇若豪锋之半。飘飘玄旷之域兮,深漠畅而靡玩。兀与自然并体兮,融液忽而四散。

庾敳用庄子的齐物观来看待荣辱、生死,要进入无牵挂的精神境界,从而做到绝对自然。庾亮读后,问:"如果有意,不是一篇赋所能说尽的;如果无意,又何必作此赋?"庾敳的回答也有意思:"正在有意与无意之间。"这不仅仅是庾敳的写法,也是庾敳的活法,他正是活在若有若无之间。

庾敳的所行与他的所思是一致的,他真实地履践他的思想,所以他在当时享有很高的声誉。

> 孙子荆除妇服,作诗以示王武子。王曰:"未知文生于情,情生于文。览之凄然,增伉俪之重。"(《文学》72)

孙楚(字子荆)与王济是好友。孙楚为妻服丧一年期满,除丧服后写了一首悼亡诗给王济看,王济说:"不知道是诗因情而作,还是情由诗而生。读后使人悲伤不已,增加了夫妻情深意重之感。"到底是情因文生,还是文因情生,恐怕两者兼而有之。没有真实的感动作为起点,诗不成为诗。灌注情感的诗,会激起共鸣,令人在情感的交融和碰撞中产生更多的感动。

在魏晋时,悼亡成为诗歌的一个重要题材,像潘岳就留下了《悼亡诗》三首。悼亡诗的出现,与时代风气的转变相关。礼教非常重视夫妻关系,将其视为人伦之始,但由礼教建构的夫妻关系是高度名分化的。正如东汉梁鸿、孟光这对著名夫妻的故事所呈现的,他们合乎礼教的规定,但举案齐眉的动作是对伦理的服敬,同时又是情感的疏离。魏晋以来,士人们对礼教有了新的认识,尽管激进如阮籍等有废弃礼法的惊世骇俗的举动,但这只是以极端的方式来说明,一种有生命的礼教不能脱离人的真情实感,不应该强行束缚人的性情。所以,礼教日渐松弛,看起来好像普遍行为失范,但实际上是逐渐向正常的人性回归。在这种社会背景下,出现了夫妻关系在保持必要的名分架构之外更注重彼此情感的情况。简言之,是夫妻关系由伦理的敬重转向情感的亲昵。

孙楚尊重礼教的规定，为妻子服丧一年。除服后并未放下，而是把伤感寄托于诗中。诗，扩大了表现的范围，增强了抒情的功能；而情感作为一种价值，也得到了尊重。刘孝标注保留了孙楚的悼亡诗："时迈不停，日月电流。神爽登遐，忽已一周。礼制有叙，告除灵丘。临祠感痛，中心若抽。"诗说不上很好，但显示了把个人的情感作为诗歌表现内容的努力。

> 殷中军道王右军云："逸少清贵人。吾于之甚至，一时无所后。"(《赏誉》80)
>
> 羲之高爽有风气，不类常流也。(同条刘孝标注引《文章志》)

> 王右军素轻蓝田，蓝田晚节论誉转重，右军尤不平。蓝田于会稽丁艰，停山阴治丧。右军代为郡，屡言出吊，连日不果。后诣门自通，主人既哭，不前而去，以陵辱之。于是彼此嫌隙大构。后蓝田临扬州，右军向在郡，初得消息，遣一参军诣朝廷，求分会稽为越州，使人受意失旨，大为时贤所笑。蓝田密令从事数其郡诸不法，以先有隙，令自为其宜。右军遂称疾去郡，以愤慨致终。(《仇隙》5)

王羲之(字逸少)的书法冠绝古今，声名太盛，无形中掩盖了他的文章，其实王羲之很擅长为文。《兰亭集序》可谓东晋文章中的名篇，自不待言。他的一些信笔所写关于日常起居的尺牍，尤亲切有味，反映出他的至情至性。

殷浩(曾为中军将军)以"清贵"两字评价王羲之。王羲之的气质清雅、高贵，不同于常人。这种气质与他为人的豁达、洒脱是有关的。著名的坦腹东床的故事，就鲜明地表现出这一性格。当得知郗鉴家来挑选女婿时,王羲之的同族兄弟们一个个矜持,于是乎不免矫揉造作,唯独他似乎充耳不闻,我行我素。旁人的矜持,映衬了他的超迈出群的真率。

王羲之素来轻视王述(袭爵蓝田侯)。两人出身相仿,名气相类,很容易相互较劲,以压倒对方。名士们崇尚率性,往往不讲是非,不顾利害,但求尽兴,怎么痛快怎么来。王羲之为会稽太守,正巧王述在会稽属县山阴居丧,借着这个机会,王羲之狠狠地羞辱了王述一番。这么做确实任性了点,爽归爽,但仇怨就彻底结下了。谁知后来王述官运亨通,居然出任会稽太守的顶头上司扬州刺史。王羲之多方活动朝廷未果,王述则展开了报复行动,派人收集王羲之在任内诸多可以摆到桌面上大做文章的事。压力传导过来,以王羲之的性格,当然不会低下“清贵”的头颅去要求和解。该条刘孝标注引《中兴书》言:“羲之耻慨,遂称疾去郡,墓前自誓不复仕。朝廷以其誓苦,不复征也。”从此王羲之绝意仕途,归隐田园。王羲之在此事中备受打击,心情愤慨、激荡,为了表示告退的决心,特意在父母墓前立下了重誓。朝廷也因为王羲之在誓言中把话说得太绝、太重,不好转弯,也就不征召他了。

《晋书·王羲之传》记录了王羲之的誓言——

维永和十一年三月癸卯朔,九日辛亥,小子羲之敢告二尊之灵。

羲之不天,夙遭闵凶,不蒙过庭之训。母兄鞠育,得渐庶几,遂因人乏,蒙国宠荣。进无忠孝之节,退违推贤之义,每仰咏老氏、周任之诚,常恐死亡无日,忧及宗祀,岂在微身而已!是用寤寐永叹,若坠深谷。止足之分,定之于今。

165

谨以今日吉辰肆筵舍席，稽颡（sǎng）归诚，告誓先灵。自今之后，敢渝此心，贪冒苟进，是有无尊之心而不子也。子而不子，天地所不覆载，名教所不得容。信誓之诚，有如皦（jiǎo）日！

这篇文章写得酣畅淋漓。王羲之也没什么好顾忌的，直言不讳地说官没做好，怕死，担心祸连宗族。所以遵从老子知足、知止的训诫，决定不干了。如果日后三心二意，贪位冒进，就是没有尊重父母的心，就不像个孝顺的儿子。身为人子却不像儿子，既在天地中没个立足之处，也为名教所不容。誓言都说到这个份上了，不可谓不"苦"。誓言里所流露出来的王羲之心情之激荡、态度之决绝、道理之明晰，都可见他的坦率。

第七讲

传度经法记高僧

我们今天所说的中国传统文化，如从思想的角度来看，其主干是儒、道、佛三家的学说。儒和道起于本土，佛家则来自异域。自东汉佛教进入中国，在魏晋南北朝时期大行其道，极其昌盛。整体来说，这个时期中国动乱了三四百年，南北划江，但佛教跨越了地域的阻隔，成为人们共同接受的思想文化。这个时期，作为迥异于中国传统的异质文化，能在中国大地扎根，成功融入中国固有文化的血脉中，是不容易的。经过数百年的消化和吸收，最终在隋唐实现了佛教的中国化。佛教，于中国而言，不再是外来的，而成自我的一部分。当然，这个过程无比艰难。

《世说新语》中记载了不少高僧的事，从中我们可以看到，当时的佛教徒们在促成佛教落地中国的过程中的诸多努力。

第一课
"啖饭"有道

佛教作为外来的宗教,要中国人接受其教义,要赢得信众,须从思想观念、礼俗仪轨等各方面适应中国的情况。用现在的话来说,异域的佛教如果要进入中国的思想信仰市场,必须自觉地实现本土化。发展的前提是能生存下来。生存问题,就是"啖饭""得食"。

> 愍度道人始欲过江,与一伧(cāng)道人为侣。谋曰:"用旧义在江东,恐不办得食。"便共立"心无义"。既而此道人不成渡,愍度果讲义积年。后有伧人来,先道人寄语云:"为我致意愍度,无义那可立?治此计,权救饥尔,无为遂负如来也!"(《假谲》11)

愍度道人是高僧支愍度。当时,"道人"一词非专指道教徒,也用在佛教徒身上;"伧"则是南方人对北方人的蔑称。

支愍度打算过江,与一个北方的僧人做伴。两人合计:"如果仍旧用原来的教义在江东宣讲,恐怕难以糊口。"要兜售教义,赢得江东的信众,坚持老一套,不肯变通,是走不通的。他们看得很清楚,传教须切合潜在信众的心理。于是两人共同创立了"心无义"——这是佛教大乘空宗中国化过程中产生的一个支派。空宗的主旨是万法皆空,如何解释"空"是主要困难。支愍度等从"心无"的角度来说"空",即只要无心于万法,万法便"空"了,"空"境是无心的作用。"心无义"当然偏离了"空"的本义,但迎合了江东当时流行的玄学。

不过这个北方僧人没有渡江,而支愍度却用"心无义"在江东打开了局面,很受欢迎。此僧后来托人带话给支愍度:"'心无义'是不能成立的,当初之所以为此,不过是用以暂时吃口饭,不要因此而有负于如来啊!"该僧担心支愍度摸着石头上了瘾,忘记初心是过河,所以特地托人提醒他,不能把手段当成目的。明知立"心无义"是权宜之计,为了生存下来,在江东取得立足之地;如果事后仍不回到正道上来,等于违背佛教宗旨。他以"负如来"提醒支愍度,是很严正的。

支愍度立"心无义"的事很有趣,说明历史上有些高妙的思想学说,很可能是出于"唉饭"的目的而被倡导的。

如果能取得有权势者的支持,在社会中传教的阻力当然就小得多。中国历史上的高僧中,有许多都擅长与帝王打交道,以此极大地促进了佛教的发展。就说著名的玄奘法师吧。为掌握原汁原味的大乘佛法,他决定只身西行求法,为此违反禁令私自出国。他在外17年,于唐太宗时回国。他先不急于到首都长安,而是在西域观测风向,以谦卑的言辞上奏太宗,获得允许后才回长安。在与太宗的会面中,他应对得体,太宗更加满意了。有了皇帝的支持,玄奘在长安组织了规模宏大的译经活动,并创立了唯识宗。

《世说新语》里也记载了一位非常擅长走上层路线的高僧,他就是佛图澄。

　　　佛图澄与诸石游,林公曰:"澄以石虎为海鸥鸟。"(《言语》45)

佛图澄是西域人，本姓帛氏。晋怀帝永嘉四年（310年）至洛阳，获得时人的礼敬。时值晋末，北方战乱不休，不久洛阳被攻下，他便依附了后来建立后赵政权的枭雄石勒及石虎。佛图澄以异术出名，据说他把麻油涂在手掌上，能见数百里外的吉凶之事；听到铃声，便能预知祸福。石勒很信他。很明显，佛图澄故意把自己塑造成神异的形象，用方术之类的东西投石勒之所好。石虎即位后，对佛图澄的敬信仍然不改，师事之，号为"大和尚"，相当于国师了。

要知道，石虎是当时最残忍的统治者，屠杀的大臣、百姓难计其数。石虎这样残暴的君主，是不容易相处的。而佛图澄始终受到优待，这就有他的道理了。东晋的高僧支道林一语中的，揭示了其中的缘由："澄以石虎为海鸥鸟。"

按刘孝标注，"海鸥鸟"用的是《庄子》中的典故（今本《庄子》无海鸥鸟的故事，刘孝标所引应是古本）——有人喜欢海鸥，天天到海边上与海鸥嬉戏。有天，他的父亲要他捉一只回来。他到海边后，海鸥没有像往常一样围绕在他身边，而是在上空盘旋，不肯飞下来。因为此人有了机心，海鸥起了感应，预知危险，对此人产生戒心，再也不肯像以往那样与他游戏。在支道林看来，佛图澄高明之处，是把石虎当成对人的机心很敏感的海鸥鸟。[1]

《庄子·人间世》里假托圣人孔子之言，指出了卫君等暴君的心思——

　　　　且德厚信矼（qiāng），未达人气，名闻不争，未达人心。而强以仁义绳墨之言术暴人之前者，是以人恶有其

---

[1] 张永言：《"海鸥鸟"解》，《古汉语研究》1994年第3期，第93—94页。

美也,命之曰菑(zāi)人。菑人者,人必反菑之,若殆为人菑夫?且苟为悦贤而恶不肖,恶用而求有以异?若唯无诏,王公必将乘人而斗其捷。而目将荧之,而色将平之,口将营之,容将形之,心且成之。是以火救火,以水救水,名之曰益多。顺始无穷,若殆以不信厚言,必死于暴人之前矣!

翻译成白话,就是:

而且,一个人虽然德性纯厚信誉着实,但还不能达到别人了解的程度,即使不和别人争夺名誉,但别人并不明白。如果你强用仁义规范的言论在暴人的面前夸耀,他就会以为你有意揭露别人的过恶来显扬自己的美德,而认为你是害人。害别人的,别人一定反过来害他,你恐怕就要被人害了!如果说卫君喜爱贤才而厌恶不肖之徒,何用你去显异于人呢?除非你不向他谏诤,否则卫君一定会抓着你说话的漏洞而展开他的辩才。这时候你会眼目眩惑,面色平和,口里只顾得营营自救,于是容貌迁就,内心无主也就依顺他的主张了。这是用火去救火,用水去救水,这就叫作帮凶。开始时依顺他,以后就永远没个完了。如果他不相信厚言谏诤,那就必定会死在暴人的面前了!(陈鼓应注译《庄子今注今译》)

石虎就像《人间世》里孔子口中的卫君。如果佛图澄有机心,一旦起念,便容易被石虎感知和捕捉到。这样,佛图澄不但失去石虎的敬信,可能还有危险。佛图澄很有智慧,准确把握到与石虎相处的关节、分寸,所以备受敬信,安稳无虞。

初，法汰北来未知名，王领军供养之。每与周旋，行来往名胜许，辄与俱。不得汰，便停车不行。因此名遂重。（《赏誉》114）

释道安为慕容晋所掠，欲投襄阳，行至新野，集众议曰："今遭凶年，不依国主，则法事难举。"乃分僧众，使竺法汰诣扬州，曰："彼多君子，上胜可投。"法汰遂渡江至扬土焉。（同条刘孝标注引车频《秦书》）

竺法汰和释道安本都是佛图澄的弟子，佛图澄圆寂后，法汰转师事道安，与道安避难，行至新野。道安对乱世中弘扬佛法的条件看得很准，必须依赖"国主"，依赖权贵。所以他化整为零，把弟子们分派各地，竺法汰被道安安排去了江东。

初到江东的法汰没有什么名气，他由王洽供养。王洽可非常人，乃王导的第三子，且是王导诸子中最知名的，曾为领军将军。也就是说，他是过江之后的琅琊王氏第二代中的佼佼者。王洽要助法汰扬名于东晋的上流社会，每每要至名流处，辄与法汰同行；如果法汰人还没来，他就停车不走。这做法类似于战国时以好客出名的魏国信陵君。为抬高隐士侯嬴的身价，信陵君亲自驾车，载着上坐的侯嬴在大梁街上飞驰，侯嬴由此广为人知。法汰也因王洽的带有示范效应的推重，名望渐高。王洽是法汰建立声望的重要推手。

当然，法汰自身风采不凡，这也有助于他能迅速挤入东晋的名流圈子。《高僧传》说他"形长八尺，风姿可观，含吐蕴藉，词若兰芳"，这是标准的名士样了。所以当初道安为弘扬佛法，特意安排了法汰去扬州，说："彼多君子，上胜可投。"道安知道法汰凭借其风流必能契合扬州君子们的脾胃。

也有的高僧是瞅准合适的机会，直接凭着玄理折服热衷此道的名流,从而获取知名度,挤入名流圈子。

> 康僧渊初过江,未有知者,恒周旋市肆,乞索以自营。
> 忽往殷渊源许,值盛有宾客,殷使坐,粗与寒温,遂及义理。
> 语言辞旨,曾无愧色。领略粗举,一往参诣。由是知之。
> (《文学》47)

以上是康僧渊的故事。

康僧渊刚过江,没什么人了解他,常常在市场里游荡,靠乞讨营生,日子过得惨淡。有天,他忽然到名士殷浩(字渊源)处。殷浩是清谈名家,喜好玄理。可能康僧渊在游荡中已把江东上层诸名士的情况大致了解了一番,于是决定一鸣惊人。当时殷浩家宾客盈门——这可是个显身扬名的极好契机,应是康僧渊精心选择的。殷浩让他入座,略微寒暄,即入正题,谈起义理。康僧渊无论是语言还是意旨,都不落下风。他用他领略的玄理,稍加阐释,便臻于高深的境界。这下他令大家刮目相看,由此知名。

但走上层路线,过于依附"国主"、权贵,虽以方外高僧的身份能获得他们表面的尊崇和礼遇,不过也容易被这些人有意无意地轻视。国主、权贵的饭,不是那么好"啖"的。

就说康僧渊吧——

> 康僧渊目深而鼻高,王丞相每调之。僧渊曰:"鼻者面之山,目者面之渊。山不高则不灵,渊不深则不清。"(《排调》21)

魏晋盛行戏谑之风,士人们好像不愿一天到晚假正经,所以不正经的时候很多,相互调侃、逗乐、打趣是常有的事。而拿人外貌的奇特、怪异或丑陋来开玩笑,就更普遍了。《文心雕龙·谐隐》举过例子:"魏晋滑稽,盛相驱扇。遂乃应场之鼻,方于盗削卵;张华之形,比乎握春杵。"这是嘲笑应场的鼻子和张华的个子。

康僧渊是西域人,面容的异域特色鲜明,眼窝很深,鼻梁很高。他与名流们走得近,熟络了以后,王导便常拿他的面容开玩笑。康僧渊的回应倒是不落下风,就势自我标榜心灵的灵妙和清澈。但被权贵们作为取笑的材料,是免不了的。

> 竺法深在简文坐,刘尹问:"道人何以游朱门?"答曰:"君自见其朱门,贫道如游蓬户。"(《言语》48)
>
> 法师居会稽,皇帝重其风德,遣使迎焉,法师暂出应命。司徒会稽王天性虚澹,与法师接殷勤之欢。师虽升履丹墀(chí),出入朱邸,泯然旷达,不异蓬宇也。(同条刘孝标注引《高逸沙门传》)

竺法深,即竺潜。渡江后,他与东晋诸帝、名臣交往甚密,晚年隐居于剡山,讲授佛法,世人尊为"深公"。

法深在会稽王司马昱(后来的简文帝)席上,碰到了傲慢的刘惔。第二讲中我们已经提及此人,刘惔曾宁愿饿肚子也不想给"小人"攀交的机会。此次对法深,他不客气了,带有挑衅意味地问道:"出家人为何游于权门?"朱门是红漆门,指代权贵。刘惔嘲讽法深巴结权贵,不像出家人应有的样子。这当然难不倒法深。如果连这点小小的嘲讽都不能轻易化解,是难以混迹于朱门,令贵人们敬服的。法深说:"你自己认为是朱门,而在我看来,同出入草房子没什么区别!"刘孝标注也引了相关材

175

料,说法深为人旷达,视朱邸无异于蓬宇。

在法深所处的时代,佛教大乘空宗的经典《维摩诘经》等已经开始流行。《维摩诘经》提出了"不二法门"的观念,即以无差别之心来取消事物的对立。换言之,在这类经典看来,事物的对立,如朱门和蓬户等,不是其自身的对立——对立非实相,而是人的虚妄的执心所导致的。所以,只要能够去偏执,以无差别之心看待事物,那么对立便不复存在。朱门,虽然是朱门,但也非朱门,如果换个角度来看,它与蓬户没本质的区别。以这种思维方式,法深巧妙地化解了他出入朱门、依附权贵的尴尬,维护了自己作为僧人的尊严,同时顺势回击刘惔的执迷不悟、眼界浅狭。

法深对他游朱门的经历是颇矜夸的。

> 后来年少多有道深公者。深公谓曰:"黄吻年少,勿为评论宿士。昔尝与元明二帝、王庾二公周旋。"(《方正》45)

后来年轻一辈常有议论法深的,深公不以为意,称他们为黄口小儿,摆起了老资格,教训道:"不要议论老前辈了。想当年,我也曾经与元帝、明帝两位皇帝,以及王导、庾亮两位名士交往过。"与贵人们的交游,是法深引以为傲的经历。

第二课

作为名士的名僧

高僧们进入了名士圈,与名士们打成一片,事实上他们也已经相当名士化了。甚至可以说,他们是披着袈裟的名士。

> 高坐道人不作汉语,或问此意,简文曰:"以简应对之烦。"(《言语》39)
>
> 和尚胡名尸黎密,西域人。传云国王子,以国让弟,遂为沙门。永嘉中,始到此土,止于大市中。和尚天姿高朗,风韵道迈。丞相王公一见奇之,以为吾之徒也。周仆射领选,抚其背而叹曰:"若选得此贤,令人无恨。"俄而周侯遇害,和尚对其灵坐,作胡祝数千言,音声高畅,既而挥涕收泪,其哀乐废兴皆此类。性高简,不学晋语。诸公与之言,皆因传译。然神领意得,顿在言前。(同条刘孝标注引《高坐别传》)

> 时人欲题目高坐而未能,桓廷尉以问周侯,周侯曰:"可谓卓朗。"桓公曰:"精神渊着。"(《赏誉》48)

> 高坐道人于丞相坐,恒偃卧其侧。见卞令,肃然改容云:"彼是礼法人。"(《简傲》7)

以上所讲的都是高坐和尚的事。

高坐和尚本是西域人，晋怀帝永嘉中入华。他"天姿高朗，风韵遒迈"，气质与名士相类，所以丞相王导一见便大为称奇，引为同道。周颉主管人事，也欣赏高坐，对他的赞语很符合其身份："如果选拔到这样的贤才，就没有什么遗憾了。"后来周颉被王敦所杀，高坐悲不自胜，对着周颉的灵坐，用梵语祷告，有数千言之多，声音高畅，祷完后挥涕收泪。他的情感表达，完全是名士式的率性，既放得开，又收得住。他不会也不学汉语，诸明公与他交谈，需要翻译。但他有个特点，领悟力极强，能做到心领神会，好像全在眼前一样。

　　对于高坐和尚不学汉语的原因，简文帝司马昱说："为了减轻应酬的麻烦。"司马昱是立足于名士的立场来阐释，解答极妙。语言是沟通、应酬的工具，但基于语言的沟通、应酬是个麻烦事，而名士的习性大半不耐烦。所以，高坐不学汉语，无形中借机省却了应酬的麻烦。司马昱可能是借高坐的酒杯来浇自己的块垒。

　　另一方面，名士们对语言的表达能力有反省。他们中有些人认为，语言本身不足以抵达某些极精微的思想，其能力有边界。所以，语言越繁多，可能离真意越遥远。所以，为了避免语言的遮蔽，尽可能地用简约、甚至沉默的方式，反而是一种更能切中主旨的表达，而且更显人的智慧。这形式对名士构成了极大的吸引力。《文学》第12条刘孝标注引《晋诸公赞》曰："后乐广与颜清闲欲说理，而颜辞喻丰博，广自以体虚无，笑而不复言。"名士乐广和裴颜清谈辩论，裴颜言辞丰富、广博，而乐广则以虚无为本，就只笑笑，什么也不说。显然，无言的乐广此时在精神上处于居高临下的态势；裴颜的丰博言辞，在乐广的沉默中，如泥牛入海。

　　高坐的不学汉语，客观上为他的适时无言提供了条件。而他的领悟力又强,这使他在交谈中拥有了超越语言的优势。所以,高坐的风采,足使名士们欣羡。

当时人想给高坐其人的风格下评语,这就叫"题目",是名士们的特有活动。周颙的评价是"卓朗",桓温的是"精神渊着"。"卓朗"是卓越、明朗的意思,"渊着"是渊深、沉着的意思。两个评语都是常见的对人精神境界的感受。总之,说明了高坐的名士气质。

最后一则材料很有意思。高坐在王导这里,常仰卧于他身边,可能姿态类似于我们现在流行的"葛优躺"吧,就是没个做客的样子,随随便便的。而一见到尚书令卞壶,立刻严肃起来,神情庄重,说:"他是讲礼法的人。"《任诞》第27条刘孝标注引《卞壶别传》云:"壶正色立朝,百寮严惮,贵游子弟,莫不祗肃。"

高坐很识趣。王导宽和,在其面前不像样、随便点,亦无妨;而卞壶向以礼法之士自居,好维持风纪,方正得很,在他面前就不好任性了。

高坐说到底还是西域人,气质、作风固然类似于名士,终究隔了一层。真正名士化了的高僧,乃在本土环境成长起来的支道林。在《世说新语》中,支道林居于出场最多者之列。

> 支道林常养数匹马。或言"道人畜马不韵"。支曰:"贫道重其神骏。"(《言语》63)

> 支公好鹤,住剡东岇(áng)山。有人遗其双鹤,少时翅长欲飞。支意惜之,乃铩其翮(hé)。鹤轩翥(zhù)不复能飞,乃反顾翅,垂头。视之,如有懊丧意。林曰:"既有凌霄之姿,何肯为人作耳目近玩?"养令翮成,置使飞去。(《言语》76)

身为出家人的支道林，好养马，好鹤。出家人养马不"韵"，即不风雅。而支道林是这样认为的：养马是为了欣赏马的"神骏"。这是移情了，他把自己对于精神俊爽的欣赏外化为马。如此，养马则不是一般的嗜好，而是对美的纯粹赏析。

支道林好鹤，怜惜鹤因失去翅膀而懊丧，遂感叹本有凌霄的风姿，当然不愿沦为人的玩物。这同样是推己及鹤，把生命的自由舒展视为当然，所以同情鹤的命运。宗白华先生就此解读道："晋人酷爱自己精神的自由，才能推己及物，有这意义伟大的动作。这种精神上的真自由、真解放，才能把我们的胸襟像一朵花似地展开，接受宇宙和人生的全景，了解它的意义，体会它的深沉的境地。"[1]

由此可知，支道林情怀雅致，好尚脱俗。不过，据说他相貌丑陋，这在崇尚姿容、仪表之美的时代，不免略减风采。

> 诸人尝要阮光禄共诣林公。阮曰："欲闻其言，恶见其面。"（《容止》31刘孝标注引《语林》）

名流们邀请阮裕一道造访支道林。阮裕说得很不客气："想听他的言谈，厌看他的面孔。"可以想象支道林的"丑异"。

但支道林气度不凡，这是时所公认的。

> 谢公云："见林公双眼黯黯明黑。"孙兴公"见林公棱棱露其爽"。（《容止》37）

---

[1] 宗白华：《论〈世说新语〉和晋人的美》，载《艺境》，北京：商务印书馆，2017年，第158页。

谢安说支道林双眼黑亮有神。魏晋名士好从眼神来观人察质。俗话说眼睛是心灵的窗户，透过眼神可以窥见其人内在的心灵世界。幽黑明亮的双目，是强大生命力的表征。孙绰评价支道林："方正中露出俊爽的样子。"从谢安和孙绰的评价来看，尽管支道林姿容不美，但举止颇佳，是名士一流的气概。

除了具备名士的情怀、气概，支道林以高僧的佛学造诣介入名士们热衷的清谈，立即显露出优势。这是他得以入士林、获盛誉、享高名的一大要因。

> 王逸少作会稽，初至，支道林在焉。孙兴公谓王曰："支道林拔新领异，胸怀所及乃自佳，卿欲见不？"王本自有一往隽气，殊自轻之。后孙与支共载往王许，王都领域，不与交言。须臾支退，后正值王当行，车已在门。支语王曰："君未可去，贫道与君小语。"因论《庄子·逍遥游》。支作数千言，才藻新奇，花烂映发。王遂披襟解带，留连不能已。(《文学》36)

支道林起初并未得到王羲之的重视。王羲之任会稽太守，支道林也在当地。孙绰向王羲之推介支道林，说支领异标新，见识不凡，胸怀自佳，气度不俗。王羲之是有傲气的，此时对支道林缺乏足够的了解，开始很轻视，不愿见。后来孙绰与支道林一道乘车到王羲之处，王羲之摆出一副拒人千里的样子（领域，此处作动词，自我设域），不与支道林交谈。

这就很尴尬了。支道林大老远主动来访，王羲之连话也不说，同时也完全没给孙绰面子。名士的傲慢脾气可见一斑。没办法，支道林不一会儿自行告退。其后，王羲之准备出门，车在门口。如果再不迅速接上话，就失去机会了。支道林说："请先不要走,我与你略微谈谈。"

于是支道林和王羲之论起《庄子·逍遥游》。这是个备受
名士关注的重要命题。自郭象注《庄子》以来,大家接受了郭
象的解释,原本无新意;但支道林有佛学的视野,对于逍遥,能
在郭象的思路之外,另辟蹊径,翻新出奇。看来,支道林是有过
考虑的,在这么一个紧凑的环节,拿出自己最擅长的理论,要凭
此把眼界甚高的王羲之吸引住。就这个题目,支道林一气讲了
数千句话之多,可谓长篇大论了。他的言说,才思新奇,犹如开
得烂漫的花,交相辉映。王羲之被折服了,"披襟解带"。他已
准备好要出门,此刻却敞开衣襟,解开衣带,说明听入了神,不
打算走了。王羲之这样的名士,不易接近,但一旦获得他们的
认可,便会另眼相待,非常坦诚。

王羲之仅仅是被支道林之义理所折服的众多名流之一。

王长史叹林公:"寻微之功,不减辅嗣。"(《赏誉》98)

王濛恒寻逌,遇祗洹寺中讲,正在高坐上,每举麈尾,
常领数百言,而情理俱畅。预坐百余人,皆结舌注耳。濛
云:"听讲众僧,向高坐者,是钵釪(yú)后王、何人也。"
(《赏誉》110刘孝标注引《高逸沙门传》)

支道林、许掾诸人共在会稽王斋头。支为法师,许为
都讲。支通一义,四坐莫不厌心。许送一难,众人莫不抃
(biàn)舞。但共嗟咏二家之美,不辩其理之所在。(《文
学》40)

王濛(做过司徒左长史)叹支道林:"探寻精微义理的能

力,不下于王弼(字辅嗣)。"谢安甚至认为:与支道林相比,嵇康的清谈水准"勤着脚,裁可得去耳"(努力追赶,才得以勉强脱身)。

后一则材料还是从王濛的视角看支道林。王濛在祇洹寺寻到支道林,支道林手持麈尾,讲了数百言之多,情致和玄理令人畅怀。坐下听众百余人,一个个张口结舌,听得入神。王濛评价:"支道林是佛门中的王弼、何晏。"王濛视支道林如正始玄风中的代表人物王弼、何晏。

上引最后一则材料是支道林、许询等名流集会于会稽王司马昱的斋室中讲论佛经。魏晋时僧侣开讲佛经,有主讲者,有唱经者。主讲者称为法师,唱经者称为都讲。支道林担任法师,许询担任都讲。支道林每疏讲一义,在座者没有不觉得心满意足的;许询每回送一驳难的经文,没有不鼓掌欢呼的。众人齐声嗟叹支、许讲唱的美妙,都不去仔细辨析其中的义理了。这段材料描绘了当时开讲佛经的场面,十分难得。当讲到深入的境地时,人们甚至暂忘探究义理,仅仅讲唱的形式都足以给人莫大的精神愉悦。

从这些材料都可以看到,支道林以其深厚的佛学基础,在名士的清谈活动中矫然不凡,很有风采。他其实是披着僧服的清谈家,是不留发的名士。

而最能体现支道林名士之风的,是他对待情感的态度。

名士放纵不羁,所以他们在情感上是不求节制的。尤其是面对至亲好友的逝世,其伤恸往往倾泻无余。对以率真自诩的名士来说,没有什么比情感的真实更能表现他们所向往的人性的真实。而佛教徒接受并认同"空"之义,从理论上来说,情感如梦幻泡影,虚幻不实。如果过于动情的话,非高僧之所当为。支道林就遇上了名士和高僧的身份发生冲突之两难。

支道林丧法虔之后，精神霣（yǔn）丧，风味转坠。常谓人曰："昔匠石废斤于郢人，牙生辍弦于锺子，推己外求，良不虚也！冥契既逝，发言莫赏，中心蕴结，余其亡矣！"却后一年，支遂殒。（《伤逝》11）

法虔是支道林的同学，自他逝世后，支道林的精神也日渐消沉了，从前精干的神采也悄然丧失。支道林用《庄子》中的典故以及伯牙、子期的故事解释了他的心境变化。从前，有郢人刷墙时，鼻尖沾上了薄如苍蝇翅膀的石灰，令一个叫石的工匠用斧头砍去石灰，此人运斧成风，郢人鼻子毫发无损，面不改色。其后，匠石被宋君要求再次表演该绝技，他黯然神伤，因为没有了郢人这样的对手。

法虔之于支道林，正如郢人之于匠石。失去了心心相印的知己，意味着发言再无人可欣赏。精神如果缺乏对等的回应，也就失去了活力。支道林知道他在世的日子也不多了。果然，过了一年，他就跟着去世了。

创立了"即色义"的支道林，似乎没有把他的哲理应用于自己身上，没有就法虔的逝世照见"空"。这并非支道林没有忠实地践行他自己的理论，也不是他的理论还不够圆融。对于法虔的逝世，支道林不是以宗教徒的立场去对待，而是依于名士的立场，所以支道林沉溺于知音逝世的悲恸中。

支道林是一代高僧，可是他的行事、他的作为，烙上了浓厚的名士印痕，或者说，有着浓厚的人间风味。

第三课
人间风味

　　佛教本是一种出世的宗教，是要人领悟到此世的虚幻不实，从而超越对此世的执着，通向万法皆空的境界。但中国文化有强烈的人间性。在此我们提一下西晋郭象解释庄子逍遥的方式，来作为简单说明。庄子的逍遥本有超越的意味，郭象则努力把逍遥还原成在世的一种存在状态。他说："圣人虽在庙堂之上，然其心无异于山林之中。"这个命题与其说是肯定圣人安享徜徉山林、超然世外的逍遥，毋宁说是肯定即使身处庙堂，也不妨碍人的逍遥，也就是把人间理想化了。

　　郭象对于庄子的重新阐释，背后潜伏着中国人留恋、珍惜此世的根本的人生态度。所以，当接触到主张出世的佛教时，许多名士出于文化的惯性，还是立足于此世眺望彼世，这就不可避免地产生了调侃、戏谑、怀疑。

　　　庾公尝入佛图，见卧佛，曰："此子疲于津梁。"于时以为名言。(《言语》41)

　　庾亮曾经在寺庙里见过一尊卧佛，评论道："这位先生因普度众生而疲倦了。"当时人以为是名言。既是名言，说明庾亮爽利地说出了大家心里都有却没说出的话。庾亮因佛的躺卧联想到休息，因为休息联想到疲倦，因疲倦联想到佛普度众生的伟大事业。永不疲倦，应是佛这样的完人的特性。而在庾亮的眼中，佛却累了。这分明是以世俗中人的眼光来看待佛。庾亮的话可能是开玩笑。但他在寺庙中，对着卧佛，却没有兴起庄严、恬静的宗教心态，仍带着世俗的视角，津津有味地用隽永、俏皮的语言品头论足，这也不是挺有意思的事吗？

东晋名士阮裕是阮籍的族弟，秉性旷达。《世说新语》里有两则故事，牵涉到他对待佛教的态度，也很有趣。

> 何次道往瓦官寺礼拜甚勤。阮思旷语之曰："卿志大宇宙，勇迈终古。"何曰："卿今日何故忽见推？"阮曰："我图数千户郡，尚不能得；卿乃图作佛，不亦大乎！"（《排调》22）

> 阮思旷奉大法，敬信甚至。大儿年未弱冠，忽被笃疾。儿既是偏所爱重，为之祈请三宝，昼夜不懈。谓至诚有感者，必当蒙祐。而儿遂不济。于是结恨释氏，宿命都除。（《尤悔》11）

何充（字次道）是东晋重臣，他事佛也是大手笔，常去建康城内的瓦官寺礼拜。阮裕与他开玩笑，先有意做出格的恭维，以引起对方的好奇。他对何充说："你志向比宇宙大，超越了往昔！"何充不解阮裕的突然推崇，阮裕说："我求个几千户的小郡，尚且得不到。你却求作佛，这个志向还不够大吗？"阮裕的说法策略，犹如开车，急转弯，幅度大，所以讽刺的力度也就很大。

人们求佛，终极目的是"作佛"。这一点，如果换成中国的固有语言来表述，就是"成圣"。魏晋时代，人们普遍对"成圣"的价值导向不感冒，如嵇康，就有诸多"非圣"的不合正轨的言

186

论。王戎说圣人忘记了情感，但他们名士不比圣人，"情之所钟，正在我辈"。很多时候，人们还是承认圣人的完美和不可企及的崇高地位，但与此同时，自觉地把自己和圣人拉开距离，不以"成圣"为目标。自然，对"作佛"也如是观。所以阮裕以嘲弄的眼光，看着何充往瓦官寺虔诚礼佛。越是虔诚，就越是可笑，因其缺乏自知之明，以有限之身追求无穷之志。

第二则说阮裕信奉佛教，虔诚到极点。他的大儿子尚未到20岁，忽然身染重病。阮裕很爱这个儿子，为其祈佛，昼夜不懈怠。阮裕自认为，信仰既如此虔敬，必能获得保佑。可惜此子最后还是没有救过来。阮裕大失所望，怀恨佛教，把因果报应这一套教义都放弃了。刘孝标在该条的注释中，已经对此事有怀疑，凭阮裕的智慧、识见，断不至于因祈祷无效，就放弃对佛教的信仰。不过该故事也反映出一般信众的心态逻辑——人往往希望越大，失望越大，失望至极，便走向反面。一个自认为虔诚的信徒，发现灾难落在自家头上时，信仰如果不能给他应有的护佑，往往会使得他深度怀疑信仰的有效性，从而抛弃信仰。这种情形在功利主义的信仰者身上常常发生。

> 佛经以为祛练神明，则圣人可致。简文云："不知便可登峰造极不？然陶练之功，尚不可诬。"（《文学》44）

佛法认为，人只要祛除世俗之念，修炼智慧，就可以成佛。这里的"圣人"指的是佛。该说法无疑暗含着一个观点：只要智慧具备，成佛就在一念之间。这类似于后来的"顿悟"。但简文帝司马昱表示怀疑，人能立刻抵达登峰造极的境界吗？因此，"陶练"（陶冶、修炼，类似于后来的"渐修"）的功效是不能抹杀的。

> 王北中郎不为林公所知，乃著论《沙门不得为高士论》，大略云："高士必在于纵心调畅。沙门虽云俗外，反更束于教，非情性自得之谓也。"（《轻诋》25）

王坦之（曾任北中郎将）不被支道林赏识，所以有意写了《沙门不得为高士论》，明显是有的放矢。他重新定义了高士：真正高逸的人，应该是从心所欲、自然畅达的。从这个定义出发，那么沙门（佛教徒）算不上高士，因为沙门好像身处世俗之外，其实是被自家的教义束缚——严守俗内、俗外的区别，非要出家，拘泥行迹，这样就做不到本性的自得，所以不得为高士。王坦之的观点有故意讥讽支道林的意味，但也反映出中国文化中一个根深蒂固的观念，就是不把悠然自得的至上境界放在完全脱离世俗的世界中。用现在的话来讲，接得了地气的才是高人，高居云端算不上是高。

佛教西来，在方术气氛浓厚的中国社会，人们摆脱不了把和尚视为消灾解难的方士的思维惯性。他们携方术从异域来，这就给了中国人很大的想象空间。

> 郗愔信道甚精勤，常患腹内恶，诸医不可疗。闻于法开有名，往迎之。既来，便脉云："君侯所患，正是精进太过所致耳。"合一剂汤与之。一服，即大下，去数段许纸如拳大；剖看，乃先所服符也。（《术解》10）

郗愔信奉的是天师道。而他常常肚子不舒服，很多医生都束手无策。正经的医治途径走不通，这种情况多半会另辟蹊径，找周围都说好的高人求偏方。郗愔听说于法开有名气，便去接他来看病。据《晋书》记载："法开善医术，尝行，莫投主人,妻产,而儿积日不堕。法开曰:'此易治耳。'杀一肥羊,食十余脔而针之。须臾儿下,羊膜裹儿出。其精妙如此。"此事虽不一定是于法开自神其迹,但有助于传法。

于法开为郗愔诊脉,找到病因,是"精进太过"造成的。"精进太过"是于法开委婉的说法,指信天师道的郗愔修炼过激。他调配了一副汤剂给郗愔服用,效果立竿见影,随即大泻,泻出了几段如拳头大的纸,剖开来看,原来是先前修炼所服的符箓。郗愔和姐夫王羲之、高士许询一道修黄老之术,他很虔诚,常服符箓。这个故事有佛、道两教竞争的背景。道教是土生土长的宗教,还在成长中;而佛教则更成熟、更精深,但佛教是外来的,必须本土化,便与道教形成了竞争的态势。虔信天师道的郗愔,竟依靠佛教徒才解决服食道教符箓而产生的肚痛,其中的意味不言而喻。有意思的是,于法开取信于包括郗愔在内的东晋士人,不是依靠他的佛学,而是他的医术。如果说道、佛两教有竞争的话,竞争的利器之一是医术等方术。治身病,比治心病,对世俗中人更为重要。

襄阳名士习凿齿曾写信给谢安,对释道安推崇备至,说:"师徒数百,斋讲不倦,无变化技术可以惑常人之耳目,无重威大势可以整群小之参差。而师徒肃肃,自相尊敬。洋洋济济,乃是吾由来所未见。"(《高僧传·道安传》)

令习凿齿惊诧的是,释道安"无变化技术可以惑常人之耳目"。这恰好说明,一般的僧人多依靠"变化技术"等方术来眩惑常人,赢得人们的信任。常人对"变化技术"的兴趣,要远大于佛理。

佛教就是在这种文化背景下进入中国的。所以,佛教如果要在中国扎下根来,必须回应中国人的这种文化心态,特别是在中国人所认为的合理性不言而喻的人伦秩序方面。在庐山弘法的高僧慧远,就做了这方面的工作。

> 远公在庐山中,虽老,讲论不辍。弟子中或有堕者,远公曰:"桑榆之光,理无远照;但愿朝阳之晖,与时并明耳。"执经登坐,讽诵朗畅,词色甚苦。高足之徒,皆肃然增敬。(《规箴》24)

> 沙门释慧远,雁门楼烦人。本姓贾氏,世为冠族。年十二,随舅令狐氏游学许、洛。年二十一,欲南渡,就范宣子学,道阻不通,遇释道安以为师。抽簪落发,研求法藏。释昙翼每资以灯烛之费。诵鉴淹远,高悟冥赜(zé)。安常叹曰:"道流东国,其在远乎?"襄阳既没,振锡南游,结宇灵岳。自年六十,不复出山。名被流沙,彼国僧众,皆称汉地有大乘沙门。每至然香礼拜,辄东向致敬。年八十三而终。(《文学》61刘孝标注引张野《远法师铭》)

慧远是释道安的弟子,48岁时上庐山,建东林寺,广收弟子,弘扬佛法,他还是净土宗的创始人。他在庐山,虽已年老,但勤于讲论,从无懈怠。弟子中有偷懒的,慧远则说:"我已如夕阳,按理不会照耀久远了;你们则如朝阳,随着时间的推移将越来越亮。"他手执经卷,登上讲坛,讽诵经文的声音响亮、流畅,言辞、神色很恳切。高足弟子都肃然起敬,对他更加敬仰了。慧远诚恳地规箴,兢兢业业地弘法,气象更接近于蔼然的儒者。

慧远有深厚的儒、道两家的修养,据说他未出家时就博宗六经、尤好《老》《庄》。后来他在庐山,为雷次宗、宗炳等人讲过《丧服经》,显然他对儒家的礼教精神有深刻的了解。这也为他尝试调和佛教和礼教的冲突提供了理论的便利。

东晋末年,慧远和大军阀桓玄就沙门是否应该礼敬王者发生了激烈的论战。这次论战不仅仅是桓玄为了树立权威而挑起的,而且是在佛教传入中国后与中国文化的交融走向更深层次的背景下展开的。桓玄当然希望沙门礼敬王者,而不能发展成一股异己的力量。桓玄尤不能忍受的是,沙门明明接受王者的供养,却不肯报恩施敬,这说不过去!

慧远以弘扬佛法为己任,他要坚决维护佛教的独立性。两者辩论的实质是,在中国社会越来越有影响力的佛教,如何摆正和世俗权威的关系,或者说应如何与世俗社会的政治秩序、伦理秩序兼容。无论实际情况如何,至少要在理论上把这一点说清楚。

慧远的逻辑是,佛教以其特殊的方式来巩固和维护中国社会的基本人伦秩序,而没有拆毁和取代它。佛教越是保持自己的独立性和纯粹性——不敬王者,越能帮助王者实施教化。而针对桓玄所说的沙门接受王者的供养必须报恩,慧远则以为:"沙门虽然需要王者提供生存资料,但在情欲上没有希求。他们把衣服、饮食、卧具和医药的供养,看得像蚊虫从眼前飞过一样,这一点点所谓的恩惠哪值得一说呢!"

最终桓玄放弃要求沙门礼敬王者的政策。但问题没有消失,佛教还须在深探中国社会基底的过程中继续自我调适。而慧远以坚决的态度来面对这个无比棘手的问题,并做出了卓越的回应,其贡献是不容忽视的。

第八讲

不让须眉谈贤媛

相较于中国传统社会的各个阶段，魏晋社会，尤其是上流社会，政治权力、道德伦理、思想观念等各类有形、无形的约束较小，所以士族的自由活动空间就大。在这种氛围下，原本拘于闺房的贵族女性，也活跃起来。

这种活跃，首先是性情的活跃。

有个很著名的例子，竹林七贤之一的王戎，其妻常以"卿"称呼他。这个字，一般是地位高者用来称呼地位低者，如君对臣、夫对妻，所以王戎说："妇人用卿来称呼丈夫，于礼为不敬。以后不要这样了。"而王夫人一下子甩出了一大堆"卿"——"亲卿爱卿，是以卿卿。我不卿卿，谁当卿卿？"（《惑溺》6）。王戎只好作罢，任由她去。春江水暖鸭先知，社会从严肃、刻板、正经的状态过渡到通脱、随便、活泛的氛围，往往有若干标志可以窥见风向的转变，称呼就是其中之一。社会越是自由、开放，称呼越是不讲究。像王戎之妻，对丈夫卿来卿去，表达直来直去，浑然不把礼教当回事儿。魏晋时代贵族女性的日常生活状态，由此可略知一二。

再者，这些女人中间有很多人具备宽广的视野、凌厉的眼光、良好的学识，以及优雅的谈吐，丝毫不逊色于她们的父兄和丈夫，能与家族中杰出的男性相比肩。

讲个有趣的故事以为佐证。名士王广娶琅琊诸葛诞（字公休）之女为妻，夫妻俩礼毕后在新房里交谈，王广戏言："老婆你神态卑下，一点也不像你父亲公休。"诸葛氏说："你是大丈夫，不能仿效你父亲彦云，却要求你老婆与英杰相比。"刘孝标认为王广是名士，不大可能拿岳父开玩笑。对于此事的真实性暂置一边。王广把妻子和岳父相比，潜台词是作为名流之女，神情气度应该是类似的。这点或许是当时人的共识——名门闺秀，自当如父兄一样杰出。

《世说新语》里有《贤媛》门，着重叙述的便是该时代上层中的杰出女性。

第一课

在闺门观望庙堂

在中国古代,政治基本上是专属于男性的。当然,古代也不乏女性进入这个男性的专属空间,这个空间不可能做到完全拒绝女性的涉足。也就是说,对政治,男性固可垄断,但封闭不了。在魏晋时代,这个现象就更加突出了。

在此,我们要重点讲一位非凡的女性。

> 许允妇是阮卫尉女,德如妹,奇丑。交礼竟,允无复入理,家人深以为忧。会允有客至,妇令婢视之,还,答曰:"是桓郎。"桓郎者,桓范也。妇云:"无忧,桓必劝入。"桓果语许云:"阮家既嫁丑女与卿,故当有意,卿宜察之。"许便回入内。既见妇,即欲出。妇料其此出,无复入理,便捉裾停之。许因谓曰:"妇有四德,卿有其几?"妇曰:"新妇所乏唯容尔。然士有百行,君有几?"许云:"皆备。"妇曰:"夫百行以德为首,君好色不好德,何谓皆备?"允有惭色,遂相敬重。(《贤媛》6)

> 许允为吏部郎,多用其乡里,魏明帝遣虎贲收之。其妇出诫允曰:"明主可以理夺,难以情求。"既至,帝核问之。允对曰:"'举尔所知。'臣之乡人,臣所知也。陛下检校为称职与不?若不称职,臣受其罪。"既检校,皆官得其人,于是乃释。允衣服败坏,诏赐新衣。初,允被收,举家号哭。

阮新妇自若云："勿忧，寻还。"作栗粥待，顷之允至。(《贤媛》7)

　　许允为晋景王所诛，门生走入告其妇。妇正在机中，神色不变，曰："蚤知尔耳！"门人欲藏其儿，妇曰："无豫诸儿事。"后徙居墓所，景王遣锺会看之，若才流及父，当收。儿以咨母，母曰："汝等虽佳，才具不多，率胸怀与语，便无所忧。不须极哀，会止便止。又可少问朝事。"儿从之。会反以状对，卒免。(《贤媛》8)

以上三则材料如吉光片羽，很难得地反映了许允之妻阮氏的过人才智。

阮氏乃名门出身，父亲是陈留阮共(字伯彦，做过卫尉)，兄长是阮侃(字德如)。她的丈夫是许允(字士宗)，魏末仕至中领军，是一位很有权势的重要政治人物。

阮氏结婚，差一点出了个大纰漏，这个关口如果没有安然渡过，她将活在屈辱中，她日后的人生极有可能要大受影响。阮氏虽出名门，但是容貌奇丑。与新郎许允拜堂后，许允就表露出不再进入新房的意思。他应当是对自己的妻子的容貌大失所望了。阮氏岂不知许允的心态，但她待在新房中无能为力，事情即将陷入困境。所幸，她得知素有智囊之称的桓范来，意识到可能有转机了，她很有把握地预测桓范能说服许允入新房。果然，此时也没完全打定主意的许允，经桓范一劝，勉强进房。事情似乎向好的方向发展。但许允再次见到阮氏，好不容易燃起的一点点热情立即又被浇熄。他当即扭头想走。阮氏知道，这一走，就意味着两人缘分必尽。她伸手拉住了许允的衣襟，这个动作很妙——拉，不是哀求，而是有话要对许允说，她要为自己以及阮氏的名誉、尊严做最后的努力。两人终于面对面地对上了话，阮氏以许允的好色不好德戳中了他的心事，也赢得了许允的敬意。两人的婚姻没有散，维持了下来。整个过程中，阮氏凭借着她的才智，把握住了微茫的机会，成功地挽回了心不在她身上的许允，化解了婚礼危机，并维护了她的尊严以及阮氏家族的声誉。

后来许允担任吏部郎，负责人事。他选用的人多是他的同乡。魏明帝怀疑许允公器私用，派遣虎贲（禁卫军）收捕许允。阮氏出来，告诫许允："明主可以理夺，难以情求。"君主，可以通过讲道理来说服，而不能靠诉诸情感去乞求。阮氏的话显示了她对于人性的深刻认识。当初结婚时，许允嫌她丑，差点儿弃她而去，阮氏并未哭哭啼啼，并未作可怜状来换取许允的怜悯；相反，她是据理力争，令许允抱愧，由此改变态度。所以，要渡过这场劫难，要挽回皇帝的信任，必须把理给占住，而不能心存侥幸，抱不切实际的幻想，以为哀求就可过关。到了朝廷后，明帝亲自核查。许允引用孔子"举尔所知"的说法，为其做法的合理性寻求圣人的言论来辩护。然后提到之所以举荐同乡多，就是因为对他们了解得深。紧接着，请求明帝考察他举荐的人才是否称职，如果不称职，那么甘愿伏法。经过检查，发现许允所用之人都是合格的，明帝释放了许允。一场危机，便这样轻松地化解。

唐德宗时的宰相崔佑甫也遇到过类似的事。崔佑甫自任宰相以来，不到半年工夫，任命官吏800多人。德宗很关切，问道："你选用的官员多是你的姻亲、故旧，什么原因？"崔佑辅说："如果不是臣的亲旧，谁了解他们的才华呢？如果不了解，哪敢给他们官职？"当时人以为名言。崔佑甫答唐德宗与许允答魏明帝的逻辑一致。

许允刚开始被收捕时，全家号啕大哭，觉得是灭顶之灾。唯有阮氏平静自如，很有把握地说："无妨，不久人就会回来。"她煮了小米粥等待，不一会儿，许允平安回来。在这次关系许允仕途危机的事件中，阮氏一副成竹在胸的样子，对问题的症结洞若观火，很轻易提示许允脱困的路径，事情完全按照她的预测来发展。她对政治的认识、对局面的把控，令人惊叹。她虽在闺门之内，可是整个庙堂都在她思虑的笼罩中。当许家满门被这突如其来的变故吓住，觉得祸福难料时，唯独阮氏从容淡定、浑若无事，她的才智使她在变故中显得鹤立鸡群。

　　其后许允地位继续上升，累迁至尚书、中领军，是朝廷要员了。但他牵涉到一起反对司马师的政变中，谋事者拟在事成之后以许允为太尉。非常时刻，许允因表现不果决，引起司马师的猜忌。司马师对涉及这场政变的相关人等的处置有轻重缓急，一开始还没有马上处理到许允。当时许允精神恍惚，失魂落魄，司马师还怪他多心，同时趁着镇北将军刘静逝世的机会，用许允来替代，并对许允加以抚慰。许允被司马师刻意营造的这些迹象所迷惑，判断自己已经过关了，兴冲冲地对阮氏说："我知已幸免于难。"阮氏没丈夫这样肤浅的乐观，她把形势看得一清二楚，说："祸见于此，何免之有？"就此刘孝标注："《妇人集》载阮氏与允书，陈允祸患所起，辞甚酸怆，文多不录。"阮氏应有过全面的局势分析，并对前景悲观。或许许允不以为然，还对司马师抱有天真的幻想，很可惜详情我们已不可知了。但可以肯定的是，阮氏预知这次大祸是真正将至。

　　等司马师布置妥当，有关部门针对许允的弹劾开始，理由当然充分，且与政变之事无关。于是许允被定罪，最后的判决是减免死罪迁徙边疆，许允死于道中。当许氏的门生把许允的死讯告诉正在织布的阮氏时，她神色不变，说："早就知道会这样。"她已经对许允的结局事先做好了心理准备。门生提出把许允的儿子藏起来,这是怕司马师把许氏一锅端,做个预防,保留许氏的血脉。不过阮氏判断事情暂时尚未恶化到要把许允之子也诛灭殆尽的地步。

危机还没有解除。许家迁移至许允的墓地居住,司马师派钟会去看许家。钟会此行带有考察的目的,如果判断许允的两个儿子才华赶得上许允,就要抓捕了。儿子找母亲商讨应对的法子,阮氏安慰道:"你们虽说还不错,但才具不多。尽管敞开胸怀与钟会说话,就没有什么好担忧的了。不要极度悲恸,钟会不哭,你们也不哭。可以稍微问一点朝廷的事。"阮氏知道,儿子不是钟会的对手,与其刻意隐瞒什么,还不如真实表现,只要言行合乎人之常情,自然没事,钟会也不犯疑。儿子按阮氏的指点做了,钟会复命,二子最终得以幸免。

许允之子,对司马师来说,在可杀与可不杀之间,虽倾向于不杀,但还需要观察力和判断力俱强的钟会亲自去做个调查,依据结果再下最后的决心。如果在钟会考察的关键时刻弄巧成拙、发生差错,高阳许氏,至少是许允这一支,极有可能断根,而这才是真正的灭顶之灾。以阮氏的明智,她不可能看不到这一点。而她很肯定地说:"无豫诸儿事。"说明她对司马师的处置力度以及其子应对钟会的能力,是有把握的。

要知道,钟会绝不是一般人物,他被时人比作张良,而钟会本人也以"算无遗策"自负。从来都只有他算计别人,把别人拿捏于股掌之间,他可能真没想到,一个不出闺门的妇人,未和他直接打交道,但冷眼旁观,早已摸准了他的心思。阮氏的智谋,还在钟会之上。

李平阳,秦州子,中夏名士,于时以比王夷甫。孙秀初欲立威权，咸云："乐令民望不可杀，减李重者又不足杀。"遂逼重自裁。初，重在家，有人走从门入，出髻中疏示重，重看之色动。入内示其女，女直叫"绝"。了其意，出则自裁。此女甚高明，重每咨焉。(《贤媛》17)

这是李重之女的故事。

李重（曾任平阳太守）是秦州刺史李秉之子，乃中原名士，当时人把他比作王衍。西晋八王之乱中，赵王司马伦利用皇后贾南风和太子司马遹的矛盾，在谋士孙秀的策划下，先是怂恿贾南风废黜并杀害太子，接着又和忠于太子的禁卫军势力结合，发动政变除掉贾南风，坐收渔翁之利，取得大权。孙秀因此也扶摇直上，一时权倾朝野。孙秀是琅琊人，属于寒门出身，年轻时做过小吏，曾受大文士潘岳的凌辱。其后，孙秀依傍上了司马伦，两人合计，在纷乱的局势中居然为自己开辟了一条通向权力巅峰的大路。孙秀掌权后，一方面睚眦必报，把潘岳等名流杀掉；一方面以杀伐立威，杀了辅政的张华、裴頠等大臣。

张华、裴頠等是孙秀、司马伦掌权必须搬除的障碍，所以必须杀掉。孙秀还嫌不够，还要寻找目标。有人说："乐广深孚众望，不可以杀；而不如李重的人，即使杀了，也没有震撼效应。"所以须借李重来立威了。于是逼令李重自裁。

当时李重在家，有人跑进门，从发髻中拿出奏疏给李重。李重看后脸色都变了，进内室又出示给女儿。女儿直叫一声"完了"。李重明白女儿的意思，出去就自杀了。此女很有智慧，李重每遇事常与她商议。

不过，刘孝标怀疑李重自裁的真实性。一方面别的史料记载，李重自知司马伦作乱，有病也不治，是这个原因死掉的。再者，孙秀的意图是通过诛杀来立威权，既然如此，应该公开杀戮,这样才能实现令人惊惧的目的,而没必要逼李重自裁。刘孝标的辨析有道理。《晋书》就记载李重是忧逼成疾而卒。

《品藻》第46条对此事也有涉及——

> 谢公与时贤共赏说,遏、胡儿并在坐。公问李弘度曰:"卿家平阳,何如乐令?"于是李潸然流涕曰:"赵王篡逆,乐令亲授玺绶。亡伯雅正,耻处乱朝,遂至仰药。恐难以相比!此自显于事实,非私亲之言。"谢公语胡儿曰:"有识者果不异人意。"

谢安和名流们一道品论人物。谢安问李充(字弘度)对他的伯父李重和乐广的看法。李充潸然泪下,说:"赵王篡位,乐令亲授玺绶。先伯父正直,以处乱朝为耻,于是服毒自尽。两人恐怕难以相比,这是明显的事实,并非偏袒亲人。"李充说李重是服药自杀。

在当时的环境下,李重除非像乐广一样肯合作,否则在劫难逃。李重的女儿对形势洞若观火,她清楚地知道父亲的命运已不可挽回。这个女孩子确实高明,无怪乎李重平时总与她商议大事。

第二课
持家有道

女性基本的活动范围是家,持家自然是女性的职责。越是贵族之家,在持家上对女性的要求就越高。

《晋书·后妃传》记载了司马昭之妻、文明王皇后的生平。她是大儒王肃之女,自小便接受了正统的儒家教育。她观察和领悟事情的能力很强,往往不待尊长开口就能顺承心意去做。所以父母命她"摄家事"。她治家,大小事情都处置得很合理。"祖朗甚爱异之,曰:'兴吾家者,必此女也,惜不为男矣!'"祖父王朗特别宠爱、看重她,常说此女必兴王家,可惜不是男子。王氏大概在十岁的时候就接手家务。她小小年纪,把一个名门望族的内部事务处理妥善,证明了她的能力。之所以被祖父王朗感叹"惜不为男",是因为她的能力只能发挥于门户之内,用在持家上,而无法迈进庙堂,在更大的空间中施展。这是时代的局限,王朗只能倍觉遗憾。

像文明王皇后之类的贤媛,以持家为其要务。她们在持家中所表现出来的贤,在于能发挥和家族男性类似的作用,也有考虑和维护门户利益的责任意识以及能力。

　　周浚作安东时,行猎,值暴雨,过汝南李氏。李氏富足,而男子不在。有女名络秀,闻外有贵人,与一婢于内宰猪羊,作数十人饮食,事事精办,不闻有人声。密觇之,独见一女子,状貌非常,浚因求为妾。父兄不许。络秀曰:

"门户殄（tiǎn）瘁（cuì），何惜一女？若连姻贵族，将来或大益。"父兄从之。遂生伯仁兄弟。络秀语伯仁等："我所以屈节为汝家作妾，门户计耳！汝若不与吾家作亲亲者，吾亦不惜余年。"伯仁等悉从命。由此李氏在世，得方幅齿遇。（《贤媛》18）

这个故事被广泛引用，用来说明魏晋时代门第高下的现象。周浚所出身的汝南周氏乃名门望族。他本人在晋武帝时出任安东将军，参与过征伐东吴、统一全国的战争。周浚曾经外出打猎遇暴雨，经过汝南李氏家。李氏富足，但富而不贵，地位要逊于周氏。当时李家的男性不在，有个女儿，叫络秀，听说外面来了贵人，就和一个婢女在里院杀猪宰羊，准备好了数十人的饮食，每个环节都做得挺周到，而且没有通常办宴席的嘈杂、鼎沸的人声。这引起了周浚的好奇。他暗自窥探，独见一女子，状貌不凡。周浚于是想求娶她为妾。李氏父兄不愿答应，但李络秀坚持，她有考虑："我家已衰落，何必吝惜一个女儿呢？如果与贵族联姻，将来或许有极大的好处。"父兄依从了她。过后，李络秀生了著名的周伯仁三兄弟。

等到周氏三兄弟成年，李络秀觉得时机成熟，对伯仁等把话摊开："我之所以委屈自己到你们周家为妾，是为我们李家考虑。如果你不想认李家为亲戚，我也不顾惜余年了。"这简直就是以命相胁，孝顺的周氏兄弟自然都遵从母亲的要求，李氏在公开的社交场合得到了"方幅齿遇"，即正当的礼遇。她的意图至此最终实现。

李络秀的考虑的确相当长远。一般来讲，考虑越长远，意味着付出的牺牲越大。她把自己的婚姻、幸福，和周氏家族做了要一二十年才可能兑现的交易。之所以说"可能兑现"，是因为这个交易有很大的冒险成分,李络秀可能没有交易的筹码。她没想过要从周浚处得到什么。她的目的是借周浚生下有汝南周氏血缘的儿子,等儿子成年后主持周氏,然后她再以母亲的身份施压,迫使周氏不得不礼遇李氏,由此提升李氏的社会地位、声望。也就是说,她的筹码其实是未来的儿子。问题是,她怎么就有把握生的一定是儿子?况且,即使生出来,也不过是庶子,又怎么能取代嫡子主持周氏家政?

所以,李络秀其实是赌了一把。如果成功了,李氏便取得了与周氏对等的地位;如果不成功,她自己当初对父兄说得很清楚了——"何惜一女"。这个女子用心深远,勇于决断,宁愿用自己一辈子的幸福来换家族地位未来可能会有的提升。所以,人们把她看作"贤媛"。

贤媛的贤,还在于有足够的智慧维护一个名门望族所必须呈现于世人面前的和睦。

> 王司徒妇,钟氏女,太傅曾孙,亦有俊才女德。钟、郝为娣姒,雅相亲重。钟不以贵陵郝,郝亦不以贱下钟。东海家内,则郝夫人法。京陵家内,范钟夫人之礼。(《贤媛》16)

上引材料讲的是太原王浑(官至司徒)家的事。太原王氏乃两晋最显赫的门第之一。王浑的妻子是颍川钟氏女。钟氏门第不逊于王氏,其曾祖父为曾任太傅的名臣钟繇。钟氏有俊才,有美德。王浑之弟王湛任过汝南内史,其妻的出身则远低于钟氏。

《贤媛》第15条叙述了王湛娶妻之事——"王汝南少无婚,自求郝普女。司空以其痴,会无婚处,任其意,便许之。既婚,果有令姿淑德。生东海,遂为王氏母仪。或问汝南何以知之?

曰：'尝见井上取水，举动容止不失常，未尝忤观。以此知之。'"

王湛年轻时一直没婚配，因为他一向被公认为傻，声名不佳，可能在其阶层内不容易缔结婚姻。他要求娶郝普的女儿为妻，太原襄城郝氏的地位自然赶不上王氏，《汝南别传》记载："襄城郝仲将，门至孤陋，非其所偶也。"王湛的父亲王昶（官至司空）无奈之下，遂了他的意。谁知郝氏果有姿容和贤德，生下了日后成为第一流名士的王承（做过东海太守）。郝氏也就成了王氏的"母仪"。有人问王湛怎么这样会挑老婆。王湛介绍了经验："曾见她在井边打水，神情举止不失常态，从不逆视。由此知道她的为人。"王湛别具慧眼，一下看到了郝氏的优雅、稳重、大方、得体。

郝氏和锺氏这对妯娌相处融洽，两人关系亲密，彼此相互敬重，至少她俩给旁人的观感是这样的。这是很不容易做到的。锺氏不以自己的高贵门第凌驾于郝氏之上，郝氏也不以自己的卑微出身屈居锺氏之下，两人好像把彼此之门第、出身的巨大差距忘却了。这就更不容易做到了。

更妙的是，在王湛的小家庭内部，行的是郝氏的礼法；在王浑的小家庭内，循的是锺氏的礼法。一个家族，两种制度。在各自的小家庭内，可以有各自的过法，施行各自认同的治家之法。但家族作为整体，又是至上的。在家族内部，两人表现出敬爱、包容之风，共同维护王氏这样巍然崇高的门第所需要的和乐的氛围。

一个家族的昌盛及延续，离不开杰出人才。而人才的成长，往往离不开母亲。

王经少贫苦，仕至二千石，母语之曰："汝本寒家子，仕至二千石，此可以止乎！"经不能用。为尚书，助魏，不忠于晋,被收。涕泣辞母曰:"不从母敕(chì),以至今日!"母都无戚容,语之曰:"为子则孝,为臣则忠。有孝有忠,何负吾邪?"(《贤媛》10)

王经是曹魏末年的一个政治人物。他少年时代贫苦,得到本乡大族清河崔氏中的崔林的赏识和提携,步入仕途,官至郡守。其母提醒王经,以寒家子的出身,做到二千石这个级别(二千石是郡守的俸禄,以此代指官位),就可以知足了。王母有人生阅历,懂得知足,适可而止。

王母类似于秦朝末年陈婴的母亲。反秦大起义开始后,陈婴被当地人拥戴称王,陈母劝他让贤,因为陈家祖上从来就没出过贵人,如果陈婴骤然称王,并非吉事。稳妥的法子是把队伍交给更适合者,因人成事。即使事不成,也可免灾。陈母的事被《贤媛》置于篇首。

王经没有听从母亲的,在仕途上继续前进,后来在朝任尚书,受到高贵乡公曹髦的重视。当时权力已经转移到司马氏,曹髦形同傀儡。但曹髦不甘心受司马昭的摆布,不胜其忿,决定讨伐司马昭。事前召集王经、王沈、王业等几个大臣来商议,血气方刚的皇帝留下了"司马昭之心,路人所知也"的名言,王经劝皇帝当慎之又慎,然而曹髦主意已定,从怀里抛出声讨的诏书,便入禀太后。王沈和王业乃司马昭的死党,赶紧通风报信,并要王经同去,但被王经拒绝。之后,曹髦被司马昭的心腹贾充指使一个叫成济的人当街杀掉。以王经在这起事件中的表现,当然要被司马昭秋后算账,死是必然的了。

王经在被收捕前,流泪向母亲诀别,悔恨当初没有听从母亲的教诲,以至于有了如今的下场。但王母识大体、有主见,脸

207

上一点悲戚也没有,对王经说:"为子则孝,为臣则忠。有孝有忠,没什么辜负我的。"

曹髦自杀式地要讨伐司马昭,以王经的政治经验,不会不明白其中的利害关系,而他还是向曹髦做了理性的形势分析,这其实已是站到了司马昭的对立面。王沉和王业唤他同去向司马昭通报,这是他挽救自己的最后一个机会,而他还是拒绝了。所以,王经被杀,是他忠于曹氏的必然结果,也是他的主动选择。在魏晋政权即将易手的时候,在满朝绝大多数都是司马昭党羽的时候,王经明知危险将来,仍然坚定不移地表示了对曹髦的忠诚,大义凛然,难能可贵。他当初没有听从母亲的建议,继续仕途,应该不是贪恋权势,否则在曹髦冒失讨伐司马昭的关口,他本可以明哲保身,甚至可以向司马昭示好,但他没有。所以王经应是出于政治理念而不从母诫。但王母非常冷静,并不懊悔,肯定王经做得对,的确深明大义。

王经有如此正直、忠诚的品格,与其母的一贯教导是有关系的。母亲对儿子的教育,主要是在品格的熏陶以及价值观的塑造上。而这一点,也可从陶侃的成长中看出来。

> 陶公少有大志,家酷贫,与母湛氏同居。同郡范逵素知名,举孝廉,投侃宿。于时冰雪积日,侃室如悬磬,而逵马仆甚多。侃母湛氏语侃曰:"汝但出外留客,吾自为计。"湛头发委地,下为二髢(bì),卖得数斛(hú)米,斫诸屋柱,悉割半为薪,锉诸荐以为马草。日夕,遂设精食,从者皆无所乏。逵既叹其才辩,又深愧其厚意。明旦去,侃追送不已,且百里许。逵曰:"路已远,君宜还。"侃犹不返,逵曰:"卿可去矣!至洛阳,当相为美谈。"侃乃返。逵及洛,遂称之于羊晫(zhuó)、顾荣诸人,大获美誉。(《贤媛》19)

陶公少时，作鱼梁吏，尝以坩鲊饷母。母封鲊付使，反书责侃曰："汝为吏，以官物见饷，非唯不益，乃增吾忧也。"（《贤媛》20）

以上两篇讲的是陶侃之母的故事。

陶侃在东晋之初崛起，但他出身寒微，所以发达之路比较曲折、坎坷。在这个过程中，其母湛氏在力所能及的情况下助推了陶侃。

陶侃志向不凡，但家里极度贫困。同郡的范逵素来名望很高，被举荐为孝廉，投宿陶侃家。对陶侃来说，这是个与范逵进一步拉近距离的良机。如果范逵这样正处于上升势头的名人能施以援手，陶侃的出路无疑要宽阔得多。不巧的是，当时接连几天下雪，陶家像悬挂的石钟空空如也，而范逵的马匹仆从甚多，面对这尴尬的局面，陶侃的焦急可想而知。但湛氏胸有成竹，很有把握解决接待的难题，吩咐陶侃出去把客人留下来。湛氏长发委地，打起了头发的主意，卖了头发买了几斛米；砍掉房柱，劈一半当柴烧；斩碎草垫子，用作饲马的草料。到晚上，她准备好了精致的饮食，连仆从们都有很恰当的款待。范逵既赞赏陶侃的能力与口才，又为他的深厚情谊而有所不安。第二天范逵离去，陶侃一路追随，直送了上百里。范逵要陶侃回去，他还是不肯掉头。尽管没说什么，但从这个举动足见陶侃对范逵寄望之大。范逵明白，把话挑明了："你可以回去了。到洛阳后，我定会好好地说此事的。"范逵没有食言，在洛阳对羊晫、顾荣等诸名士称道陶侃，陶侃由此获得了美誉。王隐《晋书》也提到了此事——"侃母既截发供客，闻者叹曰：'非此母不生此子。'乃进之于张夔。羊晫亦简之。后晫为十郡中正，举侃为鄱阳小中正，始得上品也。"

范逵是陶侃向上流动的一个关键人物。在这个事关前途的关键时刻,湛氏很从容、得体地招待了范逵一行,没让家里窘迫寒俭的条件拖了陶侃的后腿。

第二则故事是湛氏对陶侃的教导、规训。年轻时陶侃做了个拦水捕鱼的小吏,曾经把一罐腌制的鱼送给母亲。这是陶侃的孝心,但也暴露出他靠水吃水、贪占小便宜的作风。一个人如果想在仕途上走得长远,目光绝不能如此狭隘,只盯着眼前的蝇头小利,公私不分。湛氏对儿子的做法很失望,她把腌鱼封好,交给捎来的人,回信斥责陶侃:"你身为官吏,拿官物给我,不止没什么好处,还增加我的忧虑。"

《侃别传》中还提到一事——发达后的陶侃在武昌与僚属们饮酒,总有个限度。有人劝他可以多喝点,陶侃凄然很久,才说:"我年轻时候,曾经因酒犯错,被父母规约,所以不敢过度。"可见陶侃的母亲对他要求的严格。

在讲究出身的年代中,陶侃居然步入朝廷的最高层,除了本人才华出众以及特殊的机缘之外,与他母亲的悉心扶助、培育也大有关系。湛氏虽然提供不了优越的条件,但她以她的识见令陶侃始终走在了正路上。

第三课
林下风气

　　魏晋盛行的风流不独为男性所专有,有些女性也大有名士的气质。无论是文艺上的才华、玄学思辨的能力,还是高华飘逸的神情姿态,她们也具备。

> 　　山公与嵇、阮一面,契若金兰。山妻韩氏,觉公与二人异于常交,问公,公曰:"我当年可以为友者,唯此二生耳!"妻曰:"负羁之妻亦亲观狐、赵,意欲窥之,可乎?"他日,二人来,妻劝公止之宿,具酒肉。夜穿墉以视之,达旦忘反。公入曰:"二人何如?"妻曰:"君才致殊不如,正当以识度相友耳。"公曰:"伊辈亦常以我度为胜。"(《贤媛》11)

　　山涛年龄比嵇康、阮籍都大,但与两人一见如故,结成好友。山涛的妻子韩氏发觉这交情不同寻常,山涛也说当今世上能称作他的朋友的,唯此两人。这分量更重了,引发了韩氏的好奇,想要亲自观察。为了表示行为的正当,她引用了春秋时曹国大夫僖负羁之妻亲观流亡来曹的晋公子重耳的故事。

　　有天嵇、阮留宿山家,韩氏夜晚穿透墙壁看他们三人清谈,直至天亮,甚至忘了回去。这三人都是第一流的名士,思想、谈吐均不凡,韩氏居然听了一晚上,足见她在思想层次和审美趣味上与他们接近,否则是听不下去的。更令人称奇的是,韩氏还有识力能品鉴三人的高下。她觉得丈夫山涛与嵇、阮两人相比，在才华上差距较大，而见识气度可与抗衡。这个评价得到了山涛的认同，因为嵇、阮也常常认为山涛气度为优。这更加印证了韩氏具备准确评价人物的能力。

据王隐《晋书》记载，山涛未发达时，曾对韩氏开玩笑："再忍一忍这贫寒的处境，我将做到三公，不知道你是否能为三公夫人？"后来山涛以他的持重及与司马氏特殊的关系，成了西晋的开国功臣，且并未食言，非常敬重韩氏，也不纵情声色。山涛的戏言似在安抚韩氏的情绪，但以韩氏的见识，她必能预知，假以时日，山涛一定发达，所以绝不至于忍耐不住一时的贫寒。山涛未免小瞧了韩氏。

> 谢遏绝重其姊，张玄常称其妹，欲以敌之。有济尼者，并游张、谢二家。人问其优劣，答曰："王夫人神情散朗，故有林下风气。顾家妇清心玉映，自是闺房之秀。"（《贤媛》30）

人物论衡的潮流，不但见之于名士间，同时也弥散于贵族女性中。谢安的侄儿谢玄和名士张玄两人齐名，号称"南北二玄"。谢玄推重他的姐姐谢道韫（嫁给了王羲之次子王凝之），名士张玄则看重其妹（嫁到顾家，故称顾家妇），想令她与谢道韫一较高下。

但两人均是名媛，不便在公开场合抛头露面，一时也不好比较优劣。恰巧，有个叫济的尼姑，同时与张、谢两家的内眷有来往，她有资格来做评判。她的评语也有趣，只描述各自特点，不给出结论，而结论自现。

谢道韫的特点是"神情散朗"，即神态洒脱、爽朗。这是名士特有的气质，是名士把自己和常人区别开来的一目了然的身份标志。可见，谢道韫的确有竹林名士的风度。竹林七贤在这方面当然就更突出了。《容止》第五条形容嵇康的风姿是"萧萧肃肃,爽朗清举",《康别传》描述得更具体——"康长七尺八寸,伟容色,土木形骸,不加饰厉,而龙章凤姿,天质自然。正尔在群形之中,便自知非常之器。"嵇康高大伟岸,不屑于修饰,但风姿特秀,神情散朗,把他放在众人之中,如鹤立鸡群,如珠玉在瓦石间,一望就自然知道是非常之人。嵇康的风度令他光彩夺目。在济尼看来,谢道韫有如此之风。

顾家妇则"清心玉映",意指心如灵玉,光彩照人,是闺房中的拔尖者。这个济尼有识鉴,能恰如其分地区分两种不同类型的气质。张玄之妹固然优秀,但参比的对象是闺门的女性,即她不过是卓异的女性,如此而已。谢道韫不然,已超越了女性的范畴,在精神境界、神情风度上能与竹林名士等时代精英、人中龙凤相提并论。

非但如此,谢道韫的玄学素养、清谈能力也很强。据《晋书》记载,谢道韫的小叔子王献之,曾经与宾客清谈,理屈词穷,已露败象。谢道韫遣婢女出来传话:"欲为小郎解围。"她用青丝织成的步障把自己遮蔽起来——好比垂帘听政,是女性介入男性世界的变通之法。她没有另外陈说,而是就着王献之方才的论点加以引申,客人辩不过她。王献之辩不过,谢道韫仍执王献之的观点辩论,却能站住脚。可见,并不是王献之的观点有问题,而是王献之发挥不出其观点的意蕴,谢道韫的思维能力要比王献之高出一筹。

既有散朗的神情,又有出色的清谈能力,谢道韫之有"林下风气"并非虚言。谢道韫是东晋最出色的女性,她是这个时代能够允许的女性所能达到的最高位。

王凝之谢夫人既往王氏,大薄凝之。既还谢家,意大不说。太傅慰释之曰:"王郎,逸少之子,人材亦不恶,汝何以恨乃尔?"答曰:"一门叔父,则有阿大、中郎。群从兄弟,则有封、胡、遏、末。不意天壤之中,乃有王郎!"(《贤媛》26)

王江州夫人语谢遏曰:"汝何以都不复进,为是尘务经心,天分有限?"(《贤媛》28)

谢太傅寒雪日内集,与儿女讲论文义。俄而雪骤,公欣然曰:"白雪纷纷何所似?"兄子胡儿曰:"撒盐空中差可拟。"兄女曰:"未若柳絮因风起。"公大笑乐。即公大兄无奕女,左将军王凝之妻也。(《言语》71)

以上三个故事,令我们看到了谢道韫的骄傲、眼界和才情。
谢道韫嫁入王氏,成了王羲之的儿媳妇,很看不起丈夫王凝之。古往今来,天底下鄙薄自己丈夫的女性多得去了,更何况是谢道韫这样才华绝代的女性。她回娘家,老大不高兴。谢安来开导她:"王郎,是王羲之的儿子,才能也不算坏,你为什么对他不满意到这个地步?"不提还好,一提谢道韫就把满腹的委屈全都趁机倒了出来。谢道韫说:"我们谢氏一门,叔父辈里有阿大(谢尚,谢安从兄)、中郎(谢据,谢安次兄),兄弟辈里则有封(谢韶,小字封儿)、胡(谢朗,小名胡儿)、遏(谢玄,小字遏)、末(谢渊,小字末)。没想到天地之间,竟有王郎。"噼里啪啦把谢家两代的优秀人物摆了出来,经此一对比,王凝之的不堪就凸显出来。谢道韫瞧不起王凝之,不是王凝之不优秀——名门之子,自身才能也不错。然而,谢道韫在谢氏人才荟萃的鼎盛期长大,眼界自然而然地形成,王凝之不入其眼,也是正常。但

"不意天壤之中，乃有王郎"，话说得太狠了些，好像王凝之不配在天壤之间一样。不愧是才女，损起丈夫来，也是第一流。

王凝之后来做过江州刺史，所以谢道韫也被称为王江州夫人。谢道韫是谢玄的姐姐，对弟弟当然有督促、教导的责任。就如《红楼梦》中，在深宫里的贾元春一直挂念着贾宝玉的前途。谢道韫对谢玄说："你怎么不见长进？是世俗杂务羁绊了心思，还是天分有限？"这话很严厉了，既有一般要求严格的姐姐责备弟弟进步不大的口吻，又带着谢道韫本人性格的印记。谢玄绝非膏粱子弟，他是过江后谢氏第三代中的佼佼者，从《世说新语》的相关记载中，能够见到谢安等对谢玄的悉心培育。日后谢玄果成大器，他创立了北府兵，在淝水之战中作为主帅，率军一举击败拥有优势兵力的苻坚，解除了东晋政权的外部危机，把陈郡谢氏的地位、声威推至巅峰。

姐姐对弟弟督责甚厉，嫌谢玄长进的速度还不够快。先解释一下，这里所谓的"长进"，不是一般意义上的进步，而是指学术方面，尤其是指名士们热衷的玄学修养和清谈能力。这个词在《世说新语》中还有同样的用法。如《言语》第66条"王长史与刘真长别后相见，王谓刘曰：'卿更长进'"，《品藻》第37条"桓大司马下都，问真长曰：'闻会稽王语奇进，尔邪？'刘曰：'极进'"，均指的是玄学及清谈能力的长进、提升。

谢道韫以自问自答的方式，提醒谢玄改进。所谓"尘务经心"，意思是要谢玄把心灵的修养方向放在虚阔、超然上，对世俗事务保持适度的距离，心灵的空间才能释放出来。心空的虚阔、空旷，是能够承担家国重任的主观条件。这是经过玄学浸润后，魏晋士人对于精神修养和处理实务关系的一个普遍性认识。至于"天分有限"，当然不是说谢玄天资不行。天资决定了人上进的上限，天资不足，无论主观如何求上进，客观效果终究有限。谢道韫应是说反话,提醒谢玄不要以天分有限为借口而松懈。谢道韫的责问,包含着一个眼界甚高的姐姐对于弟弟的殷切期待,同时也是她们这类阶层中人的自我期许。

谢安在一次寒冬下雪的时候召集谢氏子弟聚会,一道谈论文章义理。这样的集会既是风雅的休闲活动,也是家族德高望重的长辈教导子弟的契机。我们读《论语》,就可见孔子很多时候是在与弟子们的闲聊中观察学生资质、志向并施教的。不久雪下得更紧了,谢安借着雪景出了个题目:"白雪纷纷何所似?"侄儿谢朗说:"勉强可以比作向空中撒盐。"谢道韫的回答是:"未若柳絮因风起。"谢安开怀大笑。与谢道韫相比,谢朗的回答尽管也足够形象,却缺乏美感。空中撒盐像极了大雪的纷扬,但有点煞风景。柳絮因风起,则空灵、美妙得多。贵族子弟的出身和教养,决定了他们有、也应该有一个其余阶层很难比拟的文化优势,就是美感的养成,即对于美的鉴赏和表达的能力。谢安召集子弟讲论文义,应该抱有这个目的。他听完谢朗和谢道韫的回答,没有立即发表评论,就只"大笑乐",乐得耐人寻味。他大概想要在座的子弟们,自个儿对着雪景去寻思和体会吧。因为美感不是知识,讲解不了,唯有乞灵于个人的悟解。

> 桓玄问王凝之妻谢氏曰:"太傅东山二十余年,遂复不终,其理云何?"谢答曰:"亡叔太傅先正,以无用为心,显隐为优劣,始末正当动静之异耳。"(《排调》26刘孝标注引《妇人集》)

桓玄向谢道韫问了一个带有挑衅意味的问题:"谢安隐居东山20年,为什么最后改变了初衷,还是踏入仕途了?"谢安志在隐遁,但为了门户大计,在其弟谢万被废为庶民后,不得已,在这个不是特别恰当的时候仓促出山,损伤了他多年来辛苦建立的美誉,给一些人提供了笑柄。桓玄旧事重提,可能带有羞辱谢氏的考虑。因为桓玄对谢氏有过针对性的举措,他曾要把谢安的宅邸用为军营,谢混出言阻止:"当初召伯的仁爱,犹能惠及甘棠树;而谢公的恩德,却不足以保住他的五亩之宅!"桓玄惭愧了,这才作罢。

谢道韫不愧是有林下风气的才女,用标准的玄学语言回应了这个尴尬的问题:"谢安业已到了以无用为心的境界。"以无用为心,则能顺其自然,该静则静,该动则动,该隐则隐,该仕则仕,无一定之规,只是时势使然。所以,隐居东山与入朝为官,并无优劣的区别,而唯有动静的不同。

> 王尚书惠尝看王右军夫人,问:"眼耳未觉恶不?"答曰:"发白齿落,属乎形骸;至于眼耳,关于神明,那可便与人隔?"(《贤媛》31)

此处的王夫人是王羲之的夫人郗氏。当初王羲之懒散地躺在床上,由此被郗鉴看中而选为女婿。郗氏也不是个寻常的闺阁之秀。

王尚书是王惠,王羲之的孙辈,在刘宋时代任过吏部尚书。他看望郗氏,问候了老人家的听力和视力情况。人老了,耳聋眼花很正常,而郗氏的回答大有玄意:"头发白了,牙齿掉了,这不过是身体的毛病;至于眼睛和耳朵,关系到人的神明,怎么可能与人隔绝呢?"

郗氏并不是简单地回答她的听力和视力还好,她是借题发挥,强调无论是谁,到了一定年纪,肉体生命都会衰弱,表现就是发白齿落;但眼、耳通达人的精神生命,在这方面她不可能有问题。郗氏表达了她对"神明"、对人的精神生命的看重,这是她自傲的依据。

> 桓车骑不好着新衣。浴后,妇故送新衣与。车骑大怒,催使持去。妇更持还,传语云:"衣不经新,何由而故?"桓公大笑,着之。(《贤媛》24)

桓车骑是桓温之弟桓冲,官任车骑将军。他不大喜欢穿新衣服。以桓冲的地位,不穿新衣肯定不是出于经济的原因,也不是刻意摆出节俭的姿态。《德行》第40条说名士殷仲堪任荆州刺史,碰到水涝灾害,粮食歉收,因此吃饭只有五碗,此外再没有菜肴了,饭粒掉下,他总捡起来吃。文中说尽管他是有意为人表率,但"亦缘其性真率"。也就是说,殷仲堪本来就是这样的人,所以不觉得捡掉下去的饭粒吃有什么不妥的。桓冲也是如此,可能他就爱旧衣服穿得舒适合身。很多人其实就好这样子,据说有个富豪买了价格昂贵的新皮鞋,总是先叫身边人穿上三个月,等新鞋不打脚了再自己穿。

桓冲的妻子是琅琊王恬的女儿。她故意在桓冲洗浴后送来新衣服,即使桓冲发怒了,要把衣服拿走,她仍然坚持。当然她有很好的理由——"衣不经新,何由而故"。这话极有意思。衣服是穿旧的,没有新,就没有旧。好像只是陈述了一个事实,却又包含着某种能令人浮想联翩的道理。这是经由玄风熏染的魏晋士人们偏好的言说风格。

第九讲

高尚其志话隐者

社会现代化的一个表现是城市化。人们蜂拥进入城市，城市的规模越来越庞大。苏秦形容战国时齐都临淄"车毂击，人肩摩，连衽成帷，举袂成幕，挥汗成雨"（《战国策·齐策一》）。他有夸大之词，可这放在今天的任何一座大城市，却是常见之极。城市化为人类带来了前所未有的便利、富庶和繁华，但有得必有失，人也为此付出了必要的代价，就是失去了对自己人生的控制力，被迫把自己放在节奏飞快的链条上难有止息，失去了应有的自在、舒缓、从容和宁静的心态，切断了人和自然的联系，失去了对城市之外的自然的接触和感受。所以，有些敏感者对于以城市生活为代表的现代社会有了抵制。"久在樊笼里，复得返自然。"农业时代的隐居生活重新焕发魅力，向疲惫不堪的现代人发出了感召。据说，如今终南山中就有众多隐士。他们自觉与现代都市文明拉开距离，而选择回归简单、淳朴的原生态生活。

　　隐士，在中国历史中可谓源远流长。《论语》中就记载了长沮、桀溺、荷蓧丈人等隐士，他们或嘲笑夫子的不识时务，或讥讽"四体不勤，五谷不分"。尽管孔子未曾放弃过济世的情怀，但他本人也不排斥"隐"。从"天下有道则见，无道则隐"（《论语·泰伯》）、"道不行，乘桴浮于海"（《论语·公冶长》）等名言中，都可见孔子的态度。

　　有人说，道家哲学是隐士的哲学。这个观点或可商榷，但道家和隐士有着不解之缘应能肯定。老子说："道隐无名。"这神秘莫测,玄之又玄,看不见、摸不着、听不到,什么都不是又什么都可以是,且没有名字能称呼的道,不就是一个形而上的"隐士"吗?庄子对隐士的情怀阐述得更多。他本人不怀禄、不贪利、不慕名,宁曳尾于泥水中也不愿被供奉于庙堂上,不就是一个形而下的"隐士"吗?

儒道两家,都在各自的理论视角内,看到了"隐"的价值,肯定了"隐"的意义。他们基本上奠定了关于"隐"的思想的主流。

魏晋时代,隐逸蔚为一时之风尚。隐,是一种处世策略,也是一种高尚的生活方式,甚至是名流们所推崇和向往的一种理想人格形态。

第一课

隐遁的时代意义

一般来说,隐遁大致有保身、全性、去累等目的。

隐,首先是针对不仕而言。不仕的一个重要原因是,人有睹于仕途的险恶,抱着惹不起但躲得起的考虑,远离是非,与世无争。不仕意义上的隐,乃是为了免身、避害。

> 嵇康游于汲郡山中,遇道士孙登,遂与之游。康临去,登曰:"君才则高矣,保身之道不足。"(《栖逸》2)

孙登是当时一个隐者,阮籍、嵇康都与他有过接触和交流。据说嵇康曾经随孙登三年。待嵇康要离开,孙登临别赠言:"你才华很高,可惜保身之道不足。"《文士传》所记孙登的临别赠言要稍微详细一点——"子识火乎? 生而有光,而不用其光,果然在于用光。人生有才,而不用其才,果然在于用才。故用光在乎得薪,所以保其曜;用才在乎识物,所以全其年。"孙登以火为喻,告诫嵇康不要偏离了运用己才的正确方向,才要用在"识物"上,即认识自身的本性,以保全天年。

刘孝标注补充了孙登其人的相关材料——

> 孙登者,不知何许人。无家,于汲郡北山土窟住。夏则编草为裳,冬则被发自覆。好读《易》,鼓一弦琴,见者皆亲乐之。

登性无喜怒，或没诸水，出而观之，登复大笑。时时出入人间，所经家设衣食者，一无所辞，去皆舍去。

从上面零碎的材料可见，孙登是个深沉、豁达的人，有哲学和艺术的修养，所以才能令嵇康、阮籍这样的名士倾倒。他对魏晋之际的时局看得很清楚，所以自我边缘化于山林之中，避开风险，享受生命的自在。在孙登看来，嵇康的问题是才太大，锋芒遮不住，容易为自己带来不必要的危险。这不幸被言中了，后来嵇康在临刑前作《幽愤诗》说："昔惭柳惠，今愧孙登。"

其实，在特别凶险的时代中，隐遁可以作为一条保身的退路，但并不容易把握。

嵇中散既被诛，向子期举郡计入洛，文王引进，问曰："闻君有箕山之志，何以在此？"对曰："巢、许狷介之士，不足多慕。"王大咨嗟。（《言语》18）

是时曹爽辅政，识者虑有危机。晏有重名，与魏姻戚，内虽怀忧，而无复退也。著五言诗以言志曰："鸿鹄比翼游，群飞戏太清。常畏大网罗，忧祸一旦并。岂若集五湖，从流唼（shà）浮萍。永宁旷中怀，何为怵惕惊？"（《规箴》6刘孝标注引《名士传》）

嵇康被杀后，好友向秀不再继续隐居不仕，不再保持拒绝与司马氏合作的姿态了。《向秀别传》说："后康被诛，秀遂失图。"即失去主意，惶惑了。所以他委曲求全，选择了一条现成的、稳妥的路。他以郡计吏的身份入洛阳，受到了司马昭的重视，向秀的态度无疑正是司马昭杀嵇康所要达到的震慑效果。

司马昭有意问:"闻君有箕山之志,何以在此?"箕山,相传是巢父、许由隐居之所。向秀的回答是:"许、巢是洁身自好的人,并不值得过多地仰慕!"向秀的话令司马昭大为欣赏。向秀慑于司马昭的淫威,当众否定了自己一贯坚持的"箕山之志",向司马昭输诚,以换取自己的安全。令司马昭"咨嗟"的,当然不是向秀的言语,而是向秀识时务的态度。

魏明帝死后,曹爽和司马懿联合辅政。后来曹爽排挤司马懿,而司马懿选择了暂时隐忍,避其锋芒,暗中布置,等待时机。在相当一段时间内,曹爽大权独揽,但有识之士看出了潜伏的危机。何晏写了首五言诗,表达他的志向。他把自己比作游戏太清的鸿鹄,常常担心有张弥天大网,一下子把他网住——灾难突然而至。他感到了高处不胜寒,想要改换处境——宁愿待在卑下的五湖,顺着水流,吃点浮萍。他想以退出、归隐来躲避即将到来的危机。但他是曹爽一党,同时又是魏室的姻戚,以他的身份、地位,退是退不出,隐也隐不了,所以他忧虑满怀。

向秀本在隐居,却不得不踏进仕途;何晏是人在仕途,想退却退不了。一个是为了安全而必须放弃归隐,一个是为了安全想要归隐。他们的矛盾反映出险恶的环境中身不由己的痛苦。

所以,以隐遁来实现保全的目的,既要干脆利落的行动,也需要见机。

陆平原河桥败,为卢志所谮,被诛。临刑叹曰:"欲闻华亭鹤唳,可复得乎!"(《尤悔》3)

张季鹰辟齐王东曹掾,在洛见秋风起,因思吴中菰(gū)菜羹、鲈鱼脍,曰:"人生贵得适意尔,何能羁宦数千里以要名爵!"遂命驾便归。俄而齐王败,时人皆谓为见机。

224

(《识鉴》10)

陆机出身于吴郡陆氏,祖父、父亲分别是赫赫有名的陆逊、陆抗,他本人文才盖世。吴亡后,陆机和弟弟陆云有将近十年时间在家乡华亭隐居读书。此地风景优美,还能听到声闻于天的鹤唳。但陆机心热,功名之念甚为强烈,深度参与了当时洛阳的权力纷争。他先后依附过太傅杨骏、秘书监贾谧、吴王司马晏、赵王司马伦等权贵,这些人无一得善终。陆机却不吸取教训,最后投靠了成都王司马颖,把司马颖看成是兴复晋室的希望。司马颖对陆机也颇为看重,命他率领军队进攻洛阳,但在河桥一战中遭遇惨败。于是司马颖身边平时与陆机有嫌隙的卢志等人趁机中伤,结果陆机在军前被杀,死时才43岁。临刑前,陆机感叹:"再想听听华亭的鹤叫,哪能成啊!"眼前无路想回头,想着过去在华亭优哉游哉的自在日子,但悔之晚矣。

也有人发现不妙,不抱幻想,能够及时抽身。吴亡后,张翰(字季鹰)在洛阳为官。当时宗室内乱,诸王蠢蠢欲动,形势凶险而不明朗。上策当然是归隐了,秋风起来,张翰借口想念家乡吴中的菰菜羹、鲈鱼脍,挂冠而去。他想得很清楚:人生贵在快意,不必委屈自己求取虚荣。张翰和陆机都是江东名族出身,张翰也劝过陆机离开,可惜陆机没有听从。相比之下,张翰要通达得多,对功名的欲望一消退,自然决断起来就很干脆、利落。在文学造诣上,张翰赶不上陆机,但论起对自我的保护,要比陆机高太多。

再者,隐遁也是保全个人志向、天性的一个路径。

人生活在社会中,必须接受社会规则的约束,这可谓人和社会的一项无形的契约。但是有的人对个人的志向、天性看得更加重要,而不愿被约束。如陶渊明就说:"质性自然,非矫厉

225

所得。"这个时候，隐遁作为调和个人和社会矛盾的方法，便自然成为人们的选择。从这个意义来讲，隐遁不仅仅是为了逃避政治的凶险，还是为了逃避社会的约束。对一些有强烈的个体意识的人来说，社会会压抑人的个性，会使人不自觉地虚伪以及庸俗。

山公将去选曹，欲举嵇康；康与书告绝。(《栖逸》3)

山涛是嵇康的知己，是嵇康非常信任的人，甚至可以托孤。同时，山涛也是司马氏的亲戚，是司马师集团核心圈中的人。嵇康作为士林领袖，并不积极靠拢司马氏，再加上言辞放肆，思想偏离正轨，这些都令他处在司马氏的密切监控中。山涛当然了解嵇康的处境，不希望看到好友走上不归路，所以想出手化解。山涛任吏部郎，这是个主管官吏选拔的重要职位。在离任之际，山涛举荐嵇康代替自己。但嵇康拒绝了，后来还写了封措辞极为激烈的信来表明坚定的态度，这就是著名的《与山巨源绝交书》。嵇康拒绝山涛的居中转圜，实际上就是拒绝司马氏的示好、拉拢，这当然有政治的原因——不愿上司马氏的船。但还有一点，嵇康对于政治确实没有多大的兴趣，他的人生志趣并不在功名事业，他像庄子一样自居鹓雏，把高官厚禄视为腐臭的老鼠。在那封绝交书中，嵇康直言不讳地说："性有所不堪，真不可强。"他完全忍受不了森严、刻板、虚伪、做作的官场生活，这种生活会扭曲他的自由天性。所以嵇康不愿意勉强自己去迎合世俗。

对嵇康来说，隐居确实是最适合他本性的生活方式。可惜他名望太高，而他又持拒不合作的立场，甚至连身段也骄傲得不愿放软一点来为自己争取一个相对安全的空间。这就令司马氏猜忌，司马昭终于下定决心，罔顾舆论，施以辣手，彻底拔掉嵇康这颗钉子。

> 南阳刘驎之，高率善史传，隐于阳岐。于时苻坚临江，荆州刺史桓冲将尽讦谟之益，征为长史，遣人船往迎，赠贶（kuàng）甚厚。驎之闻命，便升舟，悉不受所饷，缘道以乞穷乏，比至上明亦尽。一见冲，因陈无用，翛（xiāo）然而退。居阳岐积年，衣食有无常与村人共。值己匮乏，村人亦如之。甚厚为乡闾所安。（《栖逸》8）

刘驎之是南阳人，高尚率真，隐居在阳岐。在前秦苻坚兵临长江要灭东晋之时，荆州刺史桓冲备战，积极网罗人才，征聘他为长史，派人来迎接，赠送的财物也丰厚。刘驎之倒没有惺惺作态，他上了船，沿途则以财物赈济穷苦困乏的人，等到上明城（今湖北松滋）见了桓冲，自陈是无用之人，便飘然而退。他这个人很随和，在阳岐居住几年，不管吃穿多寡，常与村人一起分享。他自己遇上物资匮乏的情况，村人也同样来接济他。村人很能够感受到与他相处的融洽、安适。邓粲《晋纪》中有则刘驎之的故事——离他家百里，有个独身的老妇人快病死了，对人说："唯有刘驎之可以埋葬我。"刘驎之听说后，过去候着，等老妇人身故，为她送葬。

刘驎之的隐居方式不走极端，不是说隐就与世无来往，就遗世独立、离群索居。他拒绝桓冲的征聘，却不拒绝桓冲的好意；他乐与村人共享衣食，也坦然接受村人的共享；对素不相识的老妇人，只因对方的推重，他义不容辞来善后，有侠义之风。他为自己赢得了更大的活动空间，所以有了更多的挥洒个性的余地，他的人生姿态更加挥洒自如。

因能保全天性，而不必迎合社会对人的规训和改造，所以隐遁意味着没有了烦累，可以享有自由自在的精神境界。特别是在东晋以后，随着社会形势的相对和缓，以及士人们生活的日渐安定，加上南方特有的秀丽山川，隐遁的这层意义在士族中变得更加显豁、突出，吸引着许多士人走出精神的樊笼而走向自然，山水成为心灵的栖息之地。

> 孔车骑少有嘉遁意，年四十余，始应安东命。未仕宦时，常独寝，歌吹自箴诲，自称孔郎，游散名山。百姓谓有道术，为生立庙。今犹有孔郎庙。(《栖逸》7)

孔愉(死后追赠车骑将军)年轻时便怀有隐居的志向(嘉遁，合乎正道的退隐)，他40岁后才接受安东将军司马睿的征辟入仕。他的隐居生涯虽然没有坚持到底，但日子很浪漫，自称孔郎，游遍名山。百姓以为他是异人，有道术，还为他建立了生祠。

> 郗尚书与谢居士善。常称："谢庆绪识见虽不绝人，可以累心处都尽。"(《栖逸》17)
>
> 谢敷字庆绪，会稽人，崇信释氏。初入太平山中十余年，以长斋供养为业，招引同事，化纳不倦。以母老还南山若邪中。内史郗愔表荐之，征博士，不就。(同条刘孝标注引《续晋阳秋》)

谢敷字庆绪，是会稽人，他信仰佛教。他最初在太平山中隐居十多年，以长斋供养为生业。郗愔与谢敷交好，向朝廷上表举荐过他，但谢敷不就，隐遁的志向坚定。郗愔对谢敷了解颇深,说他尽管见识上并不高人一等,但全然没有可以拖累身心的事。也就是说,他没有特别的才具,但襟怀坦荡,心里没什么牵挂,活得洒脱。

有些士人因各种原因没能实现完全的隐遁,但对于隐遁的真实向往陶铸了他们的生命气质。

> 谢车骑道谢公"游肆复无乃高唱,但恭坐捻鼻顾睐,便自有寝处山泽间仪"。(《容止》36)

> 顾长康画谢幼舆在岩石里。人问其所以,顾曰:"谢云:'一丘一壑,自谓过之。'此子宜置丘壑中。"(《巧艺》12)

谢玄形容谢安,到街市上去,即使没有刻意宣扬,就只端正坐着,手摸着鼻子,环顾左右,自然而然便有隐逸山林水泽中的仪容举止。

谢鲲(字幼舆)曾经在晋明帝前比较过他自己与庾亮的特点,说以严整的仪表在庙堂之上为百官做出表率,他不如庾亮;但是,"一丘一壑,自谓过之",隐遁山林、纵情丘壑,他自认为强于庾亮。所以顾恺之作画,把谢鲲放在岩石中,就是抓住了谢鲲的山水情怀及隐者气质。

正因为隐遁具有保全生命、天性以及消解精神负累的意义,所以真正的隐者体认隐居的价值,他们志向坚定,而不是把隐当成自我标榜、猎取高名的手段。

> 南阳翟道渊与汝南周子南少相友,共隐于寻阳。庾太尉说周以当世之务,周遂仕,翟秉志弥固。其后周诣翟,翟不与语。(《栖逸》9)

庾公欲起周子南，子南执辞愈固。庾每诣周，庾从南门入，周从后门出。庾尝一往奄至，周不及去，相对终日。庾从周索食，周出蔬食，庾亦强饭，极欢；并语世故，约相推引，同佐世之任。既仕，至将军二千石，而不称意。中宵慨然曰："大丈夫乃为庾元规所卖！"一叹，遂发背而卒。(《尤悔》10）

南阳翟汤（字道渊）和汝南周邵（字子南）是少时的好友，两人共同隐居于寻阳。太尉庾亮说动了周邵，周邵遂踏入仕途。而翟汤的隐居之志不改。后来周邵来拜访，翟汤不搭理他。翟汤轻视那些身在江湖而心在魏阙的意志不坚的隐士。

其实周邵也不完全是那种人。以上第二个故事写庾亮说动周邵的经过颇为详细。庾亮很有耐心，多次造访周邵，尽管开始时周邵总避而不见，令庾亮扑空。但终于有天周邵躲避不及，被突然袭击的庾亮逮住了。周邵也不寒暄，两人就面对面一整天。庾亮打破了沉寂，索求饮食，周邵拿出粗茶淡饭，这既是他生活之日常，大概也是有意以此令庾亮知难而退。谁知庾亮能和他一起吃下去，显得很高兴的样子，不以为薄。这多少改变了周邵的态度。于是庾亮与他谈起了时局，说起了不少推重的话，为周邵戴了高帽子，要共同济世。就这样，周邵的思想工作被做通了，踏入了仕途，官至将军、郡守。官做得大，不过不开心，大概周邵习惯闲云野鹤、无拘无束的生活，对于官场不适应。所以他半夜里感慨："大丈夫竟为庾元规所卖。"最后居然发背疽而死。周邵的事迹入《尤悔》门，他确实是为轻易地改变隐居的志向而后悔。

范宣未尝入公门，韩康伯与同载，遂诱俱入郡，范便于

车后趋下。(《栖逸》14)

《续晋阳秋》说范宣"少尚隐遁，家于豫章，以清洁自立"。范宣在当时声名远扬。高僧慧远21岁时还未出家，想到江东追随范宣，一起隐居。只因石虎已死，中原大乱，道路不通，这个志向才没法实现。

范宣从不进官府。韩康伯与他同乘，诱他一道进入郡守官署。范宣察觉后，便从车后下来，快步跑走。范宣品行高洁、自律甚严，韩康伯送他一百匹绢，不接受；减半，也不接受；最终减到一匹，还是不接受。韩康伯撕下两丈绢，开起玩笑说："一个男人怎么能让老婆没裤子穿呢！"范宣这才笑着收下。范宣爱干净，在道德上有洁癖，当然还未到不近人情的地步。所以当韩康伯拿老婆要穿裤子来规劝时，他还是象征性地收下二丈绢。他视公门为禁区，好像一踏入就玷污了他素来看重的节操。虽然一开始中了韩康伯的计，但在快被车载入公门时发现不对，他立刻逃开。做法是可笑了点，但志向还是坚定的。

第二课
隐者的人格精神

南朝史学家范晔修《后汉书》，其中有《逸民列传》，搜集了东汉隐者的事迹。范晔考察这个群体，说："观其甘心畎亩之中，憔悴江海之上，岂必亲鱼鸟、乐林草哉！亦云性分所至而已。"确有故作高尚以沽名钓誉的假隐士，但不容否认，他们中很多是"性分所至"。甘心畎亩，憔悴江海，就是他们天性所向往、追求的生活方式。范晔所处的南朝，隐逸之风更盛，所以当范晔论起前代的隐者时，更容易清晰地看到该群体的共性。

隐如果要坚守下来，可能首当其冲的问题，不在于物质生活条件，而在于如何对待精神生活的清寂。也就是说，隐遁本就要求人淡泊、耐得住寂寞。所以，真正志在隐遁的人，在人格上要能做到独立自主。

> 阮光禄在东山，萧然无事，常内足于怀。有人以问王右军，右军曰："此君近不惊宠辱，虽古之沉冥，何以过此？"（《栖逸》6）

阮裕是竹林七贤中的阮咸的族弟，隐居在东山，门庭萧然，无所事事，不过内心则很充实、满足。所以王羲之评价他几乎到了不惊宠辱的境界，即使古代寂寞无为的隐士，其实也不过如此。"古之沉冥"，就是古代的沉冥之人，即避世无为的隐士。按道理说,这样的隐士就是没有事迹流传下来、真正不为世人所知的了,所以王羲之从阮裕的为人行事中,推断古代的沉冥之人也应该是这样的。换言之,王羲之心目中的真正的隐士,其人格形态就是"内足于怀""不惊宠辱"。这两者其实是一体两面,因为内足于怀,内心总是满足的,也能够凭借自己的力量使内心满足,所以才能够不为外在的荣辱所惊动,所以才得以超然物外——"内足"乃"超然"的根据、本质。

东晋之初,阮裕曾在王敦手底下任职,看出了王敦有不臣之心,于是故意成天纵酒,把自己弄得醉醺醺的——大有阮籍之风,做出不理世事的姿态,令王敦以为他是个徒有虚名的放荡子弟,由此获免。这种做法固然是阮裕全身免祸的敏感和智慧,但也是他自己的真实心态,他的确不是个有志于有所作为的人,隐居这样松散自由的生活最合他的本性。

以阮裕的出身和名望,朝廷是会留意他的。而他也不是完全拒绝出仕,因此过着时仕时隐的生活。对这种看似矛盾的选择,他很坦然,说起过自己的考虑:"虽屡辞王命,非敢为高也。吾少无宦情,兼拙于人间,既不能躬耕自活,必有所资,故曲躬二郡。岂以骋能,私计故耳。"(《晋书·阮裕传》)

阮裕说,他之所以屡屡推辞朝廷的任命,不是为了表现自己的高尚,而是因为他自年轻时起就没有在官场发展的想法,且对政事也不是很在行。但如果完全隐居的话,又不能像老百姓那样躬耕田亩自己养活自己,而必须仰赖一定的生存条件,所以根据情况也会出来做官。这可不是因为耐不住寂寞而要一显身手,纯粹是为个人打算。他穿梭于仕与隐之间,不是因为思想的矛盾——他没有矛盾,而是生活的需要。做官为他的生计提供了保障,隐居则满足了他对恬淡自在的生活的真实向往。他不以做官为目的,所以官位的尊卑以及有无不在他的用力范围,他可以抱着顺其自然的态度优游于官场;他隐居,又能甘于萧条无事,结庐在人境,而无车马喧。无论仕还是隐,都不是对他的限制,而是对他天性释放的支持,这就是接近宠辱不惊之境界的"内足于怀"。

王羲之的评论不仅仅是对阮裕为人的品藻,还揭示了晋人心目中隐士的人格精神。

其实王羲之也是这样的人。在告别官场后,他"与东土人士尽山水之游,弋钓为娱。又与道士许迈共修服食,采药石不远千里,遍游东中诸郡,穷诸名山,泛沧海,叹曰:'我卒当以乐死'"(《晋书·王羲之传》)。他沉浸于游山玩水、服食采药的生活中,他说自己"卒当以乐死",正是"内足于怀"的自然而然的流露。

孙绰赋《遂初》,筑室畎(quǎn)川,自言见止足之分。斋前种一株松,恒自手壅(yōng)治之。高世远时亦邻居,语孙曰:"松树子非不楚楚可怜,但永无栋梁用耳!"孙曰:"枫柳虽合抱,亦何所施?"(《言语》84)

郗嘉宾钦崇释道安德问,饷米千斛,修书累纸,意寄殷勤。道安答直云:"损米。"愈觉有待之为烦。(《雅量》32)

孙绰是著名文士,筑室于山野平川,享受隐居山林的乐趣。在《遂初赋》中他说:"余少慕老庄之道,仰其风流久矣。却感於陵贤妻之言,怅然悟之。乃经始东山,建五亩之宅,带长阜,倚茂林,孰与坐华幕、击钟鼓者同年而语其乐哉!"那么,隐的乐趣究竟何在呢? 就是"止足"。老子说:"知足不辱,知止不殆。"

懂得了足的道理就不会受辱，懂得了适可而止的道理就不会有危险。所以，隐居其实是不辱、不殆的实现方式。

释道安的故事则从反面为"足"提供了例证。郗超敬仰住在襄阳的高僧释道安，送给他一千斛米，写了好几页纸的长信，表达了诚恳殷切的情意。道安说："有劳你破费，送这么多米。"而他却愈发觉得"有待"的烦恼。"有待"就是有所依赖，有所依赖则构成了限制，破坏了人的主体性。

在郗超眼中，道安是寄居在僧侣身份中的世外高人，可谓"有异术"的隐士。道安本人真切地认识到，佛法的弘扬离不开权贵的支持，无论哪一朝、哪一民族。所以他并不介意接受郗超的馈赠，他只是以这种方式来说明了他作为出家人，对"无待"的人格精神的认同。

"内足"则"无待"于外，"无待"从反面补充了"内足"的含义。在魏晋，"足"与"无待"一直都是思想界关注的热点话题。这里寄托的是他们对于理想人格的思考。

嵇康《答难养生论》发挥了"足"的意义——

> 故世之难得者，非财也，非荣也，患意之不足耳。意足者，虽耦耕圳亩，被褐啜菽，岂不自得？不足者，虽养以天下，委以万物，犹未惬然。则足者不须外，不足者无外之不须也。无不须，故无往而不乏；无所须，故无适而不足。不以荣华肆志，不以隐约趋俗，混乎与万物并行，不可荣辱，此真有富贵也。

世上难得的，不是财富，不是荣华，唯患不知足。如果知足，即使耕种农田、粗茶淡饭，也没有不自得的。不知足，即使以天下来供养，也不快意。所以满足的人不依赖外物，不满足

235

的人没有外物是不行的。离不开外物的人无论到哪里都觉得困乏，不依赖外物的人怎么样都没有不满足的。不因为荣华富贵就放弃志向，不因为困穷窘迫就迎合世俗，把自己融于万物之中，与万物并行，不使自己惊于宠辱，这才是真正的富贵。显然，嵇康重新定义了富贵，不是财富地位上的，而在于不依赖外物的独立、自得。换言之，富贵不是物质上的，而是精神上的；不来于物质，而来于人格。独立自主的人格，与知足、自足互为表里。

西晋有名的玄学家郭象注《庄子·逍遥游》时，明确地说，所谓达到最高境界的"至人"，是"无待之人"——

> 故乘天地之正者，即是顺万物之性也。御六气之辩者，即是游变化之途也。如斯以往，则何往而有穷哉？所遇斯乘，又将恶乎待哉？

"恶乎待哉"就是"无待"。"至人"投身于变化的洪流中，与时浮沉。郭象的做法是"所遇斯乘"，碰到什么就用什么，不是不依赖某种条件，而是不用特定条件把自己捆绑住；不是非此不可，而是无所不可。阮裕志在归隐，本不求朝廷的征召，但正好遇朝廷有征召，而接受任命又可以解决生计问题，所以欣然接受。他既不以隐居为高，也不以入仕为耻，他只是做到当下需要，当下满足，绝不强求，如此而已。这就是上面郭象所说的"所遇斯乘，又将恶乎待哉"。

东晋以来，由于许多出身高贵、条件优越的士族名流纷纷有志于归隐，隐更成为时尚。隐的避世义逐渐消退，而作为一种优游自得、清静自在的生活方式则得到了强化。相应地，隐者的人格精神也由"不事王侯，高尚其事"，演变为"所遇斯乘""自足于怀"。

所以,隐者也不必把自己的日子过得枯槁、寒俭,如果正好有条件令生活丰足而充裕,又何乐而不为呢?

第三课

隐逸的经济基础

鲁迅曾经调侃过中国的隐士：

> 凡是有名的隐士，他总是已经有了"优哉游哉，聊以卒岁"的幸福的。倘不然，朝砍柴，昼耕田，晚浇菜，夜织屦(jù)，又那有吸烟品茗，吟诗作文的闲暇？陶渊明先生是我们中国赫赫有名的大隐，一名"田园诗人"，自然，他并不办期刊，也赶不上吃"庚款"，然而他有奴子。汉晋时候的奴子，是不但侍候主人，并且给主人种地，营商的，正是生财器具。所以虽是渊明先生，也还略略有些生财之道在，要不然，他老人家不但没有酒喝，而且没有饭吃，早已在东篱旁边饿死了。(《且介亭杂文二集·隐士》)

虽然充满着戏谑，但还是合乎历史实际的，至少合乎魏晋时代的实际。在魏晋，隐居不是穷人之所能为，或者说得更干脆一点，穷人无所谓隐不隐的。隐，是士族名流的时尚和雅趣。名流们即使隐，也不会隐得很寒酸、窘迫。

> 李廞(xīn)是茂曾第五子，清贞有远操，而少羸病，不肯婚宦。居在临海，住兄侍中墓下。既有高名，王丞相欲招礼之，故辟为府掾。廞得笺命，笑曰："茂弘乃复以一爵假人。"(《栖逸》4)

李廞，字宗子，江夏钟武人。祖父李康、父亲李重(字茂曾)，分别任过秦州刺史、平阳太守。李氏世代有声望。李廞清廉正直，志趣高远。他自小身体不好，所以自断婚宦的念头，常仰卧弹琴，诵读不绝。永嘉乱后，他与兄李式一道过江，家住临海郡。李式累迁临海太守、侍中。丞相王导想要征聘声名日高的李廞，予以礼遇，辟他为府掾。接到征召的文书，李廞笑着说："茂弘居然把官爵送给人。"显然，他对王导的征召很不屑，没把官爵看得很重要。有家族雄厚的根基在，李廞更有底气轻视王爵。

> 安纵心事外，疏略常节，每畜女妓，携持游肆也。(《识鉴》21刘孝标注引宋明帝《文章志》)

谢安年少即在士族圈里享有大名，看好他的人不少。但很长一段时间内，谢安对恬淡逸乐的生活怀有强烈的兴趣，而无意于庙堂，他在会稽东山有过一段隐居的日子。而且他的隐士形象已深入人心。东晋穆帝升平三年(359年)其弟谢万率军北征前燕，由于过于轻佻，失去军心，导致溃败。出征前谢安担心这个名士派头十足的弟弟可能坏事，他也随军出征，并在私底下做了许多抚慰将士的工作。兵败后将士们想趁机杀掉谢万，但又感念谢安的恩惠，于是说"当为隐士"，因此就放过了谢万。这些军人直接以"隐士"来称呼谢安，足见他的隐士身份早已尽人皆知。

谢安的隐居当然并不穷闷，他蓄养了一班舞女歌妓，每有出游则携妓前行，这样的隐居很豪奢了。名士们之所以能安心耽玩山水，享受隐居的安逸和清闲，除了性格、志向之外，更重要的是有雄厚的家族势力作为依托。只有家族中有人在朝为官，执掌权柄，保护好家族的核心利益，名士们方能安然寄情于斯，也有足够的物资条件享受纵心事外的快乐。

> 何骠骑弟以高情避世，而骠骑劝之令仕。答曰："予第五之名，何必减骠骑？"（《栖逸》5）

骠骑将军何充的弟弟何准有高情雅致，避世栖居。何充劝他入仕，他却说："我何家老五的名望，也不见得在骠骑将军之下。"他归隐的志向很是坚定，而他也以此自傲。但如果没有何充骠骑将军的权位为铺垫，何氏的显赫声势要减弱不少，更何况是自我张扬的所谓"第五之名"。

> 戴安道既厉操东山，而其兄欲建式遏之功。谢太傅曰："卿兄弟志业，何其太殊？"戴曰："下官'不堪其忧'，家弟'不改其乐'。"（《栖逸》12）

戴逵、戴逯兄弟，一个以琴书自娱，逍遥东山；一个想建立事功，志在为官。谢安问戴逯："为什么两兄弟人生方向的差异如此之大？"戴逯说："一个是不堪隐居之忧，一个是不改隐居之乐。"回答得非常漂亮，其实也可见这只是兄弟两人"分工"的不同：既有戴逯奔竞于仕途，为家族张起保护伞，戴逵则大可优游林下，不问世事。

即使没有家族势力作为依托，许多偏好隐逸的名流也接受权贵的资助和供养。

> 支道林因人就深公买印山，深公答曰："未闻巢、由买山而隐。"（《排调》28）

支道林通过人向竺法深买下印山来做隐居之所。这是奇闻了,和尚为了隐居,要把心仪的山买下来。所以竺法深说:"未听说过上古隐士巢父、许由是买山来隐居的。"他是讽刺支道林非真隐。但支道林居然阔气到有实力买下一座山,这钱无疑来自素所交好的权贵们。

郗超每闻欲高尚隐退者,辄为办百万资,并为造立居宇。在剡为戴公起宅,甚精整。戴始往旧居,与所亲书曰:"近至剡,如官舍。"郗为傅约亦办百万资,傅隐事差互,故不果遗。(《栖逸》15)

郗超是个出手豪阔的隐居事业的赞助人。首先,他慷慨好施,舍得花钱。其父郗愔好聚敛,捞了数千万钱。郗超的价值观与其父大相径庭。有次郗愔打开钱库,令郗超任意用。郗愔起初以为不论怎么用,至多损失几百万。他还是小瞧了郗超花钱的魄力和能力,郗超大散其财于亲友,居然在一天内几乎花个精光。其次,郗超仰慕志在隐退的人,不惜耗巨资为他们修房起屋。戴逵隐居剡县,房子就是郗超赞助修的。由于房子过于精致,戴逵在给亲友的信里说好像住进了官舍。郗超还为傅琼(小字约)准备了数百万钱,只是傅琼最终未能隐成,所以郗超馈赠未果。

而且,名流们也不认为接受馈赠就好像不高尚了。

许玄度隐在永兴南幽穴中,每致四方诸侯之遗。或谓许曰:"尝闻箕山人似不尔耳!"许曰:"筐篚(fěi)苞苴(jū),故当轻于天下之宝耳!"(《栖逸》13)

刘真长为丹阳尹,许玄度出都就刘宿。床帷新丽,饮食丰甘。许曰:"若保全此处,殊胜东山。"刘曰:"卿若知吉凶由人,吾安得不保此!"王逸少在坐曰:"令巢、许遇稷、契,当无此言。"二人并有愧色。(《言语》69)

许询隐居在永兴(今浙江萧山)以南幽深的山洞里,常常获各地高官的厚赠。有人说:"似乎古代归隐箕山的巢父、许由不是这样子的。"也就是说,按照通常的认识,隐者既然是高尚的,就不应接受高官们的馈赠。当初尧要把天子之位禅让给许由,许由嫌听到这话弄脏了耳朵,还要用河水冲洗。现在许询毫无愧怍地笑纳,太不合乎隐者的作风了。许询是有名的清谈家,善于说理,这难不倒他。他说:"许由都能使尧把天子这样的天下之宝让出来,他自己不过是收点装在竹筐里的礼物,分量要轻得多,所以收礼很正常。"

刘惔为丹阳尹,许询赴京都,路经丹阳,到刘惔那里住宿。刘惔起居奢华讲究,床帐都很时新华丽,饮食也丰盛味美。许询乐不思蜀了,不由感慨:"如果能保全这样的住处,远远胜过东山的隐居生活。"东山是当时著名的隐士聚集之地,谢安就在这里度过了不少时光。刘惔颇有把握地说:"你如知吉凶祸福是由人决定的,我怎么就保全不了呢!"这样热衷于功名富贵,完全不是高士的所想、所为。王羲之听不下去了,出语讥讽:"如果巢父、许由这样的高士遇到稷、契这样的圣明君主,当不会说出诸如此类的话来。"刘惔和许询皆有惭色。

隐居于许询而言,意味着摆脱俗务的悠闲、轻松的生活方式。若他要过得舒服、精致,便还要为物质担忧,自然轻松不起来。这就要有雄厚的财力来支撑了。许询沉溺于"床帷新丽,饮食丰甘"的生活,所以他在永兴深山隐居大肆收受各路高官的馈赠,就在情理之中了。

第十讲

天才聪慧聊神童

一个时代的生气、活泼的程度,有时候也可以从天才儿童的成批出现中体现出来。在魏晋士族里,聪明特达的小孩子很多。如何晏"七岁,明慧若神",王弼"少而察惠,十余岁,便好庄老,通辩能言",王戎"幼有神理之称",许询"总角秀惠,众称神童",王濛"年十余岁,放迈不群"。《隋书·经籍志》还载录有《童子传》《幼童子传》。这说明少儿的早慧在当时是个显著的社会现象。

　　与此同时,"岐嶷"这个词也流行起来。该词出自《诗经·大雅·生民》的"诞实匍匐,克岐克嶷",意思是聪颖不凡。如:

　　　　杜育字方叔,襄城邓陵人,杜袭孙也。育幼便岐(qí)
　　嶷(yí),号神童。(《品藻》8刘孝标注引《晋诸公赞》)

　　　　齐献王攸,字大猷,少而岐嶷。(《晋书·文六王传》)

　　天才儿童的集中涌现,说明当时教育水平比较高,士族普遍重视教育。如锺会为他母亲作传记,记录了母亲对他的悉心培育——

　　　　夫人性矜严,明于教训,会虽童稚,勤见规诲。年四岁授《孝经》,七岁诵《论语》,八岁诵《诗》,十岁诵《尚书》,

十一诵《易》，十二诵《春秋左氏传》《国语》，十三诵《周礼》《礼记》，十四诵成侯《易记》，十五使入太学问四方奇文异训。（《三国志·钟会传》裴松之注）

钟会从四岁就开始学习，循序渐进，基本上用十年的时间就掌握了儒家经典，打下了坚实的文化基础。像钟会这样的读书进程，应该是当时高门子弟的常态。

再者，天才儿童的涌现也是社会整体性自由和宽容的结果。自由且宽容，则不会刻意压抑小孩子的天性，能保障和促成他们的自由成长，所以天赋容易及早兑现，至少很早便能展露。嵇康在《与山巨源绝交书》里叙说他本人的成长经历："少加孤露，母兄见骄。"所谓"母兄见骄"，不一定是说他真被母亲和兄长纵容、娇惯，而是说嵇家的长辈们给予他的自由度比较大。

还有一点，就是士族为培育子弟，在他们还未成年时就引导他们参与社交，这既是为他们提供获取声誉的机会，同时也是为了促进他们的成熟。《三国志·钟会传》说钟会"少敏惠夙成"。五岁时其父太傅钟繇遣钟会去见中护军蒋济，"济甚异之，曰：'非常人也'"。《品藻》第七条载："冀州刺史杨淮二子乔与髦，俱总角为成器。淮与裴颜、乐广友善，遣见之。"杨乔、杨髦总角之年就已成才，其父冀州刺史杨淮遣二人去见名士裴颜、乐广，以获其评价。

对早慧少儿的欣赏，反映了时人看重家族的昌盛。因为子弟的出色，乃门第得以光大的基础。《赏誉》第112条载："魏隐兄弟，少有学义，总角诣谢奉。奉与语，大说之，曰：'大宗虽衰，魏氏已复有人。'"谢奉从魏隐兄弟身上，看到了魏氏复兴的前景。《识鉴》第25条载："郗超与傅瑗周旋。瑗见其二子，并

245

总发。超观之良久，谓瑗曰：'小者才名皆胜，然保卿家，终当在兄。'即傅亮兄弟也。"傅瑗带着两个还是童稚之年的儿子见交往甚密的郗超，郗超观察很久，看好小儿子日后在才华名声上优胜，但保全傅氏门户的却是大儿子。

第一课
成人之风

天才少年们深谙世道人情,有超出其阅历的智慧。他们或者在智性,或者在德性上面,都很早熟。

> 孔融被收,中外惶怖。时融儿大者九岁,小者八岁。二儿故琢钉戏,了无遽(jù)容。融谓使者曰:"冀罪止于身,二儿可得全不?"儿徐进曰:"大人岂见覆巢之下,复有完卵乎?"寻亦收至。(《言语》5)

孔融被曹操收捕,朝廷内外无不震动、惶惶。当时孔融的大儿子九岁,小儿子八岁。两个儿子依旧在做游戏,完全没有惊慌的神色。孔融对前来逮捕他的使者说:"希望罪过就在我一个人身上,两个儿子可得保全吗?"两个儿子慢慢地进言:"大人您难道看到过倾覆的鸟窝下,还会有完好的鸟蛋吗?"不久他们也被逮捕了。

这个情节诸家的记载多有不同。《魏氏春秋》记的是两个儿子在孔融被捕时,"弈棋端坐不起"。并非如上所言是做游戏,但答话内容差不多。《世语》的记载是:"顾谓二子曰:'何以不辟?'二子曰:'父尚如此,复何所辟?'"裴松之认为《世语》的记载较《魏氏春秋》合理些,因为"八岁小儿,能悬了祸患,聪明特达,卓然既远,则其忧乐之情,固亦有过成人矣。安有见父被执,而无变容,弈棋不起,若在暇豫者乎?"

总的说来，孔融罹难，两个儿子在现场并不慌张、恐惧，他们很明白父亲和自己当前的处境。因为看得明白，所以反倒从容不迫。

> 王戎七岁，尝与诸小儿游。看道边李树多子折枝。诸儿竞走取之，唯戎不动。人问之，答曰："树在道边而多子，此必苦李。"取之，信然。（《雅量》4）

王戎七岁时，曾经与小伙伴们游玩。看到路边的李树，果实累累，几乎把树枝都压折了。小伙伴们争着跑过去摘果子，唯独王戎纹丝不动。有人问他，他说："李树在路边而又有很多李子，说明这必定是苦李。"小伙伴们争先恐后地抢摘果子，见利则上，唯恐落后，不计其余。成人亦如此，但在小孩的身上表现得尤其突出。而王戎能冷静下来，悬置一己之私，先从容地观察实际情况，然后做出合理的推断。他的头脑不仅优于同龄人，比许多利令智昏的成年人也要强很多。

> 羊长和父繇，与太傅祜（hù）同堂相善，仕至车骑掾。蚤卒。长和兄弟五人，幼孤。祜来哭，见长和哀容举止，宛若成人，乃叹曰："从兄不亡矣！"（《赏誉》11）

> 范宣年八岁，后园挑菜，误伤指，大啼。人问："痛邪？"答曰："非为痛，身体发肤，不敢毁伤，是以啼耳！"（《德行》38）

羊忱（字长和）出身于名族泰山羊氏，其父羊繇与羊祜是同祖兄弟，两人关系也极好，但羊繇不幸，年纪轻轻就过世了，留下羊忱等五个儿子。羊忱当时还未成年，作为长子，已经要处理父亲的丧事，担负起一个名门子弟应尽的家庭责任。羊祜来吊丧，见羊忱的哀容以及行动举止完全是成人应有的样子，于是感叹从兄没死，即羊衜后继有人。羊忱"宛若成人"，不是说他善于模仿成人的哀容举止，而是他已充分理解了丧礼作为社会规范的意义。羊祜就是从这点来判断"从兄不亡矣"。

据《宣别传》记载，范宣十岁时就已能诵诗书。上面这个故事是说他在八岁时于后园挑菜，误伤了手指，不禁大哭。倒不是为忍受不了痛而哭，是顾念"身体发肤，受之父母"的圣训，见手指受伤，遗憾自己大意，辜负了父母。才八岁，就已经对传统的孝道有了自觉的体认，范宣在德性上成熟得早。

有时候，天才少年们对其身份、处境很敏感，有强烈的尊严意识。

> 陈太丘与友期行，期日中。过中不至，太丘舍去，去后乃至。元方时年七岁，门外戏。客问元方："尊君在不？"答曰："待君久不至，已去。"友人便怒曰："非人哉！与人期行，相委而去。"元方曰："君与家君期日中。日中不至，则是无信；对子骂父，则是无礼。"友人惭，下车引之。元方入门不顾。（《方正》1）

陈太丘是东汉末年的大名士陈寔，他与朋友约好中午一起出行。过了正午，朋友仍然没到，陈寔便放弃等待，独自走了，过后朋友却到了。陈寔之子陈纪（字元方）时年七岁，在门外玩耍。客人得知陈寔先行出发，勃然发怒："完全不像个人！明明已经约好一起走，却把人丢下自己走了。"客人的抱怨令陈纪不悦，当即反驳："您与我父亲约好的时间是中午，到了中午您还没到,是您失信;对着儿子骂他的父亲,是您无礼。"这话义正词严,令客人羞愧,下车拉手,以示友好。但陈纪拒绝客人这不真诚的示好,掉头进门。

> 山公大儿着短帢(qià),车中倚。武帝欲见之,山公不敢辞,问儿,儿不肯行。时论乃云胜山公。(《方正》15)

"短帢"是魏晋时流行的一种便帽。它的出现,是士大夫的日常生活趋向松散、随意的表现。而在正式场合,戴短帢是不合于礼制的。山涛的大儿子头着短帢,靠在车里,私下的装束、身姿很随便。问题是正好武帝要接见这个孩子,山涛不敢拒绝,就征求儿子的意见,但这个孩子不愿去。不愿去是因为仓促之间衣冠不整见皇帝不妥,不仅仅是对皇帝的倨傲,更是不自重。而山涛不如其子坚持,心思有松动,这也不是山涛作为名士的旷达,而是他作为司马氏亲信的屈从。所以舆论通过这事,认为这个孩子比山涛有风骨。由于这个孩子敢于拒绝皇帝,所以此事的性质被定为"方正"。

有时候,天才儿童的心智成熟,表现在能够深刻地理解其所处时代的特有的精神。

> 简文崩,孝武年十余岁立,至暝不临。左右启"依常应临"。帝曰:"哀至则哭,何常之有!"(《言语》89)

这则故事中,简文帝司马昱逝世,其子司马曜继位,当时才十多岁,还算不上成人,到日暮时分还不举哀哭临。而按照礼法,亲人死亡,必须按时哭丧,否则为失礼。司马曜是新君,尽管年少,也应为天下人做出表率,否则可能会担上不孝的恶名。

所以身边人提醒他，依照常例应该哭吊。司马曜说："哀至则哭，何常之有！"悲哀至极，自然就会哭的，哪有什么"常"？魏晋盛行自然主义，在情感上的表现就是反对勉强和做作，而顺应情感的自然释放——不是在该哭的时候必须哭，即便哭不出来也要干号；而是止不住想哭的时候就哭，而不必计较场合、时候、规矩。阮籍母亲死时，他正在与人下围棋，得知消息后，起初没有任何反应，接着下，其后突然呕血——这是"哀至"。形式上，没有按照通常的惯例来做，好像不合规矩，但实际上内心的情感是涌动的。他们不愿意迁就形式，而宁愿让情感得到真实的表现。

司马曜否定丧礼中的"常"，不表示他废礼、毁礼，而是更看重礼之形式后的真情实感。他只有十多岁，可言行非常符合魏晋间尚自然的价值观。

少年司马曜还有一则逸事也值得论说——

> 晋孝武年十二，时冬天，昼日不着复衣，但着单练衫五六重，夜则累茵褥。谢公谏曰："圣体宜令有常。陛下昼过冷，夜过热，恐非摄养之术。"帝曰："昼动夜静。"谢公出叹曰："上理不减先帝。"（《夙慧》6）

12岁的司马曜，冬天里，白天仅穿单衣，夜晚则铺上好几层垫褥。谢安觉得他白天穿得过少，夜晚盖得过多，反差过大，不是保养身体的好方法。可能在谢安看来，司马曜不免有少年常有的任性，昼夜穿着无常，所以有此劝谏。

司马曜的解释却很简单——"昼动夜静"，即白天活动多，所以不觉得冷；夜晚则静眠，所以需要保暖。尽管只四个字，却暗含哲理。老子说："躁胜寒，静胜热。"谢安听后不由感叹："少年皇上在玄理上的造诣不下于先帝。"司马曜之父司马昱乃清谈名家,善于说理。用简练的话语表达丰富的意思,是清谈家们擅长且热衷的,司马曜的确在这方面有天赋。不过他成人后长进不大,没能兑现天赋,皇帝没当好,这是很可惜的。

神童之所以为神,还在于他们很早就有成人的气度。

明代王阳明的大弟子王畿曾说:"先师自谓良知二字自吾从万死一生中体悟出来,多少积累在。"与此相似,魏晋间所崇尚的人的从容镇定、宽宏渊深的雅量,也有积累在,是出身、教养、历练和心态等多种因素沉淀而成的。而有的小孩子,居然也如潇洒风流的名士般,有安忍不动的气度。

> 魏明帝于宣武场上断虎爪牙,纵百姓观之。王戎七岁,亦往看。虎承间攀栏而吼,其声震地,观者无不辟易颠仆。戎湛然不动,了无恐色。(《雅量》5)

魏明帝曹叡在宣武场上把老虎的爪牙包起来,任由老百姓观看。王戎当时才七岁,也去看热闹。老虎攀上护栏大吼,声音好像把大地都震动了,围观的人没有不退缩跌倒的。可以想象,围观者众多,起初以为安全无虞,孰料老虎上了栏杆,作势大吼,不由后退,惊惶之际,或者失魂跌倒,或者人挤人跌倒,这些都是庸人的常态。唯独王戎湛然不动,一点畏惧之色也没有。众人的惶恐衬托了王戎的镇定。在危险来临之际能神色不变,是魏晋人最为推崇的雅量。王戎小小年纪,即具雅量,无怪乎他能得到阮籍的欣赏,加入竹林七贤的行列。

> 庾太尉风仪伟长,不轻举止,时人皆以为假。亮有大儿数岁,雅重之质,便自如此,人知是天性。温太真尝隐幔

惮之,此儿神色恬然,乃徐跪曰:"君侯何以为此?"论者谓不减亮。苏峻时遇害。或云:"见阿恭,知元规非假。"(《雅量》17)

庾太尉指的是庾亮,为人风度翩翩,举止稳重,绝无轻佻。当时的人都认为庾亮这样子是刻意摆出来的。庾亮大儿子庾会(小字阿恭)只有几岁,气质高雅持重,生来就是如此,人们知道这是天性。温峤(字太真)曾经藏在帐幔后面,故意吓唬这小孩子。他神色安定,慢慢跪下:"君侯为什么要这样做呢?"舆论认为他的表现不下于庾亮。可惜后来在苏峻之乱中丧生,时年19岁。由子可知父,所以有人说:"看见阿恭,就知道庾亮不是假装的。"

庾亮、庾会父子两人均沉着、稳重,这气度来自他们的贵族出身,这不同于后天经由艰难困苦磨炼而成的气度。

戴安道年十余岁,在瓦官寺画。王长史见之曰:"此童非徒能画,亦终当致名。恨吾老,不见其盛时耳!"(《识鉴》17)

《晋书》说戴逵"少博学,好谈论,善著文,能鼓琴,工书画,其余巧艺靡不毕综",几乎是个艺术全才。他十多岁时在瓦官寺画画,引起了名士王濛的注意,还遗憾自己年纪大了,恐怕等不到戴逵名满天下的那天。王濛说:"此童非徒能画,亦终当致名。"可见戴逵真正令王濛欣赏之处,也就是日后致名之处,并非他的绘画天才。那是什么呢?应该是戴逵的悠然气量。

《雅量》第34条载:"戴公从东出,谢太傅往看之。谢本轻戴,见但与论琴书。戴既无吝色,而谈琴书愈妙。谢悠然知其量。"成年后的戴逵从会稽来，谢安去看他。谢安原本是有些轻视戴逵的，见了面也只谈论古琴书法等艺术的事。但戴逵没有因而有不悦之色，心平气和，愈谈愈妙，谢安从中感知到戴逵的胸次悠然。想必王濛见到十多岁的戴逵，也有谢安的感受，所以判断他终当成名。

当然，有时候神童拥有不逊色于成人的实践能力。

> 何晏七岁，明惠若神，魏武奇爱之。因晏在宫内，欲以为子。晏乃画地令方，自处其中。人问其故，答曰："何氏之庐也。"魏武知之，即遣还。(《夙惠》2)

何晏的母亲尹氏带着何晏进入曹操的后宫，所以何晏是被曹操养大的。何晏七岁时已表露出非凡的天分，曹操对他很看重，有收为养子的想法。何晏的反应是，在地上画一个方框，自己站在当中。无疑，他这种做法是有意引起旁人的好奇，借别人的发问来表明自己的心意，他说："这是何氏的房子。"这事肯定会作为新闻传到曹操的耳朵里。曹操听说后，明白了何晏的心思，知道何晏坚持姓何而不会改姓曹，当即把他送出宫去。两个绝顶聪明的人，用这种方式完成了彼此的沟通，一切尽在不言中。何晏作为一个年仅七岁的孩子，居然能以如此委婉的方式令曹操自动放弃收他为养子的念头，且立即放他出宫，这才智确实不一般。

> 王夷甫父义(yì)为平北将军，有公事，使行人论不得。时夷甫在京师，命驾见仆射羊祜、尚书山涛。夷甫时总角，姿才秀异，叙致既快，事加有理，涛甚奇之。既退，看之不辍，乃叹曰："生儿不当如王夷甫邪?"羊祜曰："乱天

下者,必此子也!"(《识鉴》5)

王衍是西晋后期最重要的政治人物之一,他和东海王司马越联手,主导了八王之乱后的政局。

上面这故事发生在王衍少时。其父平北将军王乂有件公事想要找使者说明情况,却找不到合适的人。王衍其时在京师洛阳,就带着父亲的使命去见尚书省的长官羊祜以及尚书山涛。当时王衍还未成年,不过姿容、才干都很优秀。姿才出众,当然适合担当在高官前汇报情况的任务。王衍年纪小,面对大人物不怯场,叙述起事情来,语言流畅,道理也讲得通透。这是很不容易的,能用精炼、简要的语言,在大人物毕集的庄重场合,把复杂而重大的事情讲得清清楚楚、头头是道,即使是工作经验丰富的成人也不见得擅长,何况一个未成年的孩子! 这需要高超的悟性、缜密的头脑、沉稳的心态以及强大的表达能力。而王衍能在总角时便已具备,无怪乎他日后能够步入中枢。

所以王衍的表现令山涛刮目相看。王衍走后,山涛仍然看个不停,还感叹:"生儿子不应当是像王衍这样的吗?"羊祜却看到王衍的另一面,说:"将来扰乱天下的,必是这个孩子。"山涛和羊祜的评价并不矛盾,一个是立足于长辈、达官的身份对晚辈、新秀此际卓尔表现的欣赏,一个则是从老成谋国的角度对夸夸其谈者将来风险的警惕。

> 王右军年减十岁时,大将军甚爱之,恒置帐中眠。大将军尝先出,右军犹未起。须臾,钱凤入,屏人论事,都忘右军在帐中,便言逆节之谋。右军觉,既闻所论,知无活理,乃阳吐污头面被褥,诈孰眠。敦论事造半,方意右军未起,相与大惊曰:"不得不除之!"及开帐,乃见吐唾从横,

信其实孰眠,于是得全。于时称其有智。(《假谲》7)

　　按学者的相关研究,此事的主角《世说新语》误记为王羲之,实应为王允之。王允之小小年纪,无意中在现场听到了王敦与心腹钱凤商议篡位的机密大事。他立刻意识到此事是绝不可为外人所知的,他处在性命攸关的危机中。而他有急智,佯装呕吐,把被褥弄脏,以示他在熟睡中。王敦突然想起他还睡在床上,等打开帐子,发现他吐得一塌糊涂,确信他方才熟睡,没听见密谋,所以放过了他。认识到自己身处险境不难,难的是想到装睡熟以避难;想到装睡熟不难,难的是进一步想到必须要王敦和钱凤确信他方才是熟睡。王允之想到了用呕吐满床来证明他的熟睡。在这么短的时间内,能够迅速想到脱困的法子,智慧的确惊人。

第二课
敏 于 言

一般来说,最能体现出少儿机智、灵光的,莫过于巧妙的应答。

> 徐孺子年九岁,尝月下戏。人语之曰:"若令月中无物,当极明邪?"徐曰:"不然,譬如人眼中有瞳子,无此必不明。"(《言语》2)

徐孺子九岁时,有次在月下玩耍。有人就此情景来考问他:"如果月亮中什么东西都没有,应当极其明亮吧?"徐孺子说:"不是这样子的。好比人眼睛中的瞳仁,没有瞳仁,眼睛必定不明亮。"

> 孔文举年十岁,随父到洛。时李元礼有盛名,为司隶校尉,诣门者皆俊才清称及中表亲戚乃通。文举至门,谓吏曰:"我是李府君亲。"既通,前坐。元礼问曰:"君与仆有何亲?"对曰:"昔先君仲尼与君先人伯阳有师资之尊,是仆与君奕世为通好也。"元礼及宾客莫不奇之。太中大夫陈韪(wěi)后至,人以其语语之。韪曰:"小时了了,大未必佳!"文举曰:"想君小时,必当了了!"韪大踧踖。(《言语》3)

孔融(字文举)十岁时随父亲到洛阳。当时朝廷的司隶校

尉李膺久负盛名,是士林领袖之一。李膺这人很清高,不乐意
应酬无关紧要的俗人,能登他家门的,都是一时之俊才以及其
中表亲戚。

孔融是个不怕事、不羞怯的小孩子,他有办法进门。他到
李家,对守门人自称是李膺的亲戚。通报后进门,孔融坐到了
前面。李膺问:"您和我是什么亲戚?"大概李膺很好奇有个十
来岁的陌生小孩子冒充亲戚来上门,所以让孔融进来,一探究
竟。孔融说:"当初我的祖先仲尼与您的先人伯阳先生有师生
之情,所以我与您可以说世代有通家之好。"传说孔子曾经向老
子(李耳,字伯阳)问过礼,也就有师生之缘。李膺没想到孔融
居然拿孔、李的传说来做文章,扯出这段关系。于成人而言,这
种拉扯之法不免牵强;而对小孩子来说,则是别出心裁的机智。
所以李膺和满座的宾客无不大感惊奇。太中大夫陈韪后到,有
人就把刚才孔融的奇语讲给他听,陈韪不以为意,说:"小时候
聪明伶俐,长大后未必优秀。"孔融马上接话:"想来您小时候,
必定是聪明伶俐了。"陈韪尴尬不已。

不假思索便能以彼之道还施彼身,这种有力的反驳和嘲
戏,的确不是普通小孩子所能做到的,孔融的辞令机敏而又
凌厉。

> 锺毓、锺会少有令誉。年十三,魏文帝闻之,语其父锺
> 繇曰:"可令二子来!"于是敕见。毓面有汗,帝曰:"卿面
> 何以汗?"毓对曰:"战战惶惶,汗出如浆。"复问会:"卿何
> 以不汗?"对曰:"战战栗栗,汗不敢出。"(《言语》11)

锺毓和锺会两兄弟小时候便有美好的声誉。魏文帝曹丕
听说两人,命其父锺繇把孩子带过来。小孩子初睹帝王,免不

了紧张劲儿。而且,面见皇帝表现紧张,也是人臣应有的举止。

锺毓满脸是汗,曹丕故意问流汗的原因。锺毓回答:"战战惶惶,汗出如浆。"这回答很老实,而对以韵语,又突出了一份机智。曹丕又问锺会为什么不流汗,锺会回答:"战战栗栗,汗不敢出。"这回答就更妙了。锺会作为弟弟,当然不能表白他的镇定——这会反衬哥哥的羞涩;也不便照着哥哥的话再说一遍——这会突出他的平庸。所以,他说紧张到不敢出汗、忘了出汗,既和哥哥口径一致,又新意十足。兄弟俩的回答都很得体,有世家子弟的风范。

> 梁国杨氏子,九岁,甚聪惠。孔君平诣其父,父不在,乃呼儿出,为设果。果有杨梅,孔指以示儿曰:"此是君家果。"儿应声答曰:"未闻孔雀是夫子家禽。"(《言语》43)

梁国杨氏有个九岁的小孩子,非常聪慧。孔坦(字君平)造访,杨父不在,杨家的人就叫这小孩子出来见客。孩子为孔坦摆好了果品,其中有杨梅。孔坦有意开玩笑,指着杨梅说:"这是你们杨家的家果。"小孩子应声便答:"没听说孔雀是您家的家禽。"这故事本身没多大的深意,不过这孩子的反应还是很快的。

> 晋明帝数岁,坐元帝膝上。有人从长安来,元帝问洛下消息,潸然流涕。明帝问何以致泣,具以东渡意告之。因问明帝:"汝意谓长安何如日远?"答曰:"日远。不闻人从日边来,居然可知。"元帝异之。明日集群臣宴会,告以此意,更重问之。乃答曰:"日近。"元帝失色,曰:"尔何故异昨日之言邪?"答曰:"举目见日,不见长安。"(《夙惠》3)

晋元帝司马睿在王导的辅佐下于江东建立了政权,延续晋祚。他对北方国土的沦陷当然不能释怀,所以有客从长安来,他顺便问起昔日首都洛阳的消息,不禁流泪。还只有几岁的司马绍无法理解父亲的悲伤。司马睿顺便问儿子长安和太阳的远近。这是明知故问,逗着小孩子玩,本没有多大的深意。司马绍的回答却令司马睿称奇,他说太阳远,原因是有人从长安来,却从不见人从日边来。他把有人从长安来这眼前的事顺手拈来,作为理由证明太阳距离远,说得煞有其事。作为父亲,见儿子如此聪慧,自然高兴,所以第二天在与群臣的宴会上,司马睿得意地把司马绍的观点亮出来。即使身为皇帝,也免不了炫耀自家儿子的聪明,这是古往今来的人之常情。为了表示所言非虚,还当场把这个问题再问司马绍一遍。谁知司马绍不按套路出牌,没有配合父亲,回答与之前相反,说是太阳近。"元帝失色",这挺有趣,元帝本来很有把握的,没想到事情发生逆转,一下慌了神,问儿子为什么答案和昨天有别。司马绍又给出了一个令人意想不到的理由:"抬头可以看到太阳,却看不到长安。"这话一语双关,"日"既指的是太阳,也可指面前的皇帝。想必元帝听闻此言,一定转诧异为愈发欢喜,而与会的群臣更是颂圣不已。

司马绍能跳出思维定式,从不同角度来回应问题,担当得起"夙惠"二字。

谢仁祖年八岁,谢豫章将送客,尔时语已神悟,自参上流。诸人咸共叹之曰:"年少一坐之颜回。"仁祖曰:"坐无尼父,焉别颜回?"(《言语》46)

陈郡谢氏是衣冠南渡之后新兴的家族。家族的崛起得力

260

于谢鲲（做过豫章太守）。谢尚（字仁祖）是谢鲲之子，很小就崭露头角，在言谈上表现出非凡的悟性，已能与第一流的显贵名人们酬应。

谢鲲带着年方八岁的谢尚送客，应对得体，所以诸人都一起赞叹："小小年纪，已经是一坐中的颜回。"颜回是孔子最中意的学生，以好学、悟性高而著称，善于举一反三。所以众人把谢尚比拟为颜回，是很高的评价了。但谢尚自视甚高，没把这评价当回事，说："这里没有孔子，怎么能够识别出颜回呢？"谢尚不是认为颜回不够好，而是认为众人没有孔子的眼力，根本不足以识鉴有如颜回的天才。所以他们的评价其实是套话，不值得重视。

> 孙盛为庾公记室参军，从猎，将其二儿俱行。庾公不知，忽于猎场见齐庄，时年七八岁。庾谓曰："君亦复来邪？"应声答曰："所谓'无小无大，从公于迈'。"（《言语》49）

> 孙齐由、齐庄二人小时诣庾公，公问："齐由何字？"答曰："字齐由。"公曰："欲何齐邪？"曰："齐许由。""齐庄何字？"答曰："字齐庄。"公曰："欲何齐？"曰："齐庄周。"公曰："何不慕仲尼而慕庄周？"对曰："圣人生知，故难企慕。"庾公大喜小儿对。（《言语》50）

名士孙盛有两个儿子，长子孙潜（字齐由），次子孙放（字齐庄）。上述第一则故事是孙盛带着二子随从庾亮打猎。庾亮事先不知两个孩子来了，突然见到时年七八岁的孙放，庾亮问："你也来了吗？"孙放当即引用《诗经》中的成句回应："无小无大，从公于迈。"此句出自《诗经·鲁颂·泮水》，原诗是歌颂鲁僖公征服淮夷的功德，意思是无论官职尊卑大小，都随着鲁僖公出行。孙放用这句话是说，无论成人还是小孩，都随着庾亮出猎。既颂扬了庾亮，又解释了作为小孩子参与的必要性。这回答是相当精彩的。

第二则故事是孙潜、孙放拜谒庾亮。庾亮随口拈出两人的字来，有考问的意味。齐庄，意即齐于庄周。"为什么不企慕仲尼而企慕庄周呢？"庾亮借此发问。这问题往浅了说，不过是询问取字的缘由；往深了说，是问孙放对于孔子和庄周、儒家和道家轻重关系的看法。孔子，是大家都必须尊崇的圣人，至少在名义上；庄周，是大家实际上仰慕的榜样。齐庄这个字，表明了思法庄周的志向，也就相对地忽略了孔子。庾亮是要看这个小孩子在不冒犯孔子的至圣地位的前提下，如何合理地承认庄周。孙放的回答没令他失望——"孔圣是生而知之，因此难以企及"。孔子是天纵之圣，生而知之，这是学不了的；而庄周则是可学的。在推尊孔子的同时又轻巧地把孔子放到了一边，所以为企慕庄周留下了充足的余地。

> 张玄之、顾敷，是顾和中外孙，皆少而聪惠。和并知之，而常谓顾胜，亲重偏至，张颇不恢。于时张年九岁，顾年七岁，和与俱至寺中。见佛般泥洹像，弟子有泣者，有不泣者，和以问二孙。玄谓"被亲故泣，不被亲故不泣"。敷曰："不然，当由忘情故不泣，不能忘情故泣。"（《言语》51）

张玄之、顾敷分别是顾和的外孙、孙子，两人打小就聪明。《凤惠》里有则关于这两个小孩的故事。顾和与名流们清谈，两人在床榻边玩耍，似乎对长辈们的谈话无所关注。顾和随后闭目养神于灯下时，却听到两人把刚才客主的对话几乎一字不漏地复述出来,顾和大惊,提起两人的耳朵说:"想不到我们衰落的家族又生出了这样的奇才。"

顾和对两人都很欣赏,不过稍微偏爱顾敷。张玄之为此有点不舒服。有次顾和携带九岁的张玄之、七岁的顾敷到寺庙去。看到有佛祖涅槃的像,一众弟子中,有哭泣的,也有没哭的,顾和就问两人原因。

这种类型的问题本无确解,不过可以考验人的理解力。张玄之率先发话:"得到佛祖亲近的就哭,没得到的就不哭。"显然,这个回答饱含着个人的经验,婉转表达了对顾和平时偏心的不满。在恰当的时候能含蓄地展露情绪,有怨而无言,也是很难得的了。而小他两岁的顾敷后答居上,技高一筹,说:"不是这样的。应当是忘记了情感所以不哭,不能忘情才哭泣。"人应不应该拥有情感以及什么样的情感,本就是魏晋间学术界的一个热点话题。从前王戎曾经说过"圣人忘情",人在情感上的最高境界是忘却,这代表了很多人的看法。当参透佛法、了悟生死,自然就消泯了内心的激动,忘却了情感。所以,即使是佛祖圆寂,作为弟子也不会哭泣。相反,如果没能通于化境,迷执生死,情感就会被激发出来,面对佛祖的逝世自然哭泣不已。

以顾敷的年龄和学养,不一定对哲理有精深的理解,但并不妨碍早慧的孩子熟悉学界盛行的观点。所以他从忘情与否的角度来解释哭不哭泣,还是非常允当的。

张吴兴年八岁,亏齿,先达知其不常,故戏之曰:"君口中何为开狗窦?"张应声答曰:"正使君辈从此中出入!"(《排调》30)

张玄之(后官至吴兴太守)八岁时门牙掉了,有长辈知道这孩子不同寻常，故意和他开玩笑，问他口里为什么开了个狗洞。长辈有意出个难题，看看他怎么反应。张玄之确实厉害，不假思索，脱口而出，以彼之道还施彼身。反应快不说，还牙尖齿利。

张苍梧是张凭之祖，尝语凭父曰："我不如汝。"凭父未解所以。苍梧曰："汝有佳儿。"凭时年数岁，敛手曰："阿翁，讵宜以子戏父？"（《排调》40）

张镇（官至苍梧太守）是张凭的祖父，此人好开玩笑，对着张凭的父亲说："我不如你。"这话凭空而来，所以张凭父莫名其妙，不知道是什么意思。张镇揭开了谜底："你有个好儿子啊！"绕了一大圈，就是委婉地说张凭父没出息。在旁的张凭才几岁，但立即理解了祖父的意思，也体会到父亲的尴尬，于是拱手说："阿翁，怎么可以用儿子戏耍父亲呢？"巧妙地为父亲解了围，同时又以这个表现进一步佐证了张镇的判断。

第三课
痴迷与执着

天才之为天才,还有一个标志,就是对于他们感兴趣的事情,有着非同一般的专注,甚至专注到痴迷的地步。魏晋时代,大扇玄风,士族里天资卓越的小儿们亦对形而上的玄学倍感兴趣,投入热情。

> 宾客诣陈太丘宿,太丘使元方、季方炊。客与太丘论议,二人进火,俱委而窃听。炊忘箸箪,饭落釜中。太丘问:"炊何不馏?"元方、季方长跪曰:"大人与客语,乃俱窃听,忘箸箪,饭今成糜。"太丘曰:"尔颇有所识不?"对曰:"仿佛志之。"二子俱说,更相易夺,言无遗失。太丘曰:"如此,但糜自可,何必饭也?"(《夙惠》1)

陈寔是东汉末颍川的名士,他做过太丘长,所以称他为陈太丘。陈寔的后辈在魏晋间发展得很好,进入了曹魏政权的核心,这反过来令陈寔声名更盛。有宾客来访留宿,陈寔令二子陈纪、陈谌(字季方)烧火做饭。客人与陈寔"议论"。所谓"议论",不是一般的闲聊,也不是就某些具体问题来讨论,它是魏晋清谈的前身,所议论的是脱离了实用范畴的抽象题目。这是一种高雅脱俗的娱乐方式,是一种趣味盎然的智力游戏。

陈纪和陈谌丢下烧火做饭的正事,在旁偷听着迷了,蒸饭都忘记放箪(用于蒸饭的器具),以至于米落在锅里,最后成了一锅粥。陈寔倒没有责怪二子没把家事做好,而是问他俩是否把议论听进去了,还记得什么内容。两个孩子一道把方才陈寔和客人的议论复盘,在这个过程中两人还有发挥,所议论的基本上没有遗漏。陈寔很满意,说:"能说成这个样子,食粥也行,何必一定要吃饭?"陈寔很开明,没有训斥二子耽误做饭,而是借机训练、诱导他们通过复述来领会议题。陈纪、陈谌的表现也令人惊叹,十多岁的孩子居然对成人生涩的议题有浓厚的兴趣,聚精会神地一直听下去,关键是还听进去了。如果不能入心,不是基于自身的思维框架来整理所听的内容,是不可能复述出来的——复述不等于生硬地记忆,而要以理解为前提。

> 何晏为吏部尚书,有位望,时谈客盈坐,王弼未弱冠往见之。晏闻弼名,因条向者胜理语弼曰:"此理仆以为极,可得复难不?"弼便作难,一坐人便以为屈,于是弼自为客主数番,皆一坐所不及。(《文学》6)

何晏以名士、贵戚、达官及学者的多重身份,推动了魏晋间清谈之风的形成。所以他家里经常是谈客满座,是学术交流的中心。少年王弼早已名声在外,洛阳的上层社会都已知道他是个哲学天才。所以他求见何晏,立刻被请入。何晏把刚才清谈中精妙的道理归纳、整理出来,自认为已讲得很圆满了,询问王弼能否就此驳斥。王弼没有令何晏失望,进行了辩难,在座者都感到理屈。既然没有对手来挑战王弼,王弼更是自为主客,反复地自己反驳自己,是在座的人谈论不及的。可惜清谈的记录没有留下,我们无法知道具体的辩论内容。但王弼思虑的细密、深邃,显然远在众人之上。很难想象,这是一个未成年人的表现。王弼早慧,可惜天不假年,他死时才24岁。司马师听说后,嗟叹了好多天,说:"天丧予!"

> 卫玠总角时问乐令"梦",乐云"是想"。卫曰:"形神
> 所不接而梦,岂是想邪?"乐云:"因也。未尝梦乘车入鼠
> 穴,捣齑(jī)啖铁杵,皆无想无因故也。"卫思"因",经日
> 不得,遂成病。乐闻,故命驾为剖析之。卫既小差。乐叹
> 曰:"此儿胸中当必无膏肓之疾!"(《文学》14)

卫玠五岁时,神情、襟怀都能令人欣赏,在众人之中,如鹤
立鸡群,一眼就能被识别出来。祖父卫瓘说:"这孩子非同寻
常,只是我老了,看不到他长大成人。"当时的名臣傅嘏也看重
卫玠,把他比为春秋时卫国的贤大夫宁武子。卫玠的舅舅是王
济,王济本是个俊秀豪爽、自命不凡的人,不过也折服于外甥的
风采,每见卫玠则说:"珠玉在侧,使我自惭形秽。"卫玠于怀帝
永嘉六年(312年)去世,年仅27岁。后来丞相王导下教令,其
中评价卫玠"风流名士,海内所瞻"。

卫玠热衷清谈,精通玄学。他总角时,问有名的玄学家
乐广关于梦的问题。梦,是古往今来令人困惑的精神现象。想
要弄明白梦究竟是什么,可见卫玠的好疑、深思。乐广以言辞
简约著称,不喜欢用繁复的语言详尽解释问题,所以很简单地
说"梦"是"想"。卫玠不满意这个回答,他更困惑了,有时候人
们形神没有接触到的东西也会入梦,这难道也是"想"造成的
吗? 乐广接着解释:"这是有'因'的! 譬如,人们从来不会梦
到乘车驶入老鼠的洞穴,不会梦到用铁棒把菜末捣成碎末后吃
铁棒,这都是没想过、没原因。"越说越复杂,卫玠惑上加惑,转
而思考"因",一连好几天都不知所以然,思考过度,于是成病。
一个孩子因问题想不通而生病,非要求得理智的彻底清醒不

可，这种求知的热情是极为罕见的。乐广听说后，就命车上门，为他反复剖析，卫玠病体这才小愈。乐广感叹："这孩子胸中必定没有得不到解决的疑难。"

> 谢安年少时，请阮光禄道《白马论》。为论以示谢，于时谢不即解阮语，重相咨尽。阮乃叹曰："非但能言人不可得，正索解人亦不可得！"（《文学》24）

谢安年少即成名。他四岁时，谯国桓彝见到他就感叹："这个小孩子风神秀彻，日后不下于王承。"王承被认为是两晋之交的第一名士。谢安到总角之年，沉稳机敏，器识不凡，王导也很器重他。

谢安对《白马论》很感兴趣，就向阮裕请教。《白马论》是战国时名家代表人物公孙龙的名篇，其观点是"白马非马"。因为"马"这个概念指的是形体，"白"这个概念指的是颜色，两个概念的所指不同，所以"白马非马"。名家，按今天的说法，属于重视概念辨析的逻辑学范畴。它距离普通人的日常生活太远，与常识、经验相悖，所以不容易被大众接受。西汉司马谈批评先秦学术，论名家"苛察缴绕，使人不得反其意，专决于名而失人情"（《史记·太史公自序》），即苛刻琐细，纠缠不清，令人难以把握大体，专在概念名称上思辨，有违人情。由于没有群众基础，在战国百家争鸣后，名家便逐渐消歇。但名家在"烧脑"方面，具有别家所不具备的独特优势，适合喜好思考脱离人伦日用的抽象问题的人钻研。因为他们的理性有富余，名家所关注的问题足以消耗他们强大的思考能力。

阮裕精于论辩，是此中高手，就写了一篇解说的文章给谢安。谢安没有立即看懂，但也没有畏难放弃，而是一再询问，务求详尽地理解。或许在逻辑思辨上,谢安不是顶尖水平,但他不弄懂就不罢休的执着还是令阮裕感叹:"现在不仅能够讲授《白马论》的人找不到了,就连想寻求确解的人也不可得。"

> 林道人诣谢公,东阳时始总角,新病起,体未堪劳,与林公讲论,遂至相苦。母王夫人在壁后听之,再遣信令还,而太傅留之。王夫人因自出云:"新妇少遭家难,一生所寄,唯在此儿。"因流涕抱儿以归。谢公语同坐曰:"家嫂辞情忼慨,致令传述,恨不使朝士见。"(《文学》39)

支道林造访谢安。当时谢安的侄儿谢朗(后官至东阳太守)是总角之年,生病才好,但身体还禁不起劳累。谢朗和支道林清谈——这是了不起的,一个未成年人居然有能力与名家论辩,而且还发展到激烈辩驳的程度。谢朗的母亲是王韬之女王绥,她在壁后听到辩论过于激烈,一再派人要谢朗回来,但谢安留住,大概谢安要以支道林来测试谢朗的潜力吧。王夫人担心儿子的身体,忍不住了,终于自己出面,自道年轻守寡,这一生就全放在谢朗身上。于是流泪把谢朗抱回去。谢朗与卫玠类似,都在清谈上有很高的热情。

> 刘尹至王长史许清言,时苟子年十三,倚床边听。既去,问父曰:"刘尹语何如尊?"长史曰:"韶音令辞,不如我;往辄破的,胜我。"(《品藻》48)

刘惔和王濛清谈,13岁的王濛之子王修(字敬仁,小字苟子)旁听。王修年纪虽小,却已对清谈有浓厚的兴趣,否则像这样高度抽象的内容,他是听不下去的。而他能一直坚持到清谈的结束。

> 王敬仁年十三,作《贤人论》。长史送示真长,真长答云:"见敬仁所作论,便足参微言。"(《文学》83)

王修13岁时就写出了《贤人论》。其父王濛拿给清谈名家刘惔看。刘惔是个不好假以颜色、不肯给面子的人。他与殷浩清谈,殷浩辩不过,闪烁其词,刘惔说:"乡巴佬却硬要学人家讲这样的话。"但刘惔对王修的文章比较认可,说:"见敬仁所写的论文,便足以参悟玄理了。"小小年纪能作出名家认可的论文,王修在玄学上的潜质不小。

第十一讲

《世说新语》的文学价值

作为魏晋时代志人小说的代表作,《世说新语》的文学价值自然是不可磨灭的,后代对《世说新语》也赞不绝口。宋末元初的刘应登说:"晋人乐旷多奇情,故其言语文章别是一色。《世说》可睹已。"明代文学家王世贞说起《世说新语》的长处时言:"或造微于单辞,或征巧于只行,或因美以见风,或因刺以通赞,往往使人短咏而跃然,长思而未罄。"明代文学家王思任说该书"小摘短拈,冷提忙点,每凑一语,几欲起王、谢、桓、刘诸人之骨,一一呵活眼前,而毫无追憾者"。他又说起书中的语言风格,本是俗语的,一经著者便文雅;本是浅显的,一经著者便含蓄;本是稚嫩的,一经著者就老辣。鲁迅说此书"记言则玄远冷隽,记行则高简瑰奇"。

第一课
志　人

　　据余嘉锡先生研究统计,《世说新语》一书总共记叙了约1 500名历史人物,涉及魏晋时期方内、方外的各色人等。他们的神情举止、妙言佳句、文采风流、遗闻逸事,都穷形尽相,得到生动、鲜活的呈现。许多人物的风姿也是依赖此书而长留于世间,其形象从未褪色。总的说来,《世说新语》在志人方面颇有特色,达到了很高的艺术成就。

　　首先,该书对人本身有了超过既往的深刻认识,尤其关注人的"神"。"神"是人之灵性的基础。

　　　顾长康画裴叔则,颊上益三毛。人问其故,顾曰:"裴楷俊朗有识具,正此是其识具。"看画者寻之,定觉益三毛如有神明,殊胜未安时。(《巧艺》9)

　　　顾长康画人,或数年不点目精。人问其故,顾曰:"四体妍蚩(chī),本无关于妙处;传神写照,正在阿堵中。"(《巧艺》13)

　　　顾长康道画:"手挥五弦易,目送归鸿难。"(《巧艺》14)

　　顾恺之是大画家,他画人已不是简单临摹,而是深入人性的深层中。他为裴楷画像,脸上添加了三根毛。这有点失真,并未听说裴楷脸上有毛的事。顾恺之的解释是，裴楷这个人有识见、才具，添上三根毛，正好将其这一人物特性表现出来。经过顾恺之的提示，看画者方才觉得，这个添加使裴楷的神采、风神、精神大胜于没安上三根毛之时。人物画像重点在突出其人之"神"，这是顾恺之的认识。为了把"神"画出来，甚至可以改造事实。看来，顾恺之对绘画艺术业已有了相当程度之自觉，绘画是展示艺术的真实，艺术的真实不同于且要高于物理的真实。

以上第二则材料是说顾恺之画人眼珠不轻易点上，有时候要花几年工夫，可见点睛之笔难下。他的体会是：人的身体的美丑与绘画的精妙无关；但要把人的精神风貌画出来，关键就在点睛之笔。也就是说，此笔一下，人物好像启动了灵魂，便活了起来。

第三则同样是顾恺之绘画的经验之谈。"目送归鸿，手挥五弦"，本是嵇康的名句。许多人把这八个字视为魏晋风度的典型。顾恺之则认为，后者易绘，而前者难画。原因很简单，后者是具体的动作，而前者则是抽象的神情。神情需要人在想象中体会和建构，所以难画。

总之，是"神"使得人成为独具一格的审美对象。从这个意义来讲，赏人便是赏"神"。既然"神"对于人如此重要，那么，作为艺术的绘画，最关键的是能传"神"，这样的画作才是妙品。同样，记述人物，最紧要的无疑也是传"神"。

关于如何传"神"，《世说新语》探索出多种方法。

该书很善于用简约、凝练、精当的语言和优美的形象，勾勒出人物的神采。

嵇康身长七尺八寸，风姿特秀。见者叹曰："萧萧肃肃，爽朗清举。"或云："肃肃如松下风，高而徐引。"山公

曰："嵇叔夜之为人也，岩岩若孤松之独立；其醉也，傀（kuǐ）俄若玉山之将崩。"（《容止》5）

裴令公有俊容姿，一旦有疾至困，惠帝使王夷甫往看，裴方向壁卧，闻王使至，强回视之。王出语人曰："双目闪闪，若岩下电，精神挺动，体中故小恶。"（《容止》10）

以上是对嵇康、裴楷风姿的描绘。

嵇康身材高大，看见嵇康者，对他的印象是洒脱、爽朗。他好像松树下的风，高远而悠长。这个比喻着眼于嵇康的风度给人的美感，如松的挺拔、伟岸，如风的柔和、悠长。当然，还是好友山涛的品鉴更为鲜明、精准——"嵇叔夜之为人也，岩岩若孤松之独立；其醉也，傀俄若玉山之将崩。"嵇康平居时，如孤松般昂然独立；醉酒后，倾颓的样子如玉山将要崩溃。尤其是后者，还有象征的含义：嵇康即便是醉倒，也倒得大气，美得亮眼。

裴楷姿容俊美。他有天生病，特别疲倦。王衍被晋惠帝派去探视。裴楷本向墙而卧，听说王衍来，勉强回过头来看。王衍出来后，对人描述他的观感："双眸亮闪闪，好像山岩下的闪电，精神还是活跃的，身体确实有所不适。"王衍的描述突出了裴楷的神俊。他的话不多，却很有艺术性。他关注的重心是裴楷的精神。先从正面形容，"双目闪闪，若岩下电"；再以身体的不适来凸显精神的挺动，身体非但不是精神的囚笼，相反，正是身体的"小恶"使精神更加挺动。

《世说新语》还擅长用典型性、关键性的细节来展示人的独特的风神。

钟会撰《四本论》始毕，甚欲使嵇公一见。置怀中，既

定,畏其难,怀不敢出,于户外遥掷,便回急走。(《文学》5)

　　根据现存史料,司马氏的智囊锺会是个受过严格、系统教育,学养极厚,且相当自负的人。而上面的故事却把锺会描写得相当猥琐、可笑,与真实的锺会大相径庭。锺会甚至是整部《世说新语》中少有的被贬斥得比较厉害的名士。这可能与锺会的为人处世及自取灭亡的结局有关。他是司马氏的心腹,曾经助纣为虐,做了不少令士林不齿的事,譬如嵇康的被杀便与他有密切的关系。而他后来想据蜀谋反,连司马氏也背叛。所以,无论是哪一方,对锺会均无好感。他被一定程度地丑化是有原因的。锺会的形象是被历史的叙事者建构起来的,多了有意增饰的成分,更能表现出人物的塑造意图。

　　这个故事是关于锺会撰写的论文《四本论》的。《四本论》即《才性四本论》,是当时学术圈十分感兴趣的一个理论话题,主要探讨才能和本性、德性之间的逻辑关系。锺会好此道,写好文章,想求教于嵇康。下面一连串的动作,将锺会的既想又怕的紧张心态写得很细致——锺会把文章置于怀中,走到嵇康家门口,又怕嵇康犀利的辩难,不敢把怀中的文章拿出来,只是在门外远远地把文章扔进去,接着马上掉头往回走。

　　往复辩驳是当时名流热衷的清谈活动的主要表现形式,锺会习于此道。而且他是贵公子出身,即使与嵇康就才性问题商榷、辩难,断不至于把自己弄得小气、窝囊,甚至不敢见人,于户外遥掷文章,扭头急走。但这个关键性的细节,对于刻画锺会的惶恐、畏缩的形象很有效。还通过锺会的表现,烘托出虽未露面但神情可想见的嵇康。作者对人物的褒贬并不直言,态度却已完全融于叙事中了。

刘伶病酒，渴甚，从妇求酒。妇捐酒毁器，涕泣谏曰："君饮太过，非摄生之道，必宜断之！"伶曰："甚善。我不能自禁，唯当祝鬼神，自誓断之耳！便可具酒肉。"妇曰："敬闻命。"供酒肉于神前，请伶祝誓。伶跪而祝曰："天生刘伶，以酒为名，一饮一斛，五斗解酲（chéng）。妇人之言，慎不可听。"便引酒进肉，隗然已醉矣。（《任诞》3）

竹林七贤里，刘伶的名望相对不高，他的形象常和酒联系起来，是个著名的酒鬼。酒在魏晋具有特殊的文化意义。如果说琴象征着名士的高雅，那么酒则象征着名士的放诞。是的，酒是名士蔑视世俗、不拘小节的标志物。

上面的故事讲的是刘伶找老婆骗酒喝，刻画了一个嗜酒如命的性情中人的形象。他因饮酒过度，损伤身体，而又异常饥渴，于是找老婆讨酒。他老婆不许他喝，而且她知道仅劝是靠不住的，还把酒倒掉，把酒器毁了。酒徒要喝酒，总有办法可想。他借口要向鬼神立誓戒酒，但必须准备好酒肉作供品。其妻当然觉得刘伶转性了，而且在鬼神前发誓更有诚意，因为骗谁也不敢骗鬼神呀！殊不知，刘妻弄错了逻辑，一个连老婆都敢骗的男人，当然也不怕欺骗鬼神。而刘伶的所谓誓言，竟然是"妇人之言，慎不可听"。然后他喝酒吃肉，很快颓然醉倒。最终，鬼神是没骗，发的誓也挺真，酒也喝够了，唯受伤害的是劝他戒酒失败的老婆。

王蓝田性急。尝食鸡子，以箸刺之，不得，便大怒，举以掷地。鸡子于地圆转未止，仍下地以屐齿蹍之，又不得，瞋甚，复于地取内口中，啮破即吐之。王右军闻而大笑曰："使安期有此性，犹当无一豪可论，况蓝田邪？"（《忿狷》2）

王述是急性子。为了渲染这个性格，著者列举了他吃鸡蛋的事——先是用筷子刺，不得，为了泄恨，举起鸡蛋扔在地上。结果鸡蛋不停地在地上转，好像是对王述示威。这下他更气了，下地，用鞋的齿踩鸡蛋，又不得，怒值蹿升，他使出了终极必杀技，捡起鸡蛋，塞进口中，咬破，吐出。一个小小的鸡蛋就把王述折腾得不休。这个情节颇有意思，精准地描写了王述的动作和心态的交织变化。刺、掷、蹍、取、啮和吐，几个动作一环套一环，与此相应的是情绪由“大怒”到“瞋甚”的递进。王述的性急于此便活灵活现了。

> 世论温太真，是过江第二流之高者。时名辈共说人物，第一将尽之间，温常失色。（《品藻》25）

这个故事里的细节也非常有意思。名士们自视甚高，内心骄傲，都想被舆论列入第一流人物的行列。温峤大概排名在第二流中的前列。所以当名流们共同谈论当代人物，第一流快数完而未完的时候，温峤经常脸色大变。这说明了他内心的紧张，紧张是因为他在意自己的排名，期待能跻身第一流，而又怕落入第二流中。好比现在的学生考试结束后老师公布成绩，老师先表扬考得好的一批，当名单快念完时，那些平时自认为成绩还行但名字还没被念到的同学，此时很可能心里就像打鼓一样，神情就有点不自在了。宠辱不惊毕竟是理想状态，现实中人皆有在意的东西，遇上了这个关口，得失的计较就有了，就将惊于宠辱了。作者捕捉到了温峤在第一流人物将近而又未尽的关键时刻的失色表情，直抵其内心。

《世说新语》还好用对比，关注相似情景下人的不同反应，以相互映衬的方式来塑造人物的不同形象，突出人物的不同境界。

> 祖士少好财,阮遥集好屐,并恒自经营。同是一累,
> 而未判其得失。人有诣祖,见料视财物。客至,屏当未尽,
> 余两小簏(lǜ)着背后,倾身障之,意未能平。或有诣阮,见
> 自吹火蜡屐,因叹曰:"未知一生当着几量屐?"神色闲畅。
> 于是胜负始分。(《雅量》15)

祖约(字士少)和阮孚(字遥集)各有嗜好,一个爱聚敛钱
财,一个爱收藏木屐。按魏晋人的观点,嗜好过重,反过来人就
被嗜好所制。人本应是利用外物的,沉溺于嗜好,就是被外物
利用了,所好就成了人精神的负累。而所谓风流,便表现在能
够释累,精神洒脱,没有了拖累。对于两人的情况,时人一时半
刻也不知道,谁更能释怀而与对方分出高下。

有人造访祖约,他正在料理他的收藏,见有客突然来访,
一下子受惊了,赶紧收拾,由于太仓促了,没弄完,尚留两竹箱。
他"倾身障之",神色还不能平静下来。这是自己沉浸的世界被
外来者忽然闯入后受到惊吓、不能释怀的反应。阮孚不同。同
样面临客人的造访,客人看到的是阮孚正在吹火、给木屐打蜡,
还在感叹:"不知道这一生还能够穿几双木屐呢?"他"神色闲
畅",安闲自在,没被客人的造访惊动。他对木屐的把弄,实是
对人生的叹喟。后来辛弃疾《满江红·江行和杨济翁韵》便使用
了这个典故——"佳处径须携杖去,能消几纳平生屐。笑尘劳、
三十九年非、长为客。"由此两个人的高下乃分。

> 刘令言始入洛,见诸名士而叹曰:"王夷甫太解明,乐
> 彦辅我所敬,张茂先我所不解,周弘武巧于用短,杜方叔拙

于用长。"(《品藻》8)

　　刘讷(字令言)始入洛阳,见到了诸多名士。他很能识人,品鉴到位。他认为王衍过于精明,乐广是令他崇敬的人,张华(字茂先)是他不了解的。这三个评论也没什么出奇的,后面两个则有意思了。周恢(字弘武)"巧于用短",杜育(字方叔)"拙于用长"。一个是巧妙地使用自己的短处,一个是笨拙地发挥自己的长处。人皆有短长,所谓智慧的境界,其实是对待自己的短长的方式。周恢和杜育在对待他们各自的短长上,方式截然相反。这种精辟的对比,不同于上面所引对祖约和阮孚的形象描绘,但同样令人印象深刻。

第二课
叙　　事

作为小说，《世说新语》的叙事也很有特点。书中已显示出有意为文的迹象，自觉追求故事的生动性和趣味性。

> 诸葛令女，庾氏妇，既寡，誓云"不复重出"。此女性甚正强，无有登车理。恢既许江思玄婚，乃移家近之。初，诳女云："宜徙于是。"家人一时去，独留女在后。比其觉，已不复得出。江郎莫来，女哭詈(lì)弥甚，积日渐歇。江彪暝入宿，恒在对床上。后观其意转帖，彪乃诈厌，良久不悟，声气转急。女乃呼婢云："唤江郎觉！"江于是跃来就之曰："我自是天下男子，厌，何预卿事而见唤邪？既尔相关，不得不与人语。"女默然而惭，情义遂笃。(《假谲》10)

这几乎就是一篇小小说了。

故事的女主人公是诸葛恢的女儿，她曾是庾氏的媳妇。她丈夫死了，因夫妻感情好，就发誓不再改嫁，而且她的性格很倔强，很难勉强。父亲诸葛恢当然不愿女儿年纪轻轻即守寡，将女儿暗中许配给了江彪。考虑到女儿的性子，诸葛恢没明说，也没有做思想工作，而是耍了一个小小的计谋：把家搬到江家附近。这需要做出合理的解释——诸葛恢起初找了个理由欺诳女儿，说应该搬家到此处。然后诸葛家的人全都走了，把该女子留下。等她发觉过来，为时已晚，人出不去了。晚上江彪来。可想而知她肯定情绪焦躁,心情很坏,所以把所有的怨气对准江彪,又哭又骂,越来越厉害。这也是人之常情。过了些天,她逐渐消歇了。所谓"飘风不终朝,骤雨不终日",没有什么东西是能旷日持久的,情绪更是如此。她知道了这是不可改的事实。但对江彪由排斥到接受,对自己曾经的誓言由坚定到软化,需要一个转变的过程。在转变中,就要求男主人公江彪有相当的耐心和智慧。显然,江彪全都具备。

江彪夜晚入宿房间,但有节制,总是待在诸葛氏对面的床上,这是在观察她的反应,以做下一步的行动。等发现她的心意慢慢平静下来,江彪很老到,以退为进,假装做噩梦,好久都没醒过来,且声音气息越来越急促——一个很危险的情况。装可怜,乃从古至今男人们骗取女孩子同情的屡试不爽的法子。果然,该女子着急起来。她当然不好意思直接叫江彪,于是呼唤身边的婢女:"快把江郎唤醒。"江彪等的就是这句话,马上跳起来,跑到她身边:"我是天下的一个男子汉,做噩梦关你什么事,却来呼唤我?既然你这么关心我,就不能不和我说话。"女子心事被说中,不由害羞,默然无语。两人的情感从此深厚起来。

这个故事虽然篇幅短小,但有起伏,有波澜,把人物微妙的心态变化写得曲折生动、趣味盎然。

还有的篇章篇幅较大,所以有足够的容量从多角度用丰富而生动的情节来叙说人物,具有史传的色彩。

衡不知先所出,逸才飘举。少与孔融作尔汝之交,时衡未满二十,融已五十。敬衡才秀,共结殷勤,不能相违。以建安初北游,或劝其诣京师贵游者,衡怀一刺,遂至漫灭,竟无所诣。融数与武帝笺,称其才,帝倾心欲见。衡称疾不肯往，而数有言论。帝甚忿之，以其才名不杀，图欲辱之，乃令录为鼓吏。后至八月朝会，大阅试鼓节，作三重阁，列坐宾客，以帛绢制衣，作一岑牟、一单绞及小裈（kūn）。鼓吏度者，皆当脱其故衣，着此新衣。次传衡，衡击鼓为《渔阳掺挝（zhuā）》，蹋地来前，蹑䟀（sà）脚足，容态不常，鼓声甚悲，音节殊妙。坐客莫不慷慨，知必衡也。既度，不肯易衣。吏呵之曰："鼓吏何独不易服？"衡便止。当武帝前，先脱裈，次脱余衣，裸身而立。徐徐乃着岑牟，次着单绞，后乃着裈。毕，复击鼓掺槌而去，颜色无怍。武帝笑谓四坐曰："本欲辱衡，衡反辱孤。"至今有《渔阳掺挝》，自衡造也。为黄祖所杀。(《言语》8刘孝标注引《文士传》)

《世说新语》原文中对祢衡被曹操贬去击鼓的事描写得相当简略，但刘孝标注所引的《文士传》则非常翔实。先写祢衡的骄狂，他身怀名片，在天下英才荟萃的京师，最后名片上的文字都漫灭了，竟然送不出去。经由孔融的介绍，他总算引起了曹操的重视，但祢衡狂性大作，拒不见曹操。然后叙述的重点放在了击鼓一节，写到了祢衡的动作神情、宾客的情感反应以及祢衡当众换衣的放达自如。祢衡的意义在于，他是东汉末以来士人开始注重个体价值后，以激矫的方式来突出自我的典型。

襄阳罗友有大韵，少时多谓之痴。尝伺人祠，欲乞食，往太蚤，门未开。主人迎神出见，问以非时，何得在此，答曰："闻卿祠，欲乞一顿食耳。"遂隐门侧。至晓，得食便退，了无怍容。为人有记功，从桓宣武平蜀，按行蜀城阙观宇，内外道陌广狭，植种果竹多少，皆默记之。后宣武溧洲与简文集,友亦预焉。共道蜀中事,亦有所遗忘,友皆名列,曾无错漏。宣武验以蜀城阙簿,皆如其言。坐者叹服。谢公云:"罗友诳减魏阳元!"后为广州刺史,当之镇,刺史桓豁语令莫来宿。答曰:"民已有前期。主人贫,或有酒馔之费,见与甚有旧,请别日奉命。"征西密遣人察之。至日,乃往荆州门下书佐家,处之怡然,不异胜达。在益州语儿云:"我有五百人食器。"家中大惊。其由来清,而忽有此物,定是二百五十沓乌樏(lěi)。(《任诞》41)

本则叙述的是襄阳名士罗友,这是个极有意思的人。他风趣幽默,记忆力超群,旷达大度。

首先说此人有"大韵"。"韵"是魏晋间惯用的一个词语,用来表示人的放诞恣肆、富于机趣的情致。所以,从世俗的功利的视角就不好理解"韵"了,以为是"痴",即又傻又笨。文章随即叙述了一事——罗友曾察知某人家有祭祀,想去讨点吃的,因为祭祀多祭品。但他去早了,门还未开。主人出来,惊怪他来得还不是时候。于是罗友隐藏在门边,到天亮,得到食物便告退,一点也没有羞愧的神色。乞食本不是高尚的事,况且罗友还提前等待直至达成目的,这就近似于无赖了。但有"大韵"的名士往往蔑视世俗的荣辱,只求足意。以世俗的眼光看,这种人很痴;在他们自身看来,却是游戏风尘的放达,因为反正祭祀就是要分吃的,反正他就是要讨吃的,去早了又何妨,不过是多等等而已。要紧的不是死皮赖脸,而是来去洒脱,这就化俗为雅了。

有趣的是,类似的事也发生在陶渊明身上。陶渊明有《乞食》诗:"饥来驱我去,不知竟何之。行行至斯里,叩门拙言辞。主人解余意,遗赠岂虚来。谈谐终日夕,觞至辄倾杯。"起初陶渊明还有些羞于启齿，不过毕竟是"无适俗韵"的人，随即放开，与主人谈笑饮酒，不再难为情了。

其次又讲了罗友超凡的记忆力。他随桓温伐蜀，把蜀城的宫殿、街道以及果树等无一不默记于心。后来桓温与司马昱会面，谈起蜀中情形，有遗漏的地方，在旁的罗友都能罗列出来。桓温拿相关文献材料来印证，与罗友所说的完全相符。文中又引用了谢安的话——"罗友不亚于西晋武帝时名臣魏舒"，来突显罗友的才华。要知道，魏舒当年可是得到过司马昭的赏识的，他说："魏舒堂堂，人之领袖。"

后来罗友任广州刺史，在赴任前，以与人有约在先为由，谢绝了荆州刺史桓豁的邀请。桓豁派人察看，原来他与荆州刺史属下的书佐杂吏有酒局。尽管彼此身份悬殊，但罗友与这些人相处甚欢，与和名流们在一起无异。这就是罗友的豁达了，没有身份观念。

罗友还挺风趣、幽默。任益州刺史时，他对儿子开玩笑说："我有足够五百人用的食器。"其子大惊，因为罗友一向清贫，不至于突然间有这多食具。原来罗友指的是250套乌㯕。乌㯕是一种黑色、扁状的食盒，中间有隔断，可供两人食用。乌㯕不上漆，并不名贵。

《世说新语》在叙事时，还注意到了叙事的角度。

《任诞》第八条记载："阮公邻家妇有美色，当垆酤酒。阮与王安丰常从妇饮酒，阮醉，便眠其妇侧。夫始殊疑之，伺察，终无他意。"该故事我们在第四讲时引用过，这里再次提出来。故事从酒店老板的视角来看阮籍和王戎的大异常人的任诞，他担心两人乱性越轨，却见阮、王等魏晋名士特有的放达。

《企羡》第六条记载："孟昶未达时，家在京口。尝见王恭乘高舆，被鹤氅裘。于时微雪，昶于篱间窥之，叹曰：'此真神仙中人!'"王恭风度翩翩,是个美男子,有人形容他为"濯濯如春月柳"(《容止》39),即好像春天月下光亮洁莹的柳树。还未发达的孟昶住在京口(今江苏镇江),曾经从篱笆间窥探正好经过的王恭,见他乘着高舆、披着鹤氅裘。当时天飘微雪,王恭光亮洁莹的身姿越发显得超凡脱俗,孟昶看到的是令他歆羡不已的"神仙中人"。从孟昶的视角,我们还可以看到隐藏在孟昶背后的叙事者的视角,通过孟昶的"企羡"来渲染以王恭为典型的名士引以为傲的清华高贵、无与伦比的风度。

在叙事中,时间也是一个重要环节。《世说新语》中基本上是短小故事,往往抓住精妙、有趣味的片段、瞬间来叙述,所以几乎没有复杂的时间形态。叙事者则往往定格于特殊的时间节点来作为人物活动的背景,以突出特殊的意义。

《任诞》第十条记载:"阮仲容、步兵居道南,诸阮居道北。北阮皆富,南阮贫。七月七日,北阮盛晒衣,皆纱罗锦绮。仲容以竿挂大布犊鼻裈于中庭。人或怪之,答曰:'未能免俗,聊复尔耳!'"七月七日,按当时习俗是晒衣物的时节。阮氏宗族分居道路南北,一贫一富。北阮所晒的都是华丽精美的衣物,这不一定是有意炫耀,但客观上制造出了炫耀的效果。阮咸在庭中,用竹竿高高挑起粗布做的围裙。这和北阮的大晒华服构成了鲜明的对比。一般来讲,在同宗亲戚富贵的阴影中,人自卑于贫穷,往往不愿露底,会回避或者掩饰。但阮咸反其道而行之,故意在这个特定的日子张扬自家的寒酸,与北阮构成了强烈的对比,透露出反讽的意味。这是名士的放达和幽默。

先秦诸子文章中的一些富于说理的寓言故事,由于新奇、别致、精巧,往往被抽绎出来,浓缩为具体、丰满的意象,如缘木求鱼、挟泰山以超北海、守株待兔、自相矛盾、画蛇添足、狐假虎威等,它们本身便有审美价值。《世说新语》中的许多篇章也有类似的特点,这也构成了该书的一种典型的叙事方式。[1]

> 过江诸人,每至美日,辄相邀新亭,藉卉饮宴。周侯中坐而叹曰:"风景不殊,正自有山河之异!"皆相视流泪。唯王丞相愀(qiǎo)然变色曰:"当共戮力王室,克复神州,何至作楚囚相对?"(《言语》31)

永嘉之乱后,北方士族纷纷南渡。每到风和日丽的时候,他们就相约江边的新亭欢会。周颛感叹风景不变,但山河已换。在座诸名士都是司马氏政权的中坚,他们面对国破家亡的局面自然忧愤在心。王导作为丞相,作为驾驭全局的士族领袖,作为众望所归的旗帜,当然不能陪着周颛等人干哭,所以他愀然变色,说出了鼓劲的话:"要同心协力扶助王室,恢复中原,不能像春秋时被晋国俘获的楚人锺仪一样哭泣。"在山河已改的特定时刻,国家的重臣们面对危难的时局,或悲戚,或表决心,这幕"新亭风景",便构成了一个带有普遍意味的事件。所以它也就成了后世常用的典故。如汪元量《莺啼序·重过金陵》:"回首新亭,风景今如此。楚囚对泣何时已。叹人间、今古真儿戏。"

---

[1] 杨义:《中国古典小说史论》,北京:人民出版社,1998年,第157页。

第三课
写　　景

　　魏晋时期,因名流们爱游山玩水,导致了"自然"的发现。所谓发现自然,不是发现了物理意义上的自然,而是把自然视为审美的对象。自然还是自然,相对于人事,变化的幅度和力度微乎其微,用西晋名臣羊祜的话来说,是"自有宇宙,便有此山"(《晋书·羊祜传》),近于永恒。自然不变,但又被发现,所变的实乃人的眼光。或者说,人的审美意识开始发达起来,抱着这样的眼光和心态,再去看待周遭的自然山水,意义就不一样了。从这个意义来讲,作为审美客体的自然,其实是被人的审美意识创造出来的。在审美的领域,不是客观决定主观,而是主观创造客观;不是物决定心,而是心创造物;不是心为物的一种特殊形态,而是心外本无物。离开了审美的心,就没有作为美而存在的物。

　　审美意识的发达,既使人领略到自然景物的多姿多彩,又带动了山水文学的发展。在魏晋时代的文学作品中,风景不仅仅是起兴、生情的材料,它本身就成为独立的描写对象。文学和人一样,都进入了山水之间。

　　《世说新语》中有很多名流们赏玩风景、流连山水的动人故事,有些甚至已经是后来传颂不绝的山水小品。他们于其中所展现的山水意识,以及对于风景的品鉴和描摹的能力,都令人叹为观止。

　　王子敬云:"从山阴道上行,山川自相映发,使人应接

不暇。若秋冬之际，尤难为怀。"（《言语》91）

　　会稽境特多名山水，峰崿（è）隆峻，吐纳云雾。松栝（guā）枫柏，擢干疏条，潭壑镜彻，清流泻注。王子敬见之曰："山水之美，使人应接不暇。"（同条刘孝标注引《会稽郡记》)

　　王献之说："在山阴道上行走，山水景物相互辉映，使人应接不暇。如果在秋冬之际，景致给人的感受尤其难以表达。"山阴县当时属于会稽郡，治所在今天的绍兴。王献之的这段话是古今称道绍兴景致的名言。值得注意的是，王献之并没有以工笔对景色做精细的描摹。下面所引的《会稽郡记》中的内容则要具体得多，但不如王献之所言疏朗。他提到会稽山水的特点是"自相映发"，自个儿相互辉映，仿佛被贯注了灵气，活跃起来，各有神采，就好像名士们的相互比拟一般。

　　王献之以风流名士的视角看待山川，山川也似乎有了名士的风流。因此使人看得眼花缭乱，顾不过来。《容止》第15条记载，有人造访王衍，遇见王戎、王敦、王导等亦在座，别屋还有王诩、王澄等，不由感叹："触目见琳琅珠玉。"触目所及都是光彩照人的珠宝美玉。此人在王衍家中，满眼都是一时之名士，也有点应接不暇的意味。"自相映发""应接不暇"仅八个字，就把王献之和会稽山水在移情基础上的情感互动交代出来，体现了名士的特有视角。而最后的"若秋冬之际，尤难为怀"，揭示了名士们山水审美意识的本质。何以在秋冬之际的感受尤难于表达？秋冬之际正是萧瑟的时候，曾经的绚烂要归于平淡，曾经的喧闹要趋向于平静。用魏晋人玄学的语言来表述，是万物从"有"向更为根本的"无"回返，从"多"向更为基础的"一"复归，从"动"向更为本源的"静"转变。魏晋人的宇宙观，便是以这象征着"无""一"及"静"的平静、平淡作为万物的归宿。所以,在秋冬之际,可以直观到宇宙的真实。对于"无"、对于"一"、对于"静",还能说什么呢? 这就是"尤难为怀"。

王献之寥寥几句,借助对会稽山川的审美体会,道尽了魏晋人生命意识的底蕴。

人和自然山水是一种精神联系,人以玄心对山水,山水对人呈现出美的姿态;反过来,山水也能洗涤人的心灵世界。

> 荀中郎在京口,登北固望海云:"虽未睹三山,便自使人有凌云意。若秦、汉之君,必当褰(qiān)裳濡(rú)足。"(《言语》74)

荀中郎是颍川荀羡。他登上北固山眺望大海,感叹:"即使看不到蓬莱、方丈、瀛洲三座仙山,便使人自然而然就有凌云之意。如果秦汉的君王们也在此,必当牵起衣裳、涉足渡海。"荀羡登高望远,他想到的是海上仙山,尽管看不到,但有凌云——如仙山之神式的飘然凌霄、超脱世俗——的感觉,不刻意求之,便自然涌现。山水风景可以塑造和建构人的超然、高远的心态。所以荀羡说,如果秦皇、汉武之类的一世之雄目睹此景,也会忘记人间的伟业而兴起入海求仙的心思。南朝吴均的著名山水小品文《与朱元思书》所言"鸢飞戾天者,望峰息心;经纶世务者,窥谷忘反",也是这个意思。山水使人不由自主有了凌云之意,人便把世务置于脑后。

人和山水的精神互动,下面的一则材料表现得更明显。

> 王司州至吴兴印渚中看。叹曰:"非惟使人情开涤,亦觉日月清朗。"(《言语》81)

290

王司州是琅琊王胡之,他前往吴兴郡的印渚游览。《吴兴记》形容此处的景致言:"渚傍有白石山,峻壁四十丈,印渚盖众溪之下流也。印渚已上至县,悉石濑恶道,不可行船;印渚已下,水道无险,故行旅集焉。"王胡之发了观后感:"不但使人心灵空阔、洁净,也令人感到日月都清朗起来。""人情开涤",是说印渚的风光洗涤了心灵,使心灵发生质变,更加纯净;同时,以纯净的心再看世界,世界有了不同以往的感觉。王胡之在此处使用的"亦"字,正表示被洗涤过的心灵重新审视方才的世界,又有了新的观感,日月似乎也清净、明朗起来。王胡之的上述两句话,把人和山水之间相互作用的精神联系,交代得很清楚了。

以上是以审美意识为轴心,来谈在审美中心与物的交互作用。可见魏晋人对于山水的偏好不仅仅是一种兴致,从根本上说,山水乃其精神的外化和投射。他们从山水里,最终看到、欣赏到的,乃是他们自己超脱的情怀和活泼的心灵。

也正因为魏晋时人对山水有赏析品味的能力,所以当他们用精微、雅致的语言来模山范水时,往往能写出山水的神韵,而不是就山水而写山水。

顾长康从会稽还,人问山川之美,顾云:"千岩竞秀,万壑争流,草木蒙笼其上,若云兴霞蔚。"(《言语》88)

顾恺之从会稽回来后,有人问起当地山川之美。顾恺之毕竟是大画家,说的话如同绘画,形象生动。他说:"千岩竞秀,万壑争流。草木覆盖其上,好像兴起的云,放出绚烂的霞光。"

顾恺之的这段描述,一是突出了会稽山水的动态之美,他用"竞秀""争流"等词语,这是魏晋人对蓬勃生命力的向往在审美上的流露。毛泽东《沁园春·长沙》中的"鹰击长空,鱼翔浅底,万类霜天竞自由",与顾恺之此处的观感有异曲同工之妙。二是渲染了会稽山水的色彩之美。对于色彩,魏晋名士所欣赏的,不是艳丽,而是明朗。《容止》第35条形容当时还是会稽王的司马昱的容止为"轩轩如朝霞举",他像冉冉升起的朝霞,光芒四射,在昏昏沉沉的朝堂上,众朝臣本来心灵晦暗,见他气宇轩昂的样子,朝臣的心顿时明朗起来。司马昱的表现可以阐释明朗的价值。

> 道壹道人好整饰音辞,从都下还东山,经吴中。已而会雪下,未甚寒。诸道人问在道所经。壹公曰:"风霜固所不论,乃先集其惨澹。郊邑正自飘瞥(piē),林岫(xiù)便已皓然。"(《言语》93)

道壹道人是东晋高僧,从竺法汰学,深得简文帝司马昱的赏识。道人并非道教徒的特称,当时佛教徒也被称为道人。

道壹喜好修饰语言,所以他的话不是通俗的大白话,而是非常精美的语言。他从京城回到东山,途经吴郡,遇上了下雪,天不太冷。和尚们问他一路的风景。他说:"风霜就说不必说了,雪珠先集,天色惨淡。城郊大雪纷飞,林木山峦便已洁白一片。"用高度凝练、工整的语言描绘了大雪前后的景致,美不胜收。

最后还要说说《世说新语》的语言。

一是《世说新语》特有的"简约玄澹,尔雅有致"。再者,《世说新语》还是一座成语的宝库。《世说新语》研究专家刘强做过统计,该书广为流传的成语蔚为大观——三个字的有七步诗、登龙门、三语掾、洛生咏等;四个字的就更多了,简直不胜枚举,如登车揽辔、席不暇暖、割席断交、难兄难弟、咄咄逼人、鹤立鸡群、渐入佳境、一往情深、卿卿我我、芝兰玉树、东山再起、倚马可待、口若悬河、应接不暇等;七个字的有何可一日无此君、不能言而能不言、会心处不必在远等;八个字的有澄之不清扰之不浊、小时了了大未必佳、木犹如此人何以堪、情之所钟正在我辈等。这些成语极大地丰富了汉语的词汇,体现了汉语的魅力。

附　录

《世说新语》选析

不 复 畜 妾

邓攸始避难,于道中弃己子,全弟子。既过江,取一妾,甚宠爱。历年后讯其所由,妾具说是北人遭乱,忆父母姓名,乃攸之甥也。攸素有德业,言行无玷,闻之哀恨终身,遂不复畜妾。(《德行》28)

注释:

① 邓攸:字伯道,永嘉之乱时曾被石勒俘获,逃离后渡江,任职于东晋朝廷。

② 既:已经。

③ 讯:问。

④ 甥:指外甥女。

⑤ 畜:养。

赏析:

本则被置于《德行》篇中,编者无疑是在表彰邓攸的德行。而一个人的德行往往是在一种两难的矛盾境地中体现出来的。矛盾越强烈,德行也就越突出。邓攸在兵荒马乱中率全家逃难,不得已弃亲生儿子于不顾,选择带侄儿上路,可谓一场人伦悲剧。刘孝标注引用相关史料,对此事的细节做了交代——邓攸把儿子弃在草地,儿子在后面哭着追上来。第二天邓攸狠心把儿子绑在树上,不顾而去。邓攸对其妻说:"儿子没了,今后可再生;侄儿没了,弟弟这一支的血脉就断了。"这是邓攸的动机。在不能同时保全两个孩子的极端情况下,为了能给弟弟留下子嗣,邓攸只能牺牲自己的儿子。站在今天的立场,肯定对邓攸的做法无法理解。但当时人是认可且同情邓攸的——"时人义而哀之,为之语曰:'天道无知,使邓伯道无儿。'"

魏晋时代是个重家族的社会,家族的整体利益要大于小家庭。如果邓攸遗弃的是侄儿,意味着邓氏将只剩下他邓攸这一支,势必削弱邓氏的根基;而保留其弟的血脉,邓氏更有可能枝繁叶茂。时人之所以以"义"许邓攸,正是因为他们都能体会到邓攸看似狠心背后的苦心,体会到邓攸以家族为重的用意。邓攸的德行就体现在这里。

本则后半节,邓攸无意中纳外甥女为妾,又是一出人伦悲剧。邓攸一向有道德操守,言行上没有污点,娶外甥女的事令他抱恨终生。

何 必 在 大

嵇中散语赵景真:"卿瞳子白黑分明,有白起之风,恨量小狭。"赵云:"尺表能审玑衡之度,寸管能测往复之气。何必在大,但问识如何耳!"(《言语》15)

注释:

① 嵇中散:嵇康,曾为中散大夫。

② 赵景真:赵至,字景真。赵至本为兵家子,后以良家子身份入仕,有才学,《晋书·文苑传》有传记。

③ 恨:遗憾。

④ 量:器量,魏晋时人物品鉴的一个重要范畴,指人深远的精神境界及稳定的人格姿态。

⑤ 表:测量日影的竹竿,用以计时。

⑥ 玑衡:观察天象的仪器。

⑦ 管:黄钟之管。

赏析:

据唐长孺先生的《〈晋书·赵至传〉中所见的曹魏士家制度》一文的论述,赵至出身于士家,这是曹魏政权为保障兵源而实行的一项特殊制度。士家世代当兵,身份卑贱。赵至从小便以自己的士家出身为耻,力求改变命运。赵至13岁时受业读书,听到父亲耕田呵斥牛的声音,把书丢在地上哭泣。可见赵至很早就体会到了命运的残酷,体会到了社会对人强力的、不合理的限制。

士家被国家严密控制，人身自由受限。赵至先是逃亡到山阳，想投奔嵇康，不遇。又想游学远方，其母不许。赵至屡屡发狂疾走，常走了好几里路才被家人追上，还把身上烤伤了十多处。到16岁时，赵至游邺，碰巧遇见了嵇康，随嵇康到山阳，改名为赵浚。他意志坚决，想找到机会打开一个改变身份的通道。在他看来，嵇康是个有力的人选。

在本则故事中，嵇康认为赵至有战国名将白起之风，但器量狭小。器量是魏晋时代盛行于名士阶层中的一个理想人格范畴，主要是通过人外在的优裕从容的风度来体现个人内心的深沉以及人格的安静。

何以嵇康说赵至器量不大呢？当时赵至依附嵇康，嵇绍《叙赵至》记载："至长七尺三寸，洁白黑发，赤唇明目，鬓须不多，闲详安谛，体弱不胜衣。"很明显，赵至是有意模仿嵇康等名士的做派，在行为举止上表现出名士特有的优裕从容的姿态。从赵至的经历来看，他是一心一意想摆脱卑贱的士家子身份，迫切希望向上流通，出身这个隐痛始终在他心中挥之不去。尽管他表面上很洒脱自然，但掩饰不住骨子里的激矫和躁动。嵇康对此看得非常明白，因此点明他器量的浅狭。

但是赵至不认同，他狡辩："尺长的表可测定玑衡的准确性，寸长的竹管能测量往复之气而定律吕。所以，哪里用得着宏大的器量，只要有才识就足矣。"这个反驳确实很漂亮，所以入《世说新语》中的《言语》一门。

治 理 之 本

王安期作东海郡，吏录一犯夜人来。王问："何处来?"云："从师家受书还，不觉日晚。"王曰："鞭挞宁越以立威名，恐非致理之本。"使吏送令归家。(《政事》10)

注释：

① 王安期：王承，出身于太原王氏，曾任东海太守。

② 录：逮捕。

③ 犯夜：违反宵禁令。

④ 宁越：战国时人，相传出身平民家庭，但喜好读书，最后成为周威王的老师。

⑤ 理：治。避唐高宗李治的名讳而改。

赏析：

王承出身于太原王氏，门第极高，本人亦极为出色，被时人推许为当时第一名士。他与总揽朝政的东海王司马越交好，司马越令其子司马毗以他为楷模。王承做过东海太守，《晋书》本传说他的施政风格是"尚清静，不为细察"及"从容宽恕"，所以很得人心。"清静"是典型的老庄一系的治国理政的宗旨，常与"无为"联系起来，又合称为"清静无为"。其要点是不伸张施政者本人的意志和欲望，不折腾，不造作，不胡乱干涉，不以严苛烦琐的政令过度收缩社会空间，而能令民众各遂其性，各安其生。

本则就是反映王承"尚清静，不为细察"的治理风格的一个小事例。他手下有小吏逮捕了某个违反宵禁令的人。王承亲自审讯，得知此人是个书生，在老师处听课久了，不知不觉到了晚上。书生无意犯禁，当然情有可原，王承也不想小题大做。他把此人比作战国时通过努力读书来改变命运的贫家子弟宁越——这典故蕴含着王承对书生的嘉许和激励，同时也为自己的法外施恩提供了理由。他说："惩罚像宁越这样好学的人来树立个人的威名，恐怕不是实现大治的根本举措。"不愧是第一名士，把对这起违法案件的从权处理说得理由堂皇而又意味深长。非但如此，王承还派吏役送书生回家，把事情做得周全。

这个故事本身没有太多的深意，不过可以说明道家无为之治的一些特点。它承认社会需要法律来管治，但并不拘执于法律，而有相当大的伸缩性，因而给予社会以必要的弹性，由此显得很宽大。

无 所 不 入

旧云:王丞相过江左,止道声无哀乐、养生、言尽意,三理而已。然宛转关生,无所不入。(《文学》21)

注释:

① 王丞相:王导。

② 江左:江东,长江下游以东的区域。古人以东为左,以西为右。

③ 止:只。

④ 声无哀乐、养生、言尽意:这三个都是魏晋思想界热衷讨论的题目。嵇康著有《声无哀乐论》《养生论》,和向秀往复辩驳养生。西晋欧阳建著有《言尽意论》。

⑤ 宛转关生,无所不入:指声无哀乐、养生及言尽意这三个题目辗转相连,从而派生出更多的观点,没有什么不可被囊括进去。

赏析:

王导和琅琊王司马睿渡江建立了东晋政权,这个政权由以司马睿为代表的皇室和以王导为代表的士族共享,所以当时人说“王与马,共天下”。在东晋政权的建立过程中,王导厥功至伟。就王导来说,他既是重臣,也是名士。清谈既是他身为名士的兴趣,也是他身为重臣来联络和团结士人的方式。他是清谈的爱好者,也是清谈的组织者。

传言王导只谈论声无哀乐、养生以及言尽意三个题目。题目虽然不多，但牵连的内容非常广泛、丰富，几乎无所不包。何以这些题目能牵连如此之广？下面我们以养生为例说明。

稀康有关于养生的系列文章。养生，顾名思义，是讨论益寿延年的。生大致可分为形、神两部分，所以论养生免不了讨论形神关系。同时，在古人的观念世界中，形神关系往往可类比于君臣关系，那么养生就牵连了政治，即治身和治国看似不相干的领域便打通了。生需要养，无形中承认了生命是有价值的这一前提。既然承认生命是有价值的，那么又可以继续追问下去：作为生命价值的具体表现，究竟是应该活得更长久些（长生），还是应该活得更有质量些（厚生）？简言之，长生与厚生——生命的长度与厚度，哪一个才是生命的真正价值之所在？如果追求长生，势必通向一种少私寡欲的生存方式；而如果是厚生，当然倾向于恣意率性的生存方式。如此一来，哪一种更加合理呢？所以，由养生开始，一个话题往往连带导出另一个话题，以至于越扯越广，这就是"转关生，无所不入"。

诸如此类的问题当然没有也不可能有固定的答案。正因为如此，才会产生观念上的分歧，也才有不断辩论的必要。由此可知，养生论其实是一个通道，由此能进入一个庞大而复杂的思想空间，在这个空间中困惑魏晋士人的人生价值、生命意义以及合理的社会政治伦理秩序等诸多问题彼此交杂着。至于声无哀乐及言尽意两大论题，也大抵如此，我们于此不复赘论了。

了 不 长 进

支道林初从东出,住东安寺中。王长史宿构精理,并撰其才藻,往与支语,不大当对。王叙致作数百语,自谓是名理奇藻。支徐徐谓曰:"身与君别多年,君义言了不长进。"王大惭而退。(《文学》42)

注释:

① 东:指会稽。支道林居于会稽,而会稽在东晋首都建康的东面,所以称东。

② 东安寺:当时建康城内的一座寺庙。

③ 王长史:一般认为指名士王濛。但学者王晓毅考证,当为王述之子王坦之。[1]

④ 宿构:预先的构想。

⑤ 撰:选。

⑥ 当对:相当。

⑦ 身:自称。

⑧ 了不:完全不。

赏析:

支道林是高僧兼名士,在玄学、佛学上的造诣精深。魏晋的名流们热衷于清谈。清谈不是简单的对谈、闲聊,也不是纯粹以寻求真理为目的的学术辩论。它固然是以形而上的抽象

---

[1] 王晓毅:《支道林生平事迹考》,《中华佛学学报》1995年第8期。

问题为中心来辨析和研讨，但同时也带有休闲、消遣以及智力竞争等特色，既富于学术的意味，又是名士阶层所特有的高雅脱俗的生活方式之一。所以，在清谈中的表现直接关系到名士们的声望和风采，他们对此是非常在意的。

支道林应晋哀帝之邀，移居首都建康，住在东安寺。王坦之也是清谈场中的好手，既知支道林来京，预先做好准备，精心构思了精妙的道理，并选好了富于文才的辞藻。显然，王坦之是想在多时不见的支道林面前露一手。

但结果大出意料，王坦之与支道林清谈，高下立判，他难以招架。王坦之讲述了他的理致，有数百句之多，自认为是道理精微、辞藻奇丽。谁知支道林慢慢地回应："我与你分别多年，你在玄言上一点儿长进也没有。"说得王坦之惭愧地告退。

支道林对抱有很大期待而来的王坦之泼以冷水，令王坦之很尴尬，这种丝毫不假以辞色的傲慢而直接的态度，是当时清谈活动中名士们的积习、常态。如《文学》第33条，刘惔说殷浩是"田舍儿"，把辩论不过、闪烁其词的人斥为乡巴佬，就是一个很典型的例子。

释 冠 操 琴

齐王冏为大司马辅政，嵇绍为侍中，诣冏咨事。冏设宰会，召葛旟、董艾等共论时宜。旟等白冏：“嵇侍中善于丝竹，公可令操之。”遂送乐器。绍推却不受。冏曰：“今日共为欢，卿何却邪？”绍曰：“公协辅皇室，令作事可法。绍虽官卑，职备常伯。操丝比竹，盖乐官之事，不可以先王法服，为伶人之业。今逼高命，不敢苟辞，当释冠冕，袭私服，此绍之心也。”旟等不自得而退。(《方正》17)

注释：

① 齐王冏：司马冏，字景治，为齐王司马攸之子。赵王司马伦篡位，司马冏起兵反对，拜大司马，加九锡，执掌朝政。

② 设宰会：安排官员聚会。宰：官员。

③ 时宜：时事政治。

④ 常伯：指侍中之类的散官。

⑤ 法服：礼法规定的标准服色。

⑥ 袭私服：穿便装。

赏析：

嵇绍是嵇康之子，嵇康死时嵇绍年仅十岁。在著名的《家诫》中，我们看到了嵇康在激烈地反礼教、与时不协之外的另一副面孔。嵇康向嵇绍讲了许多持身、立志及避祸的教训，从中可见他对世俗的微妙的人际关系有深刻的洞悉，也可见他希望嵇绍日后走的是不同于他的人生之路。

嵇康被司马氏所杀，但政权仍是司马氏的，嵇家不能因为嵇康遇害而沉沦，也就是说嵇绍必须加入司马政权。嵇绍面临着巨大的伦理困境。解决这个困境的方法，就是坚持立身方正，恪守名分。嵇绍唯有经此，才能向世人表明，他的入仕，不是贪图权势、名位，也不是腼颜事仇，而是因为"臣之事君，义也，无适而非君也，无所逃于天地之间"（《庄子·人间世》）。这样一来，嵇绍所尽忠的对象不再是现实的司马氏，而是司马氏所代表的正统政权以及具有形而上意义的绝对的君主名分。所以嵇绍非常在意名分、名节。

在本则故事中，有意讨好齐王司马冏的葛旟，希望精通音乐的嵇绍演奏，还送来了乐器。对一个达观的名士来说，在名流的聚会上公开献技，并不算是引为耻辱的事。如《任诞》第32条描写的，谢尚为王导、王濛等人跳起了流行于洛阳肆工阶层中的怪异舞蹈。这不是自轻，而是洒脱；不是有辱斯文，而是超然世外。

但是嵇绍严词拒绝了，并把事情的性质说得很重：演奏是伶人的职事，他位居国家大臣，体统所在，不便为此。当然，嵇绍没把话完全说死，还是留下了余地，表示也不是不可以演奏，只不过要脱掉官服，换上便装。嵇绍说得有理有节，葛旟等也不好强人所难，这事就这样过去了。

嵇绍敢于拒绝权贵，不向权贵献媚，以维护他作为朝廷大臣的体统和尊严，展示了他的气节，这是他的"方正"。但要注意，这方正的品行，其实是嵇绍基于特殊的个人遭遇而不得不做出的姿态。

豁 情 散 哀

　　豫章太守顾邵，是雍之子。邵在郡卒，雍盛集僚属，自围棋。外启信至，而无儿书，虽神气不变，而心了其故。以爪掐掌，血流沾褥。宾客既散，方叹曰："已无延陵之高，岂可有丧明之责？"于是豁情散哀，颜色自若。(《雅量》1)

注释：

　　① 顾邵：守孝则，27岁时任豫章太守，在郡五年，卒于官。

　　② 雍：顾邵之父顾雍，三国时期吴国重臣。

　　③ 自：正。

　　④ 外：仆役，特指男仆。

　　⑤ 延陵：春秋时吴国的季札，因受封于延陵，故称延陵季子。据记载，季札长子死，以礼安葬后，季札说："骨肉归复于土，命也。"季札对其子的死亡表现得很达观，所以为"高"。

　　⑥ 丧明：孔子弟子子夏丧子，悲哀至失明。曾子前往吊丧，指责子夏过哀，有违礼法。

赏析：

　　雅量是魏晋名士非常看重的一种精神修养。它不仅指通常所说的胸襟开阔，即有容，更指心态平和，即能定。定，乃魏晋人所理解的雅量的本质特征。作为名士，作为洒脱风流者，雅量是必备的。

　　如何可见人之雅量呢？魏晋时往往通过人在某些极端状况（如生死、成败、祸福、荣辱）下的表现来判定。在这些极端情况下，人的内心很容易被惊动，从而失态、失色，失态与失色意味着人失去了应有的沉稳和镇定。庄子说："死生无变于己，而况利害之端乎！"就是在任何情况下安之若素、心境平和，这是人超然物外的表现。所以，器量的大小，对应着人超然的程度。

在本则故事中，顾雍召集属下聚会，下围棋，得知没有其子顾邵的家书，虽然他的神态没有变化，但内心已知实情。在公开场合，他当然不便表现得过于急切和难受，尽量维持着必要的镇定，可是小动作暴露了其真实感受。他的手指甲用力掐手掌（这个动作是人常用的，譬如我们精神不振、昏昏欲睡时，为了清醒过来，也会用指甲掐手掌，肉体的疼痛会让人的理性苏醒，恢复自控能力），血一直流到了坐垫上，足见顾雍悲痛之深。待宾客散后，再无外人，他这才感叹："即使不能像延陵季子一样以旷远的态度对待丧子之痛，也不能承担如子夏一样悲哀至失明的指责。"自我宽慰后，顾雍从悲痛中超脱出来，于是"颜色自若"。

这个故事写得很传神，把顾雍的内心转变的历程很好地描写了出来。起初他预知儿子的死讯，哀恸不已，但由于其身份及所处环境，必须维持表面的平静，可私底下的小动作反映了其内心的真实感受。人不能沉溺于悲哀中，必须有自拔的能力。悲哀不能没有，但不能一味滞留。没有悲哀，是麻木不仁；一味滞留，是不能自控。麻木不仁和不能自控，都是人的精神能力低下的表现。对于像顾雍这样的贵人名士来讲，必须在这两者之间取得完美的平衡。顾雍做到了。

必须说明的是，雅量所指示的超然，并非对任何事都无动于衷，而是事过不留于心。

讽 咏 解 兵

　　桓公伏甲设馔,广延朝士,因此欲诛谢安、王坦之。王甚遽,问谢曰:"当作何计?"谢神意不变,谓文度曰:"晋阼存亡,在此一行。"相与俱前。王之恐状,转见于色。谢之宽容,愈表于貌。望阶趋席,方作洛生咏,讽"浩浩洪流"。桓惮其旷远,乃趣解兵。王、谢旧齐名,于此始判优劣。(《雅量》29)

注释:

　　① 桓公:桓温。

　　② 伏甲设馔:埋伏士兵,安排宴席。

　　③ 遽:惊慌。

　　④ 文度:王坦之,字文度。

　　⑤ 方:还。

　　⑥ 洛生咏:西晋首都洛阳的书生在吟咏时发声重浊,东晋时有仿效的风气。谢安鼻子有毛病,语因很重浊,所以他擅长洛生咏。

　　⑦ 趣:促,急忙。

　　⑧ 判:分别,区分。

赏析:

　　雅量不仅是个审美范畴,魏晋名士亦用它来评判、区分人物精神境界的高下。本则是个典型的例子。

　　桓温有篡位换代的野心,尽管他大权在握,牢牢控制朝政,但由于处事谨慎,始终在观望中。他特别忌惮谢安和王坦之这两个世家大族的代表性人物。因此,他安排了一场鸿门宴,埋伏好了士兵,准备动手。

预知到了危机,王坦之比较惊慌,询问谢安应对之法。谢安倒很镇定,"神意不变",只是说:"晋室政权的存亡,就在这次的行程中。"谢安到底有无良策?很可能此刻他心里也没有底,没有什么好牌可打。毕竟桓温牢牢控制着局势,主动权在桓温一边,人为刀俎。

不过谢安沉得住气,自知此行关系甚大,或许抱着走一步看一步、见机行事的打算。到了桓温处,危险临近,王坦之的恐慌直接写在了脸色上。相比之下,谢安越来越平和、从容。越是危急之际,两人的反应越是露出各自性格和修养的底色。谢安还仿效洛阳书生重浊的语气,吟咏了嵇康"浩浩洪流"的诗。桓温忌惮谢安的旷达、高远,忙撤下了埋伏好的甲兵。本来王、谢两人齐名,经此事件,两人高下立判。

雅量是通过人在危难之际的镇定和沉着表现出来的,它能显示人有超然物外的精神境界。谢安的雅量居然令野心勃勃的桓温自行撤兵,成功化解了王、谢两个家族以及整个晋室政权的危机,确实有点不可思议。可能是桓温还没有下定决心动手,尽管他早已布置妥当,但内心仍然在犹豫中。谢安的沉稳举止,令桓温预感他高深莫测、成竹在胸,这加剧了桓温内心的不确定感。为稳妥起见,桓温暂时撤掉了埋伏。

雅量毕竟只是人的主观修养,不能化解所有的客观问题。但不容否认,在某些微妙的特定时刻,人有雅量与否,很有可能改变事态的走势。如果谢安和王坦之同样惊慌失措,会给桓温以窝囊、不中用的印象,会给桓温以王、谢等高门实则缺乏抵抗力、不足虑的判断。那么,事情很可能是另一种结果了。

裴公喻人

裴令公目夏侯太初:"肃肃如入廊庙中,不修敬而人自敬。"一曰:"如入宗庙,琅琅但见礼乐器。见锺士季,如观武库,但睹矛戟。见傅兰硕,汪廧(qiáng)靡所不有。见山巨源,如登山临下,幽然深远。"(《赏誉》8)

注释:

①目:品评,评价。

②裴令公:裴楷,曾为中书令。

③夏侯太初:夏侯玄,字太初,曾任征西将军,后卷入一场未遂政变,被司马氏所杀。

④锺士季:锺会,字士季,太傅锺繇之子。

⑤傅兰硕:傅嘏,字兰硕。

⑥汪廧:通"汪洋",形容水势浩大。

⑦山巨源:山涛,字巨源。

赏析:

裴楷品评人物的这几句话,很能见当时人伦识鉴中用语的精美。他评价夏侯玄说:"恭恭敬敬,好像进入庙堂,不用刻意摆出敬意而使人肃然起敬。"另一种说法是:"好像进入宗庙,礼乐之器琳琅满目。"他说:"见锺会,如同参观武库,只看见刀枪剑戟。见傅嘏,令人有浩瀚无垠、汪洋恣肆的感觉。见山涛,好像登高山俯视其下,有深邃辽远的感觉。"

夏侯玄、锺会、傅嘏和山涛四个人,代表四种不同的立身风格。裴楷不是用抽象的理论语言来定义四个人的风格特征,而是用精美的比喻,通过具体的意象,令人直接感受到人物的风姿气度。

夏侯玄的特点是庄重严肃,所以使人如入庙堂。锺会的特点是锋芒毕露,有攻击性,所以令人感到像进入武器库。傅嘏学问广博,有思想,所以使人如睹浩瀚汪洋的大水。至于山涛,为人超然旷达,所以使人有居高临下、所见苍茫之感。

裴楷对锺会的评价颇有趣,他把锺会比喻成了寒意逼人的武器库。鲁迅《忆刘半农君》里似乎借用了这个比喻——

> 假如将韬略比作一间仓库罢,独秀先生的是外面竖一面大旗,大书道:"内皆武器,来者小心!"但那门却开着的,里面有几枝枪,几把刀,一目了然,用不着提防。适之先生的是紧紧的关着门,门上粘一条小纸条道:"内无武器,请勿疑虑。"这自然可以是真的,但有些人——至少是我这样的人——有时总不免要侧着头想一想。半农却是令人不觉其有"武库"的一个人。

陈独秀的勇猛坦荡,胡适的谨饬淳沉,还有刘半农的真纯简单,三人的性格借助于这个比喻,都得到很好的表现。

莫 名 其 器

王戎目山巨源："如璞玉浑金，人皆钦其宝，莫知名其器。"（《赏誉》10）

注释：

　　① 璞玉：还没加工的玉。

　　② 浑金：还没提炼的金矿石。

　　③ 名：估测。

赏析：

　　王戎和山涛同列竹林七贤。王戎评价山涛说："好像璞玉和浑金，人们都钦佩其价值，却不知道评估其器量。"山涛素以器量著称于世，《晋书·山涛传》言："涛早孤，居贫，少有器量，介然不群。"

　　王戎把山涛比喻为璞玉和浑金，即未经加工、雕琢的好料。璞玉和浑金作为宝物的价值尽人皆知，不需要多大的鉴赏力。王戎的视角与众不同，他看到的是器量。魏晋间习用的器这个概念，不是《论语》里瑚琏之器的贵重之器，而是《老子》中的大器。

　　按照老子一贯的大音希声、大象无形、大方无隅等大的逻辑表述，大器的特点应是不器、不成器。凡能成器的，皆是小器；唯有不成器的，方为大器。不成器不是说没有用、不像个样子，而是说不定形、具有无穷的可能性。不成器意味着能成为任何一种器——只要有必要且各种条件具备。换言之，成器即

314

已定型,从而丧失应变、调适的可能,变得僵化,而唯有不成器才能灵活万变,才富有活力。璞玉和浑金处于尚未加工处理的原料状态,正好用来比喻大器。

王戎感叹世人只看到山涛的可见的价值,未见山涛的不可见的价值;只看到"有",未见"无"。这个观念类似于刘劭《人物志》里说的"观人察质,必先察其平淡,而后求其聪明"。王戎的意思是,观人察质,必先察其器,而后求其宝。

神 仙 中 人

王右军见杜弘治，叹曰："面如凝脂，眼如点漆，此神仙中人。"时人有称王长史形者，蔡公曰："恨诸人不见杜弘治耳！"（《容止》26）

注释：

① 王右军：王羲之。

② 杜弘治：杜乂，字弘治，西晋名臣杜预之孙。

③ 王长史：王濛。

④ 蔡公：蔡谟，字道明。

⑤ 恨：遗憾。

赏析：

本则主要记述的是时人对杜乂姿容的惊叹。魏晋盛行唯美之风，对男子的姿容、仪表非常在意。所以《世说新语》中专门有《容止》一门，可见时风。之所以如此，一方面是时代精神的变化，关注点由人的善转向人的美；另一方面是环境的塑造。名士们出身优越，养尊处优，生活精致、高雅，居移气养移体，自然而然造就了相应的容止。

魏晋有众多的美男子，本则提到的杜乂是其中一位。王羲之用八个字来形容他——"面如凝脂，眼如点漆"，面容像凝结的油脂光洁柔滑，眼睛像黑漆一点又黑又亮。宛若一幅写意画，两个细节就勾勒出其人的特点，乃神仙中人。

顺带说一句，魏晋好用三种类型的人来评鉴人物，分别是英雄、玉人和神仙。英雄,是欣赏其人的豪爽气概,曹操、王敦就是此类人。玉人,如山涛形容嵇康的醉倒如玉山之将崩,人见裴楷如在玉山上行,潘岳和夏侯湛联袂而行给人的观感如"连璧"等,强调的是其人肤白润如玉,欣赏的是其人的明朗温润。至于神仙,欣赏的是其人的高迈脱俗。如王羲之眼中的杜乂,又黑又亮的眼神,又白又柔的面容,令人想起司马迁对张良的评价"如妇人好女",清除了身上的俗气,才有如此外表。

王濛也长得漂亮。《容止》第33条写道,积雪天中,王濛身着公服,步入尚书省,令旁边的王洽歆羡不已,说:"不复似世中人!"王濛特别有潇洒出尘的风度。但蔡谟认为,王濛相比杜乂,似乎还略逊一筹。蔡谟的话令人无限神往。

明 君 和 番

汉元帝宫人既多,乃令画工图之,欲有呼者,辄披图召之。其中常者,皆行货赂。王明君姿容甚丽,志不苟求,工遂毁为其状。后匈奴来和,求美女于汉帝,帝以明君充行。既召见而惜之,但名字已去,不欲中改,于是遂行。(《贤媛》2)

注释:

① 汉元帝:刘奭,汉宣帝刘询之子,在位16年。

② 既:已经。

③ 披:翻开。

④ 中常:平常。

⑤ 王明君:王昭君。晋代因避文帝司马昭讳,所以改为王明君。

⑥ 充行:汉代的和亲制度,名义上以公主下嫁周边少数民族,实际上多以他人充公主行。

赏析:

王昭君和亲的事,《汉书》《后汉书》及《西京杂记》均有记载。从史实的角度讲,汉朝为笼络和安抚呼韩邪单于,维持与南匈奴的睦邻友好关系,提出和亲这一重大的示好举措。对此有关方面势必慎之又慎,有周全和妥当的安排,不会出现太多的戏剧性。所以像《后汉书·南匈奴传》记载的"时呼韩邪来朝,帝敕以宫女五人赐之。昭君入宫数岁,不得见御,积悲怨,乃请掖庭令求行。呼韩邪临辞大会,帝召五女以示之。昭君丰容靓饰，光明汉宫，顾景徘徊，竦动左右。帝见大惊，意欲留之，而难于失信，遂与匈奴"，就不大可信。这一点前人已经做了详细的辨析，自不赘言。

但从小说的角度来讲，《世说新语》，特别是其所取材的《西京杂记》的叙述，则更有情感的冲击力。一个明艳的女子，在佳丽如云的后宫里，面对着激烈的竞争。皇帝却用了个荒唐的法子，通过画工的画像来选人，于是画工便成了宫人们争宠幸的必经渠道。有志节且自负的王昭君，不屑于像胭脂俗粉那样贿赂画工。她之被孤立、被忽略、被丑化乃至于被冷落，都是顺理成章的事。恰巧匈奴人来和亲，王昭君被选中，行前见到平时几乎见不着面的皇帝，她的姿容令皇帝怜惜。但木已成舟，皇帝不能失信于外人，在社稷与美人之间，皇帝做出了艰难的抉择。在这种叙事中，有皇帝的昏聩，有奸佞的蔽贤，有才人的零落，小到个人沉浮进退的命运，大到胡汉和解的民族大义，各种激动人心的因素齐集。《西京杂记》还意犹未尽，添加了一个结局：皇帝憾失昭君，迁怒于画工，将其杀掉以解气。

这个故事正因为矛盾冲突的丰富多样和鲜明的象征性，成了一个供后人吟咏的好题材，石崇、杜甫、王安石等诗人都留下了名作。

好 色 好 德

　　许允妇是阮卫尉女,德如妹,奇丑。交礼竟,允无复入理,家人深以为忧。会允有客至,妇令婢视之,还,答曰:"是桓郎。"桓郎者,桓范也。妇云:"无忧,桓必劝入。"桓果语许云:"阮家既嫁丑女与卿,故当有意,卿宜察之。"许便回入内。既见妇,即欲出。妇料其此出,无复入理,便捉裾停之。许因谓曰:"妇有四德,卿有其几?"妇曰:"新妇所乏唯容尔。然士有百行,君有几?"许云:"皆备。"妇曰:"夫百行以德为首,君好色不好德,何谓皆备?"允有惭色,遂相敬重。(《贤媛》6)

注释:

　　① 许允:字士宗,高阳人,官至中领军,后为司马师所杀。

　　② 阮卫尉:阮共,陈留尉氏人,官至卫尉卿。

　　③ 德如:阮侃,字德如,阮共之子,与嵇康为友,官至河内太守。

　　④ 有意:有缘故。

　　⑤ 裾:衣襟。

　　⑥ 四德:当时礼教对女性品德、言语、容仪和妇功四个方面的要求。

　　⑦ 百行:多种品行。

赏析:

　　本篇讲的是许允之妻阮氏的故事。她出身于名门,乃大家闺秀,兄长阮侃是与嵇康交好的名士。但很不幸,她长得奇丑无比，这是个致命伤。她与许允举行交拜礼完毕，许允没有进入新房的意思，家里人很为此担忧。此处的家人不知是阮家还是许家，总之，说明许允事先并不知阮氏的情况，说不定这婚姻从缔结时起就有意回避了这个问题。对许允来说，未尝没有少许欺骗的成分。他勉强配合结束了仪式，明显有拒入洞房的意思。这传出去是要闹笑话的，所以包括阮氏在内的各方面均担心事态的进展。

正好有客人来，阮氏令婢女前去探视，回来答道来者是"桓郎"。郎，是当时对青年男子的美称。桓范有智囊之称，是个识大体的人。阮氏放下了心，很有把握地说："桓范一定会劝许允主动进来。"这话表明了阮氏的见识。果然，桓范对许允说："阮家既然把丑女许配给你，肯定是有缘故的，你应细心体察。"桓范的劝解颇妙，不是空讲道理，而是开启许允的疑窦，令许允自个儿去发掘阮氏的长处。事已至此，许允也无可奈何，抱着试试的心态勉强回身进了洞房。

但许允一见阮氏，立即想出去。"即欲出"三字很能表现许允的心态。以他的处境，内心应该是想尽量找到阮氏的优点好来加分，以转移或者压低对她容貌的负面印象。但一睹其脸，他甚至连打算好了的善意的自宽、自欺都难以为继了。阮氏料知如果放他出去，两人的关系到此为止，这是她最后的争取机会，且非常渺茫、短暂。于是抓住许允的衣襟，这个动作也能见阮氏的决断。以许允的身份以及当时的情境，无论内心如何反感、不悦，也不至于绝襟而去，必须就此留个话——这同时也是许允的底线。阮氏婚姻的前景，实际上就取决于许允被强行停留的片刻之间，这是她为自己争取来的。

许允说："妇人有品德、容仪、言语和妇功四德，你有几个？"这话火药味甚浓，一开口就拿女性应有的四德的大帽子压过来。言外之意，不是他态度不好，是阮氏妇德不够。但许允慌不择言，实际上是放大了阮氏容貌欠佳这一点，而无视她其余的方面，留下了他以貌取人的缺口。既然开口了，就好办。阮氏坦然地说："新娘子我所欠缺的，无非是容貌。"随即反击："然而男子应该有的各种品行，你又有几个？"许允当然不甘下风，傲然而应："全有。"阮氏说："男子的各种品行以德为首。你好色而不好德，怎么能说全有？"这反问直抵许允内心的隐秘之处，许允不安，露出羞愧的脸色，从此很敬重阮氏。

阮氏以她的智慧和努力挽回了许允，挽救了她的婚姻，也由此赢得了许允的敬重。

从 容 许 妇

　　许允为晋景王所诛，门生走入告其妇。妇正在机中，神色不变，曰："蚤知尔耳！"门人欲藏其儿，妇曰："无豫诸儿事。"后徙居墓所，景王遣锺会看之，若才流及父，当收。儿以咨母。母曰："汝等虽佳，才具不多，率胸怀与语，便无所忧。不须极哀，会止便止。又可少问朝事。"儿从之。会反以状对，卒免。（《贤媛》8）

注释：

　　① 晋景王：司马师。
　　② 门生：依附于世家大族供役使的人。
　　③ 才流：才华。
　　④ 少：稍微。

赏析：

　　魏晋易代之际，政治波谲云诡，异常凶险。许允当时出任中领军，这是个非常重要的职位，但他处理李丰等的政变一事不当，招至辅政的司马师的疑忌。司马师为免引起太大的震荡，对李丰事件牵涉的相关人员采取不同的处置方式。恰好当时镇北将军刘静逝世，司马师外放许允，接替刘静，并有意安抚他的不安，说这个安排是使他"着绣昼行"，即享受衣锦回乡的荣耀。许允放心了，以为司马师放过了他，还高兴地对妻子说："我没事了。"但许妻对政治和局势的认识显然要高于许允，泼了他冷水："大祸临头，哪能幸免？"果不其然，有关部门找了些莫须有的罪名弹劾他,结果是"减死徙边",死于道上。

许家的门生把许允死的消息告诉许妻。许妻正在织布,她"神色不变"——面临意外、危机时保持镇定的姿态,是魏晋时上流阶层普遍推崇的一种德行。许妻并不吃惊,说:"早就知道有今天的这个结局。"门人建议把许允的儿子藏起来。许妻说:"不关他们的事。"一般说来,以许允的地位,牵连进谋反这样的要案,其家族便岌岌可危了。覆巢之下,难有完卵。但许妻判断,事情到许允而止,不至于株连其子。

其后,许妻带着孩子搬到墓地居住。司马师派锺会去考察许允的儿子,一旦发现他们还成器,才具类许允,就抓起来。锺会素以堪比张良著称于世,智谋超群,是个很厉害的人物。许允的儿子向母亲请教对策,许妻说:"你们虽然还不错,但是才具不多,可以坦率地和锺会交谈,就没有什么好担心的了。不必表现得很悲哀,锺会不哭了,你们也止住不哭。还可以稍问一下朝廷的事。"许妻确实见识不凡,对儿子的指点也非常到位。知子莫如母,她对儿子们的才具了如指掌,知道他们只是优秀,而不是杰出,对司马氏构不成潜在的威胁,这点就足以保全性命了。在锺会这样以智谋自负且担负考察任务的人的面前,以其子的能力,很多东西是根本掩饰不住的,而且刻意地掩饰反容易令锺会起疑,说不定弄巧成拙。所以她要儿子们坦率地谈论,不用装。但这不表示就可以无所顾忌了,当然还是有要注意的,要点是所有的反应均保持在人情的限度内。第一,不能不悲哀,也不必过于悲哀,因应着锺会而已。第二,稍微关切朝局。何以如此?因为当前的形势对许家不利,他们为司马师砧板上的鱼肉,生杀操之于人手。如果不稍微表示一下对朝廷动态的关注,也不合情理。当然,关心过度,同样会生疑。所以许妻告诫其子"少问"。总之,许妻断定儿子性命基本无虞,只是要在几个大的关节上留心,不惹心思缜密的锺会疑忌。

儿子们按母亲的指教去做。锺会回去,把情况向司马师汇报,他们果然得以幸免。锺会是有名的智士,而许妻却把锺会估算无遗,指点儿子合理应对危机,其智还在锺会之上。

从许妻的一系列表现来看,魏晋时在高门大族中,有些女性的人生和政治智慧已经相当之高了。许氏家族因许允的罹难而面临巨大的凶险,幸亏许妻应对有方,保全了儿子,才不至于使这个家族到彻底崩溃、坍塌的地步。可惜,她们的事迹只在《世说新语》等书中得到零星保存。即使如此,也能感受她们的风采。

山 妻 窥 友

山公与嵇、阮一面,契若金兰^①。山妻韩氏,觉公与二人异于常交,问公,公曰:"我当年^②可以为友者,唯此二生耳!"妻曰:"负羁之妻亦亲观狐、赵^③,意欲窥之,可乎?"他日,二人来,妻劝公止之宿,具酒肉。夜穿墉^④以视之,达旦忘反。公入曰:"二人何如?"妻曰:"君才致殊不如,正当以识度相友耳。"公曰:"伊辈亦常以我度为胜。"(《贤媛》11)

注释:

① 契若金兰:朋友情投意合,关系很好,出自《周易·系辞上》。契:投合。

② 当年:当今。

③ 负羁之妻亦亲观狐、赵:重耳在曹国受到曹君的无礼对待,僖负羁之妻观察到重耳身边的狐偃、赵衰等人均为大才,非常看好重耳的前景,力劝僖负羁示好重耳,以图将来。负羁:指春秋时曹国大夫僖负羁。狐、赵:分别是随从晋公子重耳流亡的狐偃、赵衰。

④ 穿墉:凿穿墙壁。

赏析:

山涛和嵇康、阮籍一见如故,契若金兰。山涛的妻子韩氏发觉山涛与两人的交往不同于常,问原因,山涛说:"当今可以称得上我的朋友的,就这两个人。"既然山涛如此推重嵇、阮,这引起了韩氏的好奇心。她想近距离观察嵇、阮。为支持其做法的合理性,她还援引了春秋时僖负羁之妻观察处于流亡中的晋公子重耳及其随从的典故。

有天两人来访,趁着这个机会韩氏劝山涛留宿他俩,准备好了酒肉。夜晚,韩氏凿穿了墙壁,偷偷旁听他们的谈话,听入迷了,以至于到天亮都忘记回去。后来山涛进入内室,询问韩氏的观感,韩氏说:"你的才具确实不如他俩,贵在以见识、气度与他们为友。"韩氏的评价得到了山涛的首肯:"他们也常认为我的度量为优。"

此则故事的主角是山涛之妻韩氏,她不愿接受礼教对女性活动范围的规范,把自己限制在闺闱之内,而以很大的好奇心去了解其丈夫的社交世界。嵇康和阮籍是当世第一流的名士,是人中龙凤,这引发了她急欲观察的热忱。她趁着两人来访的机会凿壁偷听,这是个富于象征性的动作。夜晚是不适合女性接触异性的时间,墙壁则划分了彼此能够合理活动的空间。用特定的时空把女性和男性隔离开来,这是礼教确定人伦秩序的一种方式。而韩氏凿开了墙壁,这个动作象征着打通了封闭的秩序的缺口,尽管只是一个小口子。于是,本来隔绝的时空有了互通的可能。当然,韩氏本身有足够的素养做到这一步。她沉浸于他们的谈论中,"达旦忘反",这么长时间的旁听,说明她能充分理解和领悟嵇康、阮籍、山涛的清谈内容,说明她在思想上与三人至少处于同一个层面上。且不止于此,事后她还能准确评估山涛与嵇、阮的差异及高下,说明她对人的判断、她的识见同样不逊色于三人。

竹林七贤里,山涛是走得最稳、最远的一个。可贵的是,他虽然奔竞于仕途,却没有损伤自己的清名。我们可以推测,在他漫长的生涯中,眼光精准、锐利的韩氏对山涛应有许多非常得力的支持。

王 湛 识 女

王汝南少无婚，自求郝普女。司空以其痴，会无婚处，任其意，便许之。既婚，果有令姿淑德。生东海，遂为王氏母仪。或问汝南何以知之？曰："尝见井上取水，举动容止不失常，未尝忤观。以此知之。"（《贤媛》15）

注释：

① 王汝南：王湛，官至汝南太守。他从小寡言少语，人皆以为痴。

② 司空：王湛之父王昶。

③ 会无婚处：恰好没有合适的婚配对象。

④ 东海：王湛之子王承，后为东海太守。

赏析：

本则讲的是太原王氏中的王湛为自己择妻的故事。

王湛所出身的太原王氏，乃整个魏晋时代第一流的高门之一。在正常情况下，以王湛的身份，他的婚配对象应该来自与太原王氏相当的门第。但他自己要求娶郝普的女儿。刘孝标注引《汝南别传》曰："襄城郝仲将，门至孤陋，非其所偶也。"郝氏的门第距王湛太远，两家的婚姻不对等。

王湛少时沉默寡言，并不出众，人多以为痴呆，所以他的名声在上流社会的圈子里不是很好。就连他侄儿、晋文帝司马昭的驸马王济，起初不了解自己的这个亲叔叔，对他也难免有诸多失敬之处。只是后来因一次偶然的交谈，王湛的才艺令王济大出意料,才改变了对他的印象。武帝还曾经在王济面前开玩笑,询问他傻叔叔的情况。王湛大概属于大器晚成型的人,在他头角未露的时候,引起不了众人的重视。

既然名声不佳,王湛也就很难在他们的圈子里找到合适的婚配对象,估计贵戚显宦们都不想把女儿嫁给他,招个傻女婿。所以他的婚姻暂时耽搁下来。而王湛自己要求娶郝普的女儿。他父亲王昶可能对这个儿子也不抱太大的指望,就遂了他的心意,答应了。

谁知道婚后,郝氏的女儿居然令王氏大吃一惊:不仅有美丽的姿容、贤淑的德性,还为王氏生了一个佳儿王承。她也成了王氏家族中贤妻良母的仪范。于是人们对王湛刮目相看了,问他凭据什么于人群中识别出这么好的老婆。王湛说:"我曾经见她在井里打水,容貌举止不失故常,眼睛从不逆视,就凭这知道的。"王湛果然不傻。对男性来说,最能体现出人生智慧的,可能就是在拥有自主权的情况下为自己找到称心如意的另一半。女孩子在井上汲水,属于干粗重的活儿,一般人容易因忙乱而不注意仪态,甚至很随意、轻佻,但郝氏女不然,"举动容止不失常,未尝忤观",稳重端庄,目不斜视,这确实有大家媳妇的样子。王湛可谓大智若愚。

清人李渔的《闲情偶记》里有他挑选美女的经验之谈,他看重女性的态度,认为这才是女性美之所在。态度比较玄虚、抽象,难用语言来清晰地定义,所以李渔举了个例子:

记曩(nǎng)时春游遇雨,避一亭中,见无数女子,妍媸(chī)不一,皆踉跄而至。中一缟衣贫妇,年三十许,人皆趋入亭中,彼独徘徊檐下,以中无隙地故也;人皆抖擞衣衫,虑其太湿,彼独听其自然,以檐下雨侵,抖之无益,徒现丑态故也。及雨将止而告行，彼独迟疑稍后，去不数武而雨复作，乃趋入亭。彼则先立亭中，以逆料必转，先踞胜地故也。然臆虽偶中，绝无骄人之色。见后入者反立檐下，衣衫之湿，数倍于前，而此妇代为振衣，姿态百出，竟若天集众丑，以形一人之媚者。自观者视之，其初之不动，似以郑重而养态；其后之故动，似以徜徉而生态。然彼岂能必天复雨，先储其才以俟用乎？其养也出之无心，其生也亦非有意，皆天机之自起自伏耳。当其养态之时，先有一种娇羞无那之致现于身外，令人生爱生怜，不俟娉婷大露而后觉也。

李渔的这段描述，堪为郝普女之所以打动王湛的一个绝妙的参照。

诈 厌 情 笃

　　诸葛令女，庾氏妇，既寡，誓云"不复重出"。此女性甚正强，无有登车理。恢既许江思玄婚，乃移家近之。初，诳女云："宜徙于是。"家人一时去，独留女在后。比其觉，已不复得出。江郎莫来，女哭詈弥甚，积日渐歇。江彪暝入宿，恒在对床上。后观其意转帖，彪乃诈厌，良久不悟，声气转急。女乃呼婢云："唤江郎觉！"江于是跃来就之曰："我自是天下男子，厌，何预卿事而见唤邪？既尔相关，不得不与人语。"女默然而惭，情义遂笃。（《假谲》10）

注释：

　　①诸葛令：诸葛恢，字道明，琅琊人，祖诸葛诞，父诸葛靓。晋明帝时，诸葛恢官至尚书令。其大女儿曾嫁庾亮之子庾会，后庾会死于苏峻之乱。

　　②重出：改嫁。

　　③江思玄：江彪，字思玄，父江统。

　　④比：等到。

　　⑤莫：暮。

　　⑥转帖：渐渐安定下来。

　　⑦厌：通"魇"，做噩梦。

　　⑧预：干。

　　⑨相关：关心。

赏析：

这个故事几乎就是一篇跌宕起伏、妙趣横生的小小说。

故事的女主人公是诸葛恢的女儿,她曾是庾氏的媳妇。她丈夫死了,因丈夫生前夫妻感情好,就发誓不再改嫁,而且她的性格很倔强,很难勉强。父亲诸葛恢当然不愿女儿年纪轻轻即守寡,将女儿暗中许配给了江彪。考虑到女儿的性子,诸葛恢没明说,也没有做思想工作,而是耍了一个小小的计谋:把家搬到江家附近。这需要做出合理的解释——诸葛恢起初找了个理由欺诳女儿,说应该搬家到此处。然后诸葛家的人全都走了,把该女子留下。等她发觉过来,为时已晚,人出不去了。

　　晚上江彪来。可想而知诸葛氏肯定情绪焦躁,心情很坏,所以把所有的怨气对准江彪,又哭又骂,越来越厉害。这也是人之常情。过了些天,她逐渐消歇了。所谓"飘风不终朝,骤雨不终日",没有什么东西是能旷日持久的,情绪更是如此。她知道了这是不可改的事实。但对江彪由排斥到接受,对自己曾经的誓言由坚定到软化,需要一个转变的过程。在转变中,就要求男主人公江彪有相当的耐心和智慧。显然,江彪全都具备。

　　江彪夜晚入宿房间,但有节制,总是待在诸葛氏对面的床上,这是在观察她的反应,以做下一步的行动。等发现她的心意慢慢平静下来,江彪很老到,很有耐心,以退为进,假装做噩梦,好久都没醒过来,且声音气息越来越急促——一个很危险的情况。装可怜,乃从古至今男人们骗取女孩子同情的屡试不爽的法子。果然,该女子着急起来。她当然不好意思直接叫江彪,于是呼唤身边的婢女:"快把江郎唤醒。"江彪等的就是这句话,马上跳起来,跑到她身边,说:"我是天下的一个男子汉,做噩梦关你什么事,却来呼唤我? 既然你这么关心我,就不能不和我说话。"女子心事被说中,不由害羞,默然无语。两人的情感从此深厚起来。

　　在《世说新语》全书里,本则算得上是故事性很强的了,把女孩子心态的转变写得入情入理且活灵活现。这样细腻的描写,在当时的小说里还是比较少见的。

此外,这个故事可以和《贤媛》第六条构成一个非常有趣的对照——许允妇义责许允,令许允愧疚,其结果是"遂相敬重";而在本则中,江虨诈厌诸葛恢之女,其结果是"情义遂笃"。敬重和情笃,是感情性质不同的两种夫妻关系,一个道德感很强,一个情趣味很重。像许允妇,她的个性势必很难接受江虨式的诈厌做法;而诸葛恢之女,也不会因义正词严的教训改变态度。

华亭鹤唳

陆平原河桥败,为卢志所谮,被诛。临刑叹曰:"欲闻华亭鹤唳,可复得乎!"(《尤悔》3)

注释:

① 陆平原:陆机。西晋后期爆发八王之乱,司马氏内部争权夺利,自相残杀。陆机属于成都王司马颖阵营。晋惠帝太安二年(303年),司马颖讨长沙王司马乂,陆机授命为都督。陆机进军洛阳,在河桥遭遇惨败。平素与陆机结怨的卢志及孟玖趁机诬陷陆机欲谋反,由此陆机被杀。

② 华亭:古地名,属吴,在今上海松江。陆机于吴亡入洛之前,与弟陆云共居华亭别墅十多年,这里有清泉茂林,风景优美。

赏析:

《红楼梦》中贾雨村曾游历一古寺,寺门有对联:"身后有余忘缩手,眼前无路想回头。"这副对联道尽了世态:人总是在无路可走的绝境中,才想到回头,但悔之晚矣。

陆机出身于东吴的望族,祖父陆逊、父亲陆抗都名满天下,他本身也才气纵横,是个很容易得到赏识的人。他于吴亡后与弟陆云入洛,大名士同时也是朝廷重臣的张华曾感叹说:"平吴之利,在获二俊。"虽然有些夸张,但其溢美之状,灼然可见。

完成了统一的西晋政权实际上并不稳固,毫无新生帝国的气象。统治集团骄奢淫逸,民族问题隐患丛生,不聪的惠帝因不堪皇帝之任所造成的皇权旁落,令各路觊觎者虎视眈眈,这些皆使王朝表面的富丽堂皇散发着糜烂和腐臭的气息。

有识之士预感到大乱将至,意志坚决者放弃了幻想,早为之计。同样由吴地入朝为官的名士张翰,在秋风起时,借口垂涎家乡的鲈鱼,决然离开洛阳这个是非之地,以抽身为上策。但是陆机放不下,他深度介入了洛阳的乱局,辗转于各派政治势力之中,多次遭遇凶险,由于各种机缘,他都一一化解。这其实已经昭示了陆机不适合参与复杂的权力游戏。不过陆机仍然有期待,最后他加入了成都王司马颖的阵营。起初他备受信任,后与司马颖阵营的其余派系产生了尖锐的矛盾,这一因素决定了他的身败。

在生命的最后关头,陆机这才后悔:"以前只道是寻常的华亭鹤唳,自此再也听不见了。"到了穷途末路之时,才明白回头之可贵,但为时已晚。这种感慨,就如李斯被赵高所害,在刑场上对他儿子说:"吾欲与若牵黄犬俱出上蔡东门逐狡兔,岂可得乎?"南宋朱熹曾有词提到这两件事,以为镜鉴——"请看东门黄犬,更听华亭鹤唳,千古恨难收。"

后　记

一提起魏晋,大多数人会很自然地联想到风流。风流,几乎已与魏晋挂钩,乃这个时代最突出的文化特征。以此之故,魏晋常常引发后人的追忆和思慕,"大抵南朝皆旷达,可怜东晋最风流"。

然则,何谓风流? 它不仅仅是指人的气度、潇洒等,它还有更深刻的文化含义。简言之,它是一群特定人物在特定历史条件下的特定活法。它是士大夫这个特定群体,在魏晋这个动乱频仍的时代中,凭借其优越的出身、高贵的意识及卓荦不凡的才智,在率先发现和体会到人的自由本质后,面对着人生的荒诞和虚无,而选择的一种合乎其类的存在方式。简言之,就是要活得漂亮。

作为风流意义上的漂亮,乃是精神性的,它是有内在的精神力量作为支撑而表现在举手投足中的一种气质、一种姿态、一种神情、一种境界。它是以出世的心灵来入世,以超然的胸襟来应物,以山林之想来居于庙堂,以任自然的态度来行名教;它在荒诞中透出真实,在虚无里凝为实有,在为所欲为中止所欲止,在手挥五弦中望尽归鸿;它是动中之寂,是群中之独,是对欣遇的慨然,而又在随兴中伤逝……

《世说新语》就是一部专门记载士大夫们以漂亮为鹄的的生活的书,所以有人称它为"风流宝鉴"。不过风流是很难说的,即使勉强说,也是说不尽的。但笔者仍用了十多万字,喋喋不休地说这个话题,可谓离风流愈远矣。

最后，要衷心感谢复旦大学出版社编辑李又顺，没有又顺兄的鼓励，这本书是出不来的。

庚子岁末于古都西安

图书在版编目（CIP）数据

课读经典.1,11讲精读《世说新语》/肖能著.—上海：复旦大学出版社,2021.11
ISBN 978-7-309-15762-8

Ⅰ.①课…　Ⅱ.①肖…　Ⅲ.①阅读课-中学-教学参考资料　Ⅳ.①G634.333

中国版本图书馆CIP数据核字（2021）第115652号

课读经典1:11讲精读《世说新语》
KEDU JINGDIAN 1:11 JIANG JINGDU SHISHUOXINYU
肖　能　著
责任编辑/高　原

复旦大学出版社有限公司出版发行
上海市国权路579号　邮编：200433
网址: fupnet@ fudanpress.com　http://www.fudanpress.com
门市零售: 86-21-65102580　团体订购: 86-21-65104505
出版部电话: 86-21-65642845
上海丽佳制版印刷有限公司

开本 890×1240　1/32　印张 10.875　字数 244 千
2021 年 11 月第 1 版第 1 次印刷

ISBN 978-7-309-15762-8/G·2310
定价: 49.00 元